高等职业院校应用型创新教材·物流管理系列

供应链管理实务
(微课版)

种美香　王珊珊　主　编
雷婷婷　张　苓　副主编

清华大学出版社
北京

内 容 简 介

本书以项目导向引领,以案例导入开篇,以随堂笔记和项目评价总结,充分体现了以就业为导向、以工作过程为学习任务的高职教学新理念,注重实际运用与操作技能的培养。本书采用全新的活页式教材理念和体系,全面阐述了供应链管理认知、构建供应链联盟、供应链运营管理、供应链库存管理、供应链风险管控和绩效评价等内容,使学生能够较为全面、系统地学习制造型企业供应链管理典型工作各典型环节的职业基础知识和职业技能。同时,与各学习任务中的知识准备(理论基础知识)相对应的基础检测、任务实施与能力提升环节更有助于学生对供应链知识的理解与掌握,以及对供应链操作技能的培养和提高,也方便了教师对教学内容与教学考核过程的设计。

本书既可作为高职高专院校物流类专业课程和各层次学历教育与短期培训的教材,也适合作为广大物流企业从业人员的学习参考用书。

本书封面贴有清华大学出版社防伪标签,无标签者不得销售。
版权所有,侵权必究。举报: 010-62782989, beiqinquan@tup.tsinghua.edu.cn。

图书在版编目(CIP)数据

供应链管理实务: 微课版/种美香,王珊珊主编. —北京: 清华大学出版社,2023.1
高等职业院校应用型创新教材. 物流管理系列
ISBN 978-7-302-62466-0

Ⅰ.①供… Ⅱ.①种… ②王… Ⅲ.①供应链管理—高等职业教育—教材 Ⅳ.①F252

中国国家版本馆 CIP 数据核字(2023)第 017007 号

责任编辑: 孙晓红
封面设计: 李 坤
责任校对: 么丽娟
责任印制: 沈 露

出版发行: 清华大学出版社
网 址: http://www.tup.com.cn, http://www.wqbook.com
地 址: 北京清华大学学研大厦 A 座
邮 编: 100084
社 总 机: 010-83470000
邮 购: 010-62786544
投稿与读者服务: 010-62776969, c-service@tup.tsinghua.edu.cn
质量反馈: 010-62772015, zhiliang@tup.tsinghua.edu.cn
课件下载: http://www.tup.com.cn, 010-62791865

印 装 者: 小森印刷霸州有限公司
经 销: 全国新华书店
开 本: 185mm×260mm
印 张: 14.75
字 数: 356 千字
版 次: 2023 年 2 月第 1 版
印 次: 2023 年 2 月第 1 次印刷
定 价: 48.00 元

产品编号: 090065-01

前　　言

物流业作为现代服务业的重要支柱和组成部分，已成为我国国民经济新的重要组成部分和经济发展新的增长点。对于疫情后的中国乃至全世界的经济复苏和发展，现代物流业和产业链的作用举足轻重。而物流产业的人才教育是多层次、多样化的。同时，虽然在目前职业教育的教材市场中关于供应链管理的同类教材有很多，按照"任务驱动、实训考核、技能培养"思路编写的教材也有很多，但多数仍停留在或深或浅的理论介绍上，缺乏实战性。

"供应链管理"是高职物流管理专业的核心课程之一，特点是内容较为抽象晦涩，学生不易理解。相对而言，本书将在博取百家之长的基础上，从一个全新的角度来阐释供应链的核心内容和技能，旨在更有针对性地培养学生思考创新和解决实际问题的能力。

实际上，目前本领域同名或同类教材百家荟萃，众多实施供应链运作的企业实践案例可谓成功与失败俱存。综合分析，不难得出结论：供应链的核心宗旨是围绕核心企业构建供应链联盟。那么，本书以核心制造型企业——菲莺制衣公司的供应链管理活动为例，探寻其典型工作活动，使学生能够对制造型企业的供应链管理活动有一个新的认知，更为符合人们认识事物和管理事物的思维模式——内练功+外合作，内外有别又紧密联系，摸索出一条学习供应链管理知识的新思路，构建一个有别于传统内容体系的新架构。同时，结合众多院校平均48~60课时的需求情况，遵循理论够用、内容实用、实训适用、师生愿用、体验好用的原则，撰写本书。

本书的编写具有以下特色。

(1) 活页式设计，用法灵活。立足一个全新的理念和视角，探讨并尝试采用"职教20条"提倡的活页式教材设计，方便使用者按照需要将所有"任务实施""能力提升""随堂笔记"页面依序组合在一起，以作为供应链管理的实训指导手册；将各项目的"项目评价"部分组合在一起，作为学生学习本课程的过程考核成绩。

(2) 项目引领，思维导图。本书按照制造型企业供应链管理的典型职业活动来组织架构，设置了走进供应链管理、构建供应链联盟、供应链运营管理、供应链库存管理、供应链风险管控和绩效评价5个典型项目。同时，每个项目下都设置思维导图，使读者对本项目的学习内容一目了然。

(3) 环节完整，逻辑有序。每个项目下都设置2~3个学习任务。每个任务都有任务目标、案例导入、知识准备、基础检测、任务实施、能力提升、随堂笔记7个逻辑紧密的环节，特别是"任务实施""能力提升""随堂笔记"环节，方便学生对任务的完成情况进行整理和完善，进而对制造型企业的供应链管理有较系统的认识和理解。

(4) 校企合作，注重实训。本书在"任务实施"中安排了1~4个实训，在"能力提升"中安排了1~3个案例，全部精准对接"知识准备"部分的理论知识，以提升学生分析和解决企业供应链问题的专业能力；同时配合"基础检测"，检测学生的预习效果。

(5) "项目评价"，师生共用。每个项目结束后，都有相应的"项目评价"环节，方便了学生进行自我评价和教师对学生进行项目学习效果评价，也方便了教师对教学内容与

(6) 知之而行,"行而知之"。习近平总书记在党的二十大报告中指出:全面贯彻党的教育方针,落实立德树人根本任务,培养德智体美劳全面发展的社会主义建设者和接班人,并提出了"加强教材建设和管理"的要求。本书以党的二十大精神为指引,直面课程思政教学实践中的新挑战,有针对性地细分了课程思政目标。同时,每个项目后的"行而知之"环节中,精选了一个与本项目主题密切相关的典型事迹、民族企业或产业案例,对学生进行思政教育。在部分案例中有机融入了党的二十大精神,以使学生能更好地理解供应链管理,获得新的认知,树立理想信念,坚定"四个自信"。

(7) 同步资源,形式多样。本书配套丰富的学习资源,读者只需用手机扫描书中的二维码,即可观看部分知识难点的微课和实训讲解视频,简单直观,形式灵活。

本书结合制造型企业的供应链业务实际,注重与时俱进,通俗易懂,具有定位准确、内容翔实、体例灵活生动、贴近实际应用的特点,因此,既适合作为高等职业院校物流类专业的教材使用,也适合作为广大物流从业人员的学习参考用书。

本书由种美香(天津工业职业学院)、王珊珊(武汉铁路职业技术学院)担任主编;雷婷婷(天津工业职业学院)、张苓(天津科技大学)担任副主编。具体编写分工为:种美香编写项目二、项目三,同时负责全书架构的设计与统稿、全书课件的制作、教案编写和视频资源的录制;王珊珊编写项目四;雷婷婷编写项目五;张苓编写项目一。

本书在编写过程中参考和引用了一些专著及企业案例的内容,已尽可能在参考文献中一一列出,但难免有些遗漏,在此深表歉意,并对所有被参考引用者一并表示深深谢意。

同时,由于编者水平有限,在编写过程中虽力求准确、完善,但书中仍难免有疏漏和不妥之处,敬请读者批评指正。

编 者
2022 年 9 月

目　　录

项目一　走进供应链管理 1

任务一　认识供应链 2
　　一、供应链的概念 3
　　二、供应链的特征 4
　　三、供应链的类型 4
　　四、供应链的形态 6
　基础检测 7
　任务实施 9
　能力提升 11
　随堂笔记 12

任务二　理解供应链管理 13
　　一、供应链管理的概念 14
　　二、供应链管理的发展过程 15
　　三、供应链管理的模式 16
　　四、供应链管理的内容 18
　　五、供应链管理的方法 19
　基础检测 21
　任务实施 23
　能力提升 26
　随堂笔记 28
　项目评价 29

项目二　构建供应链联盟 31

任务一　企业业务流程重组 32
　　一、业务流程重组的提出 33
　　二、几种典型的物流管理组织结构 37
　　三、供应链管理模式下的企业业务流程重组 38
　基础检测 39
　任务实施 41
　能力提升 43
　随堂笔记 44

任务二　选择供应链联盟伙伴 45
　　一、选择联盟供应商的标准 46
　　二、选择联盟供应商的方法 47
　　三、供应商关系管理 51
　基础检测 53
　任务实施 55
　能力提升 58
　随堂笔记 60

任务三　供应链网络设计 61
　　一、供应链网络设计概述 61
　　二、供应链设施和容量配置方法 64
　基础检测 69
　任务实施 71
　能力提升 74
　随堂笔记 76
　项目评价 77

项目三　供应链运营管理 79

任务一　供应链需求预测 80
　　一、需求预测在供应链中的作用 81
　　二、供应链需求预测的方法 81
　　三、预测偏差与监控 86
　基础检测 87
　任务实施 89
　能力提升 93
　随堂笔记 96

任务二　供应链采购管理 97
　　一、采购业务流程 97
　　二、采购计划制订 98
　　三、签订采购合同 100
　　四、签发采购订单 103
　　五、供应链管理环境下的采购 105
　基础检测 105
　任务实施 107
　能力提升 111
　随堂笔记 112

任务三　供应链生产运作 113
　　一、供应链生产计划内涵 113

二、供应链管理下生产计划的
　　　　制订 116
　　三、MRP 运作 117
　　四、从 MRP 到 ERP 123
　　五、精益生产与准时制生产 126
基础检测 131
任务实施 133
能力提升 136
随堂笔记 138
项目评价 139

项目四　供应链库存管理 141

任务一　经济订货批量 142
　　一、经济订货批量的含义 143
　　二、经济订货批量的确定 145
基础检测 150
任务实施 151
能力提升 154
随堂笔记 156
任务二　安全库存和再订货点 157
　　一、安全库存认知 157
　　二、定量订货策略下的安全库存 160
　　三、定期订货策略下的安全库存 164
　　四、再订货点的确定 166
基础检测 167
任务实施 169
能力提升 172
随堂笔记 176
任务三　供应链"牛鞭效应" 177
　　一、"牛鞭效应"的定义和
　　　　基本原理 178
　　二、"牛鞭效应"对供应链的
　　　　影响 178

　　三、"牛鞭效应"产生的原因 179
　　四、"牛鞭效应"的解决对策 180
基础检测 183
任务实施 185
能力提升 187
随堂笔记 188
项目评价 189

项目五　供应链风险管控和绩效评价 191

任务一　供应链风险管控 192
　　一、供应链风险认知 193
　　二、供应链风险识别 195
　　三、供应链风险评估 196
　　四、供应链风险处理 197
　　五、供应链风险防范 198
基础检测 199
任务实施 201
能力提升 204
随堂笔记 206
任务二　供应链绩效评价 207
　　一、供应链绩效评价的概念 208
　　二、供应链绩效评价指标体系的
　　　　构建 208
　　三、供应链决策的财务评价 212
基础检测 217
任务实施 219
能力提升 223
随堂笔记 224
项目评价 225

参考文献 227

项目一　走进供应链管理

【思维导图】

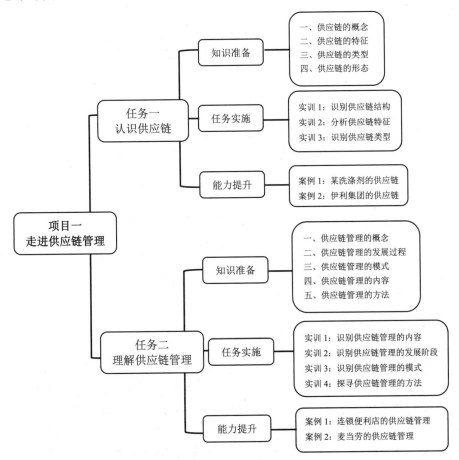

21世纪的市场竞争已不再是企业之间的竞争，而是供应链与供应链之间的竞争。本项目主要是引导学生从理论上认识供应链和供应链管理，了解供应链的形态及其关系。在此基础上，进一步联系企业实行的供应链管理，阐述供应链管理的过程、模式、内容和方法，并针对不同的企业选择供应链管理模式提出相应的解决思路。

本项目有以下两个学习任务。

任务一　认识供应链
任务二　理解供应链管理

任务一　认识供应链

【任务目标】

知识目标：

(1) 了解供应链的概念、特征及分类；
(2) 掌握供应链的形态及其关系。

能力目标：

(1) 绘制供应链的结构示意图；
(2) 分析并解决供应链的实际问题。

素养目标：

(1) 培养创新意识和创新精神，不固守旧的经营模式；
(2) 培养分析和解决问题的能力。

课程思政：

(1) 树立积极进取、勇于探索的理念，关注成功的供应链案例；
(2) 树立精益求精的良好意识。

【案例导入】

随着中国联防联控体系的构建，不断优化完善疫情防控措施，提高科学精准防控水平，进一步统筹好疫情防控和经济社会发展，我国的疫情防控逐渐进入常态化管理，人们再也不用担心买不到口罩的问题。但口罩紧缺，曾一度让公众非常焦虑。

例如，2020年新冠肺炎疫情初期，有两个数据曾引起人们的关注，一是时任工信部部长的苗圩在天津调研时说，"我国口罩最大产能是每天2000多万只"；二是生产出来的口罩要按国家规定放置14天，检验合格了才能出厂，且时间不能缩短。试想2000万只口罩按照"4小时就要更换的建议"，如果每天佩戴8小时，那么每人每天就有2只口罩的需求，而2000万只口罩的产能只能满足1000万人的佩戴需求。而1000万人相对于我国庞大的人口规模，差距实在太大。面对来势汹汹的疫情，口罩需求只会有增无减，日常佩戴口罩将成为常态，而当年口罩等防疫物资的供应曾一度出现不足。

(资料来源：根据CCTV4中央电视台中文国际频道相关资料整理)

想一想：

1. 口罩的供应链是怎样的？
2. 2020年疫情初期，口罩的供应链出了什么问题？

【知识准备】

一、供应链的概念

供应链源于流通领域，原指军事后勤补给活动，随着商业的发展，逐渐推广应用到商业活动。将流通讨论的范围扩大，把企业上、下游成员纳入整合范围，就发展成供应链。对于供应链，国内外学者从不同的角度给出了不同的定义。

国内外对供应链的不同定义

1. 供应链的定义

我国国家标准《供应链管理》(GB/T 26337.2—2011)将供应链定义为："生产及流通过程中，围绕核心企业，将所涉及的原材料供应商、制造商、分销商、零售商直到最终用户等成员通过上游和下游成员链接所形成的网链结构。"因此，供应链是一个范围更广的企业结构模式，它包含所有加盟的节点企业，从原材料的供应开始，经过供应链中不同企业的制造加工、组装、分销等过程直到最终用户。它不仅是一条连接供应商到用户的物料链、信息链、资金链，还是一条增值链，物料在供应链上因加工、包装、运输等过程而增加价值，给相关企业带来收益。

2. 供应链的基本结构

根据上述供应链的定义，其结构可以简单地抽象为单一的链状结构，如图1-1所示。

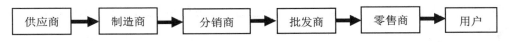

图 1-1 供应链的单一链状结构示意

实际上，典型完整的供应链是由所有加盟的节点企业组成的一种网链结构，一般有一个核心企业(可以是大型制造企业，也可以是大型零售企业)。这种供应链是从供应商的供应商、供应商向制造企业供货开始。如果是大型制造企业，有可能在不同区域设置工厂，每个工厂都可能负责不同的部分，即生产的是不同型号的产品，或者生产产品的某一个部分，最后汇集到制造总部。制造总部加工之后，转给各经销商，各经销商再卖给用户及用户的用户。

供应链是一个"供应"和"需求"的网络。在这个网络中，企业可以有许多供应商，也可以有许多客户。同时在这个"供需"关系的网络里，还有许多企业并不能与本企业的某项业务形成供应链关系。但是它们客观存在于这个网络里，是企业的潜在供应链关系，当企业开展新的业务时，也许会与这些企业合作，与它们形成供应链关系。所以，网络上的任何企业都是本企业的潜在客户。

因此，一个供应链是动态的，并且包括在不同节点企业之间流动的物流、信息流和资金流。供应链的典型网链结构如图1-2所示。

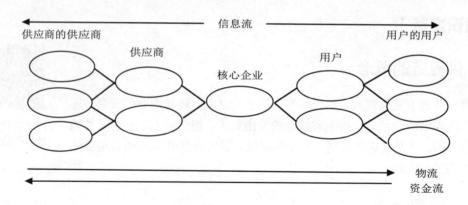

图 1-2 供应链的典型网链结构

二、供应链的特征

从供应链的定义和结构模型可以看出，供应链是一个网链结构，由围绕核心企业的供应商、供应商的供应商、用户和用户的用户组成。一个企业是一个节点，节点企业和节点企业之间是一种需求与供应的关系。

供应链具有以下主要特征。

(1) 复杂性。供应链节点企业组成的跨度(层次)不同，供应链往往由多个、多类型甚至多国企业构成，所以供应链的结构模式比单个企业的结构模式更为复杂。

(2) 动态性。供应链上的任何成员都可以与其他供应链连接。供应链管理因企业战略和适应市场需求变化的需要，其中的节点企业需要动态更新，这就使供应链具有明显的动态性。

(3) 面向用户需求。供应链的形成、存在、重构，都是基于一定的市场需求发生的，并且在供应链的运作过程中，用户的需求拉动是供应链中物流(产品/服务流)、信息流、资金流运作的驱动源。

(4) 交叉性。节点企业既可以是这个供应链的成员，也可以是另一个供应链的成员，这使众多的供应链形成交叉结构，增加了协调管理的难度。而且，在供应链中，用户和供应商是相对的概念，一个企业的用户可以是另一个企业的供应商，因此，整个供应链都是由供应商和用户的"角色"组成的。

三、供应链的类型

根据不同的划分标准，可将供应链分为以下几种类型。

1. 内部供应链与外部供应链

按企业供应链的活动范围，可将供应链分为以下两种。

(1) 内部供应链。内部供应链是指在企业内部产品生产和流通过程中所涉及的采购部门、生产部门、仓储部门、销售部门等组成的供应链，通常将其看作企业的一个内部过程。

(2) 外部供应链。外部供应链是指发生在企业外部的，与企业相关的产品在生产和流通过程中涉及的原材料供应商、生产厂商、储运商、零售商以及最终消费者组成的供应链。它是更大范围、更为系统的概念。

内部供应链和外部供应链共同组成了企业产品从原材料到成品再到消费者的供应链。可以说，内部供应链是外部供应链的缩小化。例如，对于某制造厂商的原材料库房来说，采购部门就是其"外部"供应链中的"供应商"。它们的区别只在于外部供应链范围更大，涉及企业众多，企业间的协调更困难。

> 想一想：
> 企业的内部供应链与外部供应链是否有明显的界限？

2. 稳定型供应链和动态型供应链

根据供应链的稳定性，可将供应链分为以下两种。

(1) 稳定型供应链。稳定型供应链是指基于相对稳定、单一的市场需求而组成的供应链，其稳定性较强。

(2) 动态型供应链。动态型供应链是指基于相对频繁变化、复杂的市场需求而组成的供应链，其动态性较高。

在实际管理运作中，需要根据不断变化的市场需求，相应地改变供应链的组成。

3. 平衡型供应链和倾斜型供应链

根据供应链容量与用户需求的关系，可将供应链分为以下两种。

(1) 平衡型供应链。一个供应链具有一定的、相对稳定的设备容量和生产能力(所有节点企业能力的综合，包括供应商、制造商、运输商、分销商、零售商等)，但用户需求处于不断变化的过程中，当供应链的容量能满足用户需求时，供应链处于平衡状态。

(2) 倾斜型供应链。当市场变化加剧，供应链成本增加、库存增加、浪费增加，企业不是在最优状态下运作时，供应链则处于倾斜状态。

平衡型供应链可以实现各主要职能(采购/低采购成本、生产/规模效益、分销/低运输成本、市场/产品多样化和财务/资金运转快)之间的均衡。

4. 有效型供应链、反应型供应链和创新型供应链

根据供应链的功能模式(物理功能、市场中介功能和客户需求功能)，可以把供应链分为以下三种。

(1) 有效型供应链。有效型供应链主要体现供应链的物理功能，即以最低的成本将原材料转化成零部件、半成品、产品以及在供应链中的运输等。

(2) 反应型供应链。反应型供应链主要体现供应链的市场中介功能，即把产品分配到满足用户需求的市场，对未预知的需求做出快速反应等。

(3) 创新型供应链。创新型供应链主要体现供应链的客户需求功能，即根据最终消费者的喜好或时尚引导，调整产品内容与形式来满足市场需求。

5. 推式供应链和拉式供应链

按供应链的驱动源不同，可将供应链分为以下两种。

(1) 推式供应链。推式供应链的运作是以产品为中心，以生产制造商为驱动原点，力图通过提高生产率，降低单件产品成本来获得利润。通常，生产企业根据长期预测作出生产决策，安排从供应商处购买原材料，生产产品，并将产品经过各种渠道如分销商、批发商、零售商一直推至用户。在这种供应链上，制造商对整个供应链起主导作用。传统的供应链几乎都属于推式供应链，如图1-3所示。

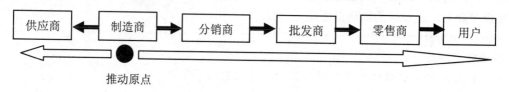

图1-3　推式供应链

(2) 拉式供应链。拉式供应链是以用户为中心，通过对市场和用户的实际需求以及对其需求的预测来制订生产计划，面向订单组装、制造和采购，拉动产品的生产和服务。现代的供应链多属于拉式供应链，如图1-4所示。

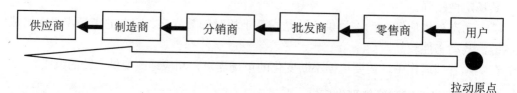

图1-4　拉式供应链

> 想一想：
> 　　1. 传统的推式供应链是否已无用武之地？现代的拉式供应链又是否完美？
> 　　2. 推式供应链和拉式供应链能否进行有机结合，实现"推拉"并存？
> 　　3. 推式供应链和拉式供应链若能实现并存，"推"与"拉"的分界点在哪里更为合适？

推式供应链和拉式供应链

四、供应链的形态

供应链有三种不同的形态，即物流、信息流与资金流。下面分别对这三种形态及其管理目标进行描述。

(1) 物流。物流是指从供应商的供应商到用户的用户过程中一切实物的流动。它是物理形态，包含了运输、库存、装卸、搬运、包装等活动，这些活动对商品的流动来讲，是在不同场所进行的。因此，有效的供应链管理在物流管理方面的主要作用在于缩短物的在途时间、实现零库存、保障及时供货和保持供应链的连续和稳定。

(2) 信息流。信息流是指在整个供应链上信息的流动。它是虚拟形态，包括了供应链上的供需信息和管理信息，它伴随着物流的运作而产生。因此，有效的供应链管理在信息流管理方面的主要作用是及时在供应链中传递需求和供给信息，提供准确的管理信息，从而使供应链成员都能得到实时信息，以形成统一的计划并执行，为最终用户更好地服务。

(3) 资金流。资金流是指在整个供应链上资金的流动。它可以是物理形态也可以是虚拟形态。因为供应链上各企业的每一项业务活动都会消耗一定的资源，所以必然导致资金流出，而只有将产品出售给客户，资金才会重新流回企业。因此，有效的供应链管理在资金流管理方面的主要作用在于使供应链成员尽量降低成本，并尽可能为用户提供满意的产品，从而使资金早日回收，提高企业资金的流动性。

总之，物流、信息流和资金流的形成是商品流通不断发展的必然结果，它们在商品价值形态的转化过程中有机地统一起来，共同完成商品的生产—分配—交换—消费—生产的循环。由信息流提供及时、准确的信息，由资金流按照需求有计划地完成商品价值形态的转移，由物流按照资金流的要求完成商品使用价值即商品实体的转移过程，从而使"三流"分别构成商务活动不可分割的整体，共同完成商品流通的全过程。由此可见，在商务活动中，信息流是资金流和物流活动的描述和记录，反映资金流和物流的运动过程。信息流对资金流和物流活动起指导和控制作用，并为资金流和物流活动提供经济决策的依据。由此，三者的关系可以表述为：以信息流为依据，通过资金流实现商品的价值，通过物流实现商品的使用价值。

> 想一想：
> 　　结合你的某次网购经历，分析供应链的三种形态。

供应链经济系统的特性

基 础 检 测

一、单选题

1. 物料在供应链上因加工、包装、运输等过程而增加价值，给相关企业带来收益，说明供应链是一条(　　)。
　　A. 物流链　　　B. 资金链　　　C. 信息链　　　D. 增值链
2. 根据供应链的功能模式(物理功能、市场中介功能和客户需求功能)，可以把供应链分为有效型供应链、反应型供应链和(　　)供应链。
　　A. 平衡型　　　B. 倾斜型　　　C. 创新型　　　D. 稳定型
3. 以下不属于供应链管理四个主要领域的是(　　)。
　　A. 供应　　　　B. 仓储　　　　C. 物流　　　　D. 需求
4. 以产品为中心运作，以生产制造商为驱动原点，力图通过提高生产率，降低单件产品成本来获得利润，这是(　　)供应链。
　　A. 推式　　　　B. 拉式　　　　C. 稳定型　　　D. 动态型
5. (　　)供应链主要体现供应链的物理功能，即以最低的成本将原材料转化成零部件、半成品、产品以及在供应链中的运输等。
　　A. 反应型　　　B. 有效型　　　C. 创新型　　　D. 稳定型

二、多选题

1. 供应链中的节点企业主要有(　　)。
   A. 供应商　　　　　　B. 制造商　　　　　　C. 分销商
   D. 零售商　　　　　　E. 用户
2. 供应链是一条连接供应商到用户的(　　)。
   A. 物料链　　　　　　B. 信息链　　　　　　C. 资金链
   D. 增值链　　　　　　E. 功能网链
3. 供应链的特征包括(　　)。
   A. 复杂性　　　　　　B. 交叉性　　　　　　C. 动态性
   D. 面向用户需求　　　E. 灵活性
4. 根据供应链容量与用户需求的关系，可将供应链分为(　　)。
   A. 平衡型供应链　　　B. 稳定型供应链　　　C. 倾斜型供应链
   D. 动态型供应链　　　E. 有效型供应链
5. 以下关于推式供应链和拉式供应链的说法正确的是(　　)。
   A. 拉式供应链的运作是以产品为中心，以生产制造商为驱动原点
   B. 拉式供应链的运作是以顾客为中心，以订单为驱动原点
   C. 推式供应链的运作是以产品为中心，以生产制造商为驱动原点
   D. 推式供应链的运作是以顾客为中心，以订单为驱动原点
   E. 以上说法都不对

三、判断题

1. 实际上，典型完整的供应链是由所有加盟的节点企业组成的一种单一链条结构。(　　)
2. 供应链是一个网链结构，由围绕核心企业的供应商、供应商的供应商、用户和用户的用户组成。(　　)
3. 根据供应链的功能模式(物理功能、市场中介功能和客户需求功能)，可以把供应链分为平衡型供应链和倾斜型供应链两种。(　　)
4. 生产商对整个供应链起主导作用的是拉式供应链。(　　)
5. 供应链中的信息流对资金流和物流活动起指导和控制作用。(　　)

任 务 实 施

菲莺制衣公司是我国东部沿海地区的一家主营男女款成衣加工和销售的中型民营企业。经过多年的运营，其已成为连接供应链上、下游企业的核心企业。下面，我们一起走进菲莺制衣公司，初探其供应链运作管理工作。

以菲莺制衣公司 SG1001 女款成衣订单为例，其所需原材料包括面料、衬里、棉线、拉链、纽扣、标签和其他辅料，这些原材料的供应商分布在全球，面料来自韩国 A 公司、衬里来自中国台湾地区 B 公司、棉线来自河南省 C 公司、拉链来自广东省 D 公司、其他辅料来自山东省 E 公司等。在生产程序上，公司总部下设分公司 F 负责裁制、质检和包装，由第三方配送中心 H 负责储运。销售渠道主要有两个，一是通过内地代理商销往全国各地；二是通过外贸代理商出口给欧美客户。菲莺制衣公司各款成衣的初期供应链运作，主要是基于市场调研，紧跟国际流行风和客户的颜色、时尚、舒适偏好等进行有针对性的款式设计，符合绝大部分顾客的需求，培养了具有较高品牌忠诚度的顾客。

根据以上内容，依次完成以下三个实训任务。

实训 1：识别供应链结构

绘制菲莺制衣公司 SG1001 女款成衣供应链结构示意图。

资讯速递

绘制供应链结构示意图的图例说明如下。

矩形框，表示某一个节点企业，框内填写该节点企业的名称或简称。

箭线，串联起供应链上的节点企业。实箭线表示供应链中物流的流动方向，虚箭线表示资金流和信息流的流动方向。

椭圆，表示某节点企业供应的物料名称。

注：为使图形简洁，物料名称亦可出现在矩形框内节点企业名称后，用括号表示。

绘制供应链结构示意图

实训 2：分析供应链特征

要求：分析菲莺制衣公司 SG1001 女款成衣供应链具有哪些特征，并将相关内容填写在表 1-1 中。

表 1-1　菲莺制衣公司 SG1001 女款成衣供应链特征分析

特　征	是或否	说　明
复杂性		
动态性		
面向用户需求		
交叉性		

实训 3：识别供应链类型

要求：分析菲莺制衣公司的成衣供应链初期属于以下哪些类型，并将相关内容填写在表 1-2 中。

表 1-2　菲莺制衣公司成衣供应链初期类型分析

类　型	是或否	说　明
A. 稳定型		
B. 动态型		
C. 平衡型		
D. 倾斜型		
E. 有效型		
F. 创新型		
G. 推式		
H. 拉式		

(资料来源：根据豆丁网相关资料整理)

能力提升

案例 1：某洗涤剂的供应链

某日化产品制造商生产某洗涤剂，需要的 3 种物料分别为：A 塑料制品厂用 B 化工厂制造的化工原料加工生产的塑料包装瓶，C 包装箱厂用 D 造纸厂提供的纸制品加工生产的纸质包装箱，E 化工厂提供的洗涤剂化工原料。该洗涤剂生产加工完成后即被送往第三方配送中心，然后由配送中心配送至各超市供用户选购。

要求：根据以上描述绘制出该洗涤剂的供应链结构示意图。

(资料来源：作者编写)

案例 2：伊利集团的供应链

伊利集团的前身——伊利公司在 1996 年上市时的主要产品是雪糕、冰激凌、奶粉和奶茶粉。位于内蒙古自治区呼和浩特市的伊利公司进行产品的生产、销售和运输，公司产品约 60% 在内蒙古自治区销售，约 40% 销往内蒙古自治区以外的湖北、北京、天津、河北、山西等 20 个省份。其供应链结构为：核心企业是伊利公司；供应商主要有内蒙古呼和浩特市及附近地区的奶农——供应鲜牛奶，其他原辅材料及包装物供应商——从市场上选择，生产设备供应商——从国外选择；分销商主要有直销商——在内蒙古自治区内，经销商和代销商——在内蒙古自治区以外。1997 年 2 月，正式成立内蒙古伊利集团。1997 年 8 月，伊利天然乳品公司投产，开始生产液态奶。1999 年，伊利集团生产的 500 多个产品，行销全国各地。随着伊利产品的畅销，上市初期形成的以伊利集团为核心的农业产业化经营供应链已经不适应发展的需要，暴露出诸多问题。

为此，伊利集团进行了供应链改革，具体做法如下。

伊利集团在上海、北京、河北等地收购建厂，并与当地政府协商和奶农合作，共同出资建设奶源基地。这一举措不仅扩大了奶源，有效解决了奶资源不足的问题，而且大大提高了市场占有率。同时，这些奶源基地大多建在集中了奶类食品消费主力军的全国重要城市。这有效解决了初期的生产地与消费地远距离运输的问题，有效降低了运输成本，缩减了运输周期。至于供应链下游的销售环节，为了缩短销售周期，打破冷饮事业部的冰品销售渠道瓶颈，伊利将代销转化为直销，将重要城市经销商全部由配送商代替。2003 年在北京地区，伊利已有 70% 的产品通过直销在销售；在上海，伊利的冰激凌销售由代理制全部转化为直销制，同时在技术层面注重实施冷链物流。

要求：请绘制出伊利集团初期供应链结构示意图，分析其存在的问题，然后根据伊利集团供应链优化改进的方案，绘制出优化后的供应链结构示意图。

(资料来源：根据文秘帮资料整理)

随 堂 笔 记

任务 1.1		认识供应链		
姓名		班级	学号	
课程环节	学习关键点	完成情况		备 注
知识准备	重点与难点	总结学习重点与难点		是否掌握
	学习重点：			
	学习难点：			
基础检测	题型	错题原因分析(每种题型各有 5 小题)	得分	小计
	单选题(1 分/题)			
	多选题(2 分/题)			
	判断题(1 分/题)			
任务实施	实训任务	掌握了何种知识或技能		难易程度
	1. 识别供应链结构			
	2. 分析供应链特征			
	3. 识别供应链类型			
能力提升	案例分析	掌握了何种知识或技能		难易程度
	1. 某洗涤剂的供应链			
	2. 伊利集团的供应链			

项目一　走进供应链管理

任务二　理解供应链管理

【任务目标】

知识目标：

(1) 了解企业进行供应链管理的作用及意义；
(2) 掌握供应链管理的模式；
(3) 掌握供应链管理的内容。

能力目标：

(1) 分析某企业供应链管理的模式；
(2) 分析并解决供应链管理的实际问题。

素养目标：

(1) 培养创新意识和创新精神，不固守旧的经营模式；
(2) 培养积极面对问题和解决问题的能力。

课程思政：

(1) 培养居安思危和未雨绸缪的意识；
(2) 培养民族观和爱国精神。

【案例导入】

口罩的供应链和产业链

普通医用口罩是由纺粘无纺布层、熔喷无纺布层、耳带线、鼻梁条等部件组成，根据不同种类还需添加过滤棉层和活性炭层。看似简单的构件，却涉及化工、纺织、机械、冶金、电子等基础工业门类，涉及原材料、设备、厂房、资金、人力、准入许可、生产周期七大要素，在中国拥有完整的口罩产业链、供应链和生产要素。

由图1-5可知，从生产到销售，口罩的供应链主要包含上游的石化企业、中上游的加工端、中游的制造端、下游的销售端等关键环节。和所有供应链已成型的产业一样，口罩的供应链上、下游关联密切，任何一个环节出现问题，整条供应链都会面临风险。

追溯供应链不难发现，我国口罩的供应链在早期存在存货不足、关键材料生产和技术不足等"痛点"，这也导致2020年新冠肺炎疫情初期口罩价格暴涨、造假、全渠道断货等问题接连不断——供应链的不稳定性所带来的危机暴露无遗。而口罩的供应链危机，仅仅是疫情之下的一个缩影，数以万计的不同产业的企业，都曾挣扎在供应链危机的阴影下。

回望供应链，在疫情早期，口罩稀缺的紧急情况下，进口口罩是解燃眉之急的关键。当时，电子、汽车、服装等其他企业加入口罩生产，使国内的口罩产能得以快速攀升，这恰恰是供应链的柔性特质的显现。

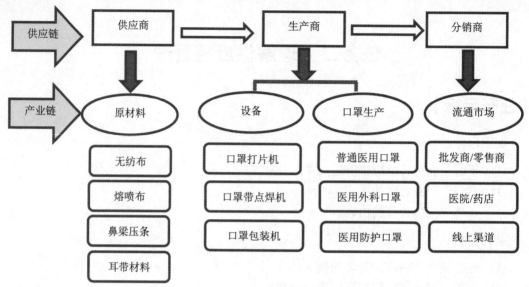

图 1-5 口罩的供应链与产业链

(资料来源:根据中央纪委国家监委网相关资料整理)

> **想一想:**
> 1. 口罩供应链在新冠肺炎疫情初期有哪些问题,问题的根源是什么?
> 2. 如何应对供应链的不稳定性?

【知识准备】

一、供应链管理的概念

供应链对于企业来说已越来越重要。随着全球化竞争日益激烈、信息技术的蓬勃发展、产品品种的多样化、生命周期的缩短以及顾客要求的提高,企业仅依靠自身力量参与市场竞争已不能满足顾客的需求。因此,为了满足顾客对产品款式、性能、价格、数量、交货期及服务等方面的需求,更多的企业不得不开始关注和重视供应链管理并投资于供应链业务。一家典型企业的供应链成本占其全部收入的 80%,占其资产的 50%,这使供应链管理成为一种降低成本的重要手段。

1. 供应链管理的定义

供应链管理(supply chain management,SCM)是一种集成的管理思想和方法,它执行在供应链中从供应商到最终用户的物流的计划和控制等职能。从单一的企业角度来看,是指企业通过改善上、下游供应链关系,整合和优化供应链中的信息流、物流、资金流,以获得竞争优势。

我国国家标准《供应链管理》(GB/T 26337.2—2011)将供应链管理定义为:"利用信息技术全面规划供应链中的商流、物流、资金流及信息流等,并进行计划、组织、协调与控制的各种活动和过程。"

越来越多的企业认识到,任何企业都不可能在所有业务上做到世界顶级,只有彼此优势互补才能共同增强竞争实力。因此,国际上一些先驱企业摒弃了传统经营管理模式,转而在全球范围内与供应商和销售商建立合作伙伴关系,与它们形成一种长期的战略联盟,结成利益共同体。例如,美国福特汽车公司在推出新车 Festiva 时,就采用了美国的设计、日本的马自达发动机、韩国的零配件,最后在全球市场上销售。福特作为制造商之所以这样做,显然是追求低成本、高质量,提高自己的竞争力。Festiva 从设计、制造、运输、销售,采用的就是"横向一体化"的全球制造战略,福特在制造汽车的过程中,形成了一个企业群体。在体制上,这些群体组成了一个主体企业的利益共同体;在运行形式上,构成了一条从供应商、制造商、分销商到用户的供应和需求链。

2. 实施供应链管理的意义

供应链管理作为一种新型的管理理念、模式已被越来越多的企业所认识、接受和采用,世界上许多著名企业,如惠普(HP)、戴尔(Dell)、沃尔玛(Wal-Mart)等都在供应链管理上展开了卓有成效的实践,取得了显著的成绩。通过实施供应链管理,供应链上的企业可以在新产品的开发、服务水平、库存及物流成本、提高效益和效率、加强企业间的联盟与合作等方面获得满意的效果。早在 1997 年,PRTM (Pittglio Rabin Todd & Mcgrath)公司就对 6 个行业的 165 个企业进行了一项关于集成化供应链管理的调查报告,其中化工行业企业占所有企业的 25%,计算机电子设备行业占 25%,通信行业占 16%,服务行业占 15%,工业制造行业占 13%,半导体行业占 6%。

通过实施更有效的供应链管理策略,企业可以减少不必要的库存、运输及其他供需环节的不经济行为,从而获得更高的利润,提高企业竞争力。当然,供应链带给企业的主要竞争优势不仅仅是成本,还有时间。企业通过加强供应链管理,可以大大缩短满足消费者需求的时间,从而获得无法复制的竞争优势。由于客户需求变化越来越频繁,从消费类电子产品到个人电脑,从一年两季服装到一年多季服装,甚至居民日常消费的米面食用油,也呈现品种越来越多、需求变化越来越快的特点。所以在这个变化的世界里,成本固然是一个重要的竞争优势,但是快速响应客户的需求以及供应链合作伙伴紧密合作等则是竞争的根本。

二、供应链管理的发展过程

供应链从商品经济出现时就已存在,但供应链管理的概念和应用却是近几十年发展起来的,其发展主要经历了以下三个阶段。

1. 第一阶段:供应链管理的初始阶段

20 世纪 70—80 年代是供应链管理的初始阶段,供应链成员的管理理念主要还是以"为了生产而管理"为中心,企业之间的协作性很弱,企业之间的竞争是产品在数量和质量上的竞争。无论是企业间还是企业内的信息都缺乏统一性和集成性,直到 1989 年史蒂文斯提出了"供应链管理"的概念,企业之间的竞争才转向了追求生产效率,企业的组织结构和内部职能划分也发生了变化,企业开始进行组织机构的精简和改革,并认识到最大的机会存在于企业之外。信息技术在供应链管理上的大量应用，促进了供应链管理的发展。其间，物料需求计划的推广、企业资源计划系统和准时制管理模式的应用，使企业内部逐渐实现信息集成，为供应链上、下游之间的业务提供了所需的业务处理信息。同时企业间的业务联系也随着信息技术的发展而逐渐紧密，使上、下游业务链在市场竞争的驱使下逐渐向供应链运作模式转变，这些都促使供应链管理概念在企业管理理念的不断变化过程中逐步形成，只是这一时期，还属于传统的供应链管理，其运作多局限于企业内部，企业之间的联系与合作常常被忽略。因此，在供应链上仍然存在大量企业之间的目标冲突，无法从整个供应链的角度来实现供应链的整体竞争优势，供应链管理的效率比较低。

2. 第二阶段：供应链管理的形成阶段

20 世纪 90 年代是供应链管理的形成阶段，无论是理论还是在实践应用，供应链管理都有了突飞猛进的发展。在全球经济一体化的趋势下，企业将竞争重点转向市场和客户，注重在全球范围内利用一切能够利用的资源，从管理企业内部生产过程转向整个供应链系统。在实践过程中，企业发现，在供应链的其他非生产制造环节存在着与生产制造环节同样多的机会，可以降低成本和提高效率。在这一时期，ERP 系统的迅速传播和广泛应用，使企业的信息和业务都实现了高度的集成。美国麻省理工学院的迈克尔·哈默(Michael Hammer)教授于 1990 年在《哈佛商业评论》上首先提出了企业"业务流程重组"(business process reengineering, BPR)的概念。业务流程重组为适应新的竞争环境而对传统企业组织模式及业务流程进行了改革，把企业的组织结构与相关业务目标和绩效结合起来，以获得效益。这些技术的进步，使信息处理成本降低，加快了企业的业务处理速度，同时跨职能部门的团队协作推动着供应链管理向更加一体化的方向发展。

3. 第三阶段：供应链管理的成熟阶段

21 世纪以来，客户关系管理(CRM)系统、高级计划系统(APS)、物流信息系统(LIS)、知识管理(KM)以及数据仓库和数据挖掘等技术的出现使企业在内部更好地实现了计划、执行和决策的优化。在企业外部通过利用客户关系管理方法和技术，以市场和客户的满意度为企业经营管理的核心，挖掘和分享知识与价值，将企业资源与客户的需求紧密相连，建立了合作伙伴关系，协调供应链的运作。特别是互联网和电子商务的迅速发展，使企业间业务信息的交流发生了根本变化，为供应链协调运作提供了有力的支持，越来越多的企业协作制订运营计划，供应链的执行和决策也向着一体化方向发展。随着信息技术的快速发展，互联网和电子商务的供应链系统在发达国家得到了更加广泛的应用，许多企业将供应链管理进一步集中在供应链成员的协同上，出现了新供应链管理模式，如供应商管理库存(VMI)、合作、预测与补给(CPFR)，以及第三方物流(3PL)和第四方物流(4PL)、生产生命周期管理(PLM)、供应链计划(SCP)等，这些新供应链管理模式使供应链上成员的业务衔接更加紧密，整个供应链的运作更加协同化，实现了供应链运作的实时化、柔性化和快速响应。

三、供应链管理的模式

如前文所述，按供应链的不同驱动源，可将供应链模式分为推式供应链模式和拉式供应链模式两种。同时，供应链的复杂性、动态性、交叉性等特点也决定了供应链管理模式的不同类型。

1. 推式供应链管理模式

推式供应链是以企业自身产品为导向的供应链，也称为"产品导向"或"库存导向"。这种供应链始于企业对市场的预测，然后根据预测生产产品，并推向市场。在工业经济时代，许多制造商采用此种方式来经营企业。它们采用市场预测的方式，获得生产某种产品的优先级顺序，再制定一定的产品生产数量和存货标准，最后进行促销，批发商将产品批发给零售商，再由零售商向客户推销。

在推式供应链管理模式中，制造商对整个供应链起主导作用，制造商以对市场的预测为依据，安排生产经营。制造商在供应链上远离客户，对客户需求的了解程度远不如零售商和分销商，因此不能十分准确地把握市场，响应速度慢，"牛鞭效应"明显。当下游有较小的需求变化时，反映到上游这种变化将被逐级放大，因此该供应链具有较高的库存量。

2. 拉式供应链管理模式

拉式供应链是由需求驱动的，以企业获得订单为前提，企业的生产和分销不是与预测需求而是与真正的客户需求相协调。这种供应链始于企业收到客户的订单，企业不需要太多库存，只对订单做出反应即可。这是"以销定产"的模式，以客户需求为导向进行生产、采购原料、组织货源、外包业务等。这种供应链管理模式需要整个供应链更快地跟踪客户和市场的需求，供应链上的成员要有更强的信息共享、协同、响应和适应能力。

拉式供应链管理模式的优点在于，更好地掌握订单情况，缩短提前期，由此，零售商的库存可以相应减少，系统的变动性也减小，而由于变动性减小，制造商的库存水平也相应降低。这样，整个系统的库存水平就有了很大的下降，提高了资源利用率。

拉式供应链管理模式虽然整体绩效较好，但对整个供应链的集成和协同运作以及技术和基础设施的要求比较高。另外，当提前期不能随着需求信息而缩短时，拉式供应链系统将难以实现，而且，也比较难以利用生产和运输的规模优势。

3. 推拉式供应链管理模式

对于某一特定的产品，究竟是采用推式供应链还是拉式供应链呢？在其他条件相同的情况下，如果需求不确定性高，就应该采用拉式供应链，即根据实际需求管理供应链的模式；如果需求不确定性低，就应该采用推式供应链，即根据长期需求预测管理供应链的模式。同样，规模效益对降低成本更重要时，规模需求的价值越高，就越应当采用推动战略，根据长期需求预测管理供应链；如果规模经济不是很重要，规模需求也不能降低成本时，则应当采用拉式供应链。

一般情况下，除了极少数的产业可归属完全接单生产，如订购飞机的纯拉式供应链，绝大多数产业的供应链是由推式供应链与拉式供应链两种模式共同组成的。推式供应链在上游为预期的市场需求，做计划性的采购、库存与制造后续市场可能需要的成品或半成品。拉式供应链在下游，其所有的活动都是满足明确的订单需求。

案例 1-1

戴尔的"推拉"并存供应链

以计算机公司为例,其对计算机市场的需求预测和计算机的订单是企业一切业务活动的拉动点,生产装配、采购等计划安排和运作都是以它们为基础进行的,这种典型的面向订单的生产运作可以明显地减少库存积压和满足个性化与特殊配置需求,并加快资金周转。然而,这种供应链的运作和实施相对较难。但在一个企业内部,对于某些业务流程,有时推式和拉式方式共存。例如,戴尔计算机公司的PC生产线,既有推式运作又有拉式运作,其PC装配的起点就是"推"和"拉"的分界线,装配之前的所有流程都是推式流程,而装配和其后的所有流程都是拉式流程,完全取决于客户订单。

这种"推拉"共存的运作对制定有关供应链设计的战略决策非常有用。例如,供应链管理中的延迟生产策略就很好地体现了这一点,通过对产品设计流程的改进,使"推"和"拉"的边界尽可能后延,便可有效地解决大规模生产与大规模个性定制的矛盾,在充分利用规模经济的同时实现大规模定制生产。

(资料来源:根据百度文库资料整理)

这种"推拉"结合的供应链在推、拉两者之间确定边界。例如,案例1-1中戴尔的供应链将"推拉"边界点确定在装配点上,而一般家具生产商将边界点确定在生产点上,通用汽车的区域配送中心的库存是按长期需求预测进行管理的,但送货给经销商却是在需求发生后才开始的,因此,它的"推拉"边界点就在制造商的配送中心。

推式供应链和拉式供应链各有其策略优势。推式供应链的优点不仅在于其有计划地为一个目标需求量提供平均成本最低、最有效率的产出,还可以用现存货品,实时把握商机,创造利润;其缺点是当市场需求小于预期,而未能销货时,推得越多,剩余货料的风险损失就越大。拉式供应链的优点在于能够为顾客提供量身定做的产品和服务;其缺点则在于响应客户需求的成本较高。很明显,这两种供应链具有互补性,没有所谓最优的供应链结构,唯有依据目标市场顾客需求的特性,配置整个供应链的"推拉"布局,为顾客创造最大的价值,获取最大利润。

四、供应链管理的内容

供应链管理的目标是整个系统的效率和成本效益,系统的所有成本,包括采购、生产、库存、运输和配送都要最小化。因此,供应链管理涉及四个主要领域:供应(supply)、生产计划(production plan)、物流(logistics)、需求(demand)。供应链管理是以同步化、集成化生产计划为指导,以各种技术为支持,尤其以互联网(Internet)、企业内部网(Intranet)为依托,围绕供应、生产作业、物流(主要指制造过程)、满足需求来实施的。供应链管理主要包括计划、合作、控制从供应商到用户的物料(零部件和成品等)和信息。供应链管理的目标在于提高用户服务水平和降低总的交易成本,并且寻求两个目标之间的平衡(这两个目标往往有冲突)。

在以上四个领域的基础上,我们可以将供应链管理细分为职能领域和辅助领域。职能领域主要包括产品工程、产品技术保证、采购、生产控制、库存控制、仓储管理、分销管理,而辅助领域主要包括客户服务、制造、设计工程、会计核算、人力资源、市场营销。

由此可见，供应链管理并不仅仅包含物料实体在供应链中的流动，除了企业内部与企业的运输问题和实物分销以外，供应链管理还主要包括以下内容：战略性供应商和用户合作伙伴关系管理；供应链产品需求预测和计划；供应链的设计(全球节点企业、资源、设备等的评价、选择和定位)；企业内部与企业之间物料供应与需求管理；基于供应链管理的产品设计与制造管理，生产集成化计划、跟踪和控制；基于供应链的用户服务和物流(运输、库存、包装等)管理；企业间资金流管理(汇率、成本等问题)；基于 Internet、Intranet 的供应链交互信息管理；等等。

五、供应链管理的方法

1. 快速反应与有效客户反应

快速反应(quick response, QR)是指企业面对多品种、小批量的买方市场时，不是储备"产品"，而是准备各种"要素"，用户提出要求时，能以最快速度抽取"要素"，及时"组装"，提供用户所需服务或产品。QR 是从美国纺织服装业发展起来的一种供应链管理方法。

立白集团的快速反应

2020 年初，新冠肺炎疫情发生后，立白集团作为中国日化龙头企业，做出了积极有效的应对和很好的表率。疫情就是命令，防控分秒必争。在平时，市场对于消毒除菌产品的需求量不是很大，疫情暴发后，需求"井喷"，一下子出现很大的市场缺口。为保障捐赠和市场需求，立白集团当即组织提前复工复产，但由于供应渠道中的包装材料供应链条受阻，导致复工复产遇到了困难。为改善包装材料供应不足，集团采购部门通过开发新的供应商，让当地政府协调包装材料企业提前复工，指导供应商进行人员保障工作等来改善这一问题。通过这次的经验积累，立白集团继续与合作伙伴一起建立应急机制，加强与生产、供应等各个环节相关厂商的交流合作和应急预案设置，提升整个产业链的危机处理能力。

立白集团依靠自身强大的物流渠道和仓储系统，开辟出一条条驰援疫情防控的"生命线"。在疫情严重地区，通过销售总公司协调当地经销商与当地政府对接，开取放行捐资物资的证明；依托立白集团强大的物流商资源，让捐赠物资少走"弯路"，快速高效地驶向各定点收治医院。

(资料来源：根据中国国家品牌网资料整理)

有效客户反应(efficient consumer response, ECR)是 1992 年从美国的食品杂货业发展起来的一种供应链管理策略。它也是一个由生产厂家、批发商和零售商等供应链成员组成，各方相互协调合作，以更好、更快和更低的成本满足消费者需要的供应链管理解决方案。有效客户反应是以满足顾客要求和最大限度降低物流过程费用为原则，能及时做出准确反应，使提供的物品或服务流程最佳化的一种供应链管理战略。

(1) QR 与 ECR 的差异。二者的差异主要表现在侧重点、管理方法、适用行业和改革重点等方面，具体如表 1-3 所示。

QR 和 ECR

表 1-3 QR 与 ECR 的比较

比较项目	QR(快速反应)	ECR(有效客户反应)
侧重点	缩短交货提前期,快速响应客户需求	减少和消除供应链的浪费,增强供应链运行的有效性
管理方法	主要借助信息技术实现快速补发,通过联合产品开发缩短产品上市时间	除新产品快速有效引入外,还实行有效商品管理、有效促销
适用行业	适用于单位价值高、季节性强、可替代性差、购买频率低的行业	适用于产品单位价值低、库存周转率高、毛利少、可替代性强、购买频率高的行业
改革重点	补货和订货的速度,目的是最大限度地消除缺货,并且只在商品有需求时才去采购	效率和成本

(2) QR 与 ECR 的共同特征。QR 与 ECR 的共同特征为超越企业之间的界限,通过合作追求物流效率化。其具体表现在以下三个方面：一是贸易伙伴间商业信息的共享；二是商品供应方进一步涉足零售业,提供高质量的物流服务；三是企业间订货、发货业务全部通过电子数据交换(EDI)来进行,实现订货数据或出货数据的传送无纸化。

2. 延迟策略

(1) 延迟策略的含义。延迟策略就是通过设计产品和生产工艺,把制造某种具体产品的差异化决策延迟到开始生产之时。使一类或一系列的产品延迟区分为专门的产成品,这种方法称为延迟产品差异。一般来说,多个产品在生产流程的初始阶段可以共享一些共同的工艺和(或)零部件,在工艺流程的某一点或某些点上使用特定的工艺和部件来定制加工半成品,这样,一个通用产品直到流程的这一点之后就成为不同的产成品。这一点通常就是产品差异点。延迟的实质就是重新设计产品和工艺以使产品差异点延迟。

延迟策略

(2) 延迟策略的形式。"为延迟而设计"的理念,要求重新设计产品和工艺以使时间延迟或形式延迟。在产品种类激增的情况下,延迟作为推迟产品差异的策略有两种形式：时间延迟和形式延迟。

时间延迟是指将产品差异的任务,包括制造、集成、定制、本地化和包装尽可能在时间上向后推迟。时间延迟使备货生产模式向订货生产模式转化成为可能,如惠普台式打印机,本地化阶段由工厂延迟到配送中心。

形式延迟的目的在于尽可能在上游阶段实施标准化。这一过程同时伴有零部件的标准化。在形式延迟中,既可能是产品形式延迟也可能是工艺形式延迟,而且两者还可能同时存在,形成不同的组合。这样,产品的差异点就会被有效地延迟。目前,模块化和部件标准化程度的不断提高,使做出延迟差异的设计更为可行。例如,惠普打印机有两个在集成阶段使用的关键部件使产品区分为黑白和彩色打印机。如果对某些关键部件实行标准化,两种打印机就会在集成阶段产生差异,从而形成延迟。

3. 业务流程重组

(1) 业务流程重组的含义。业务流程重组是随着信息时代的到来而出现的一场技术管理革命。20 世纪 90 年代,作为最早倡导 BPR 理论的学者之一,美国麻省理工学院的迈克尔·哈默教授，在《企业再造》一书中对"业务流程重组"的定义为："从根本上重新思考并彻底重新设计业务流程，以实现在关键业绩上，如成本、质量、服务和响应速度上，取得突破性的进展。"

业务流程重组强调以业务流程为改造对象和中心、以关心客户的需求和满意度为目标，对现有的业务流程进行根本的再思考和彻底的再设计，利用先进的制造技术、信息技术以及现代的管理手段，最大限度地实现技术的功能集成和管理的职能集成，以打破传统的职能型组织结构，建立全新的过程型组织结构，从而实现企业经营在成本、质量、服务和速度等方面的戏剧性的改善。

(2) 业务流程重组的框架。业务流程重组的框架包括重组过程的各个部分，主要包含以下三个方面。

第一，业务流程重组原则。业务流程重组原则是一系列的指导原则，是进行业务流程重组的指导思想，涵盖了管理学家的研究成果和各个实施业务流程重组厂家的实践经验。

第二，业务流程重组的过程。这是框架的核心内容，包括组成过程的各个活动以及活动之间的关系。

第三，业务流程重组的方法和工具。企业流程重组的方法和工具促进了业务流程重组的实践，为业务流程重组提供了具体的分析、设计和实施技术，可以确保业务流程重组的顺利进行。

基 础 检 测

一、单选题

1. 一家典型企业的供应链成本占其全部收入的 80%，占其资产的 50%，这使得(　　)成为一种降低成本的重要手段。
   A. 供应链管理　　B. 资金链管理　　C. 供应商管理　　D. 客户关系管理
2. MRP 的推广、ERP 和 JIT 管理模式的应用发生在供应链管理的(　　)阶段。
   A. 初始　　　　　B. 形成　　　　　C. 成熟　　　　　D. 现代
3. 以下不属于供应链管理涉及的四个主要领域的是(　　)。
   A. 供应　　　　　B. 仓储　　　　　C. 物流　　　　　D. 需求
4. 业务流程重组的框架的核心内容是(　　)。
   A. 原则　　　　　B. 过程　　　　　C. 方法　　　　　D. 工具
5. ECR 是(　　)供应链管理方法的简称。
   A. 快速反应　　　B. 延迟策略　　　C. 有效客户反应　D. 业务流程再造

二、多选题

1. 供应链管理的发展经历了(　　)三个发展过程。
   A. 萌芽阶段　　　　　B. 初始阶段　　　　　C. 形成阶段
   D. 成熟阶段　　　　　E. 现代阶段
2. 以下各项中，出现在供应链管理成熟阶段的有(　　)。

   A. VMI   B. CPFR   C. BPR
   D. PLM   E. SCP

3. 以下关于快速反应和有效客户反应说法正确的是(　　)。
  A. 快速反应(QR)发展自美国纺织服装业
  B. 有效客户反应(ECR)发展自美国的食品杂货业
  C. 快速反应(QR)侧重于缩短交货提前期，快速响应客户需求
  D. 快速反应(QR)侧重于减少和消除供应链的浪费
  E. 有效客户反应(ECR)的改革重点是效率和成本

4. 供应链管理涉及的四个主要领域分别是(　　)。
   A. 供应   B. 需求   C. 生产计划
   D. 物流   E. 配送

5. 在产品种类激增的情况下，延迟作为推迟产品差异策略的两种形式是(　　)。
   A. 时间延迟   B. 生产延迟   C. 形式延迟
   D. 交货延迟   E. 设计延迟

三、判断题

1. 供应链管理初始阶段属于传统的供应链管理，其运作多局限于企业内部。（　　）
2. 当提前期不能随着需求信息而缩短时，拉式供应链系统将难以实现。（　　）
3. 大量数据表明，供应链管理已成为一种降低成本的重要手段。（　　）
4. 供应链管理的形成阶段，供应链成员的管理理念主要还是以"为了生产而管理"为中心。（　　）
5. QR是从美国纺织服装业发展起来的一种供应链管理方法。（　　）

任 务 实 施

菲莺制衣公司的顾客整体稳定，但需求多元化，如欧美客户喜欢颜色艳丽甚至夸张的颜色搭配以彰显个性，中国内地年轻白领喜欢简洁大气且时尚有品位的风格，中老年人喜欢适合出游的柔软舒适且颜色亮丽等风格，总体需求确定但波动性强，批量时大时小。在供应链运作方面，为了更大程度满足客户的这种多元化需求，菲莺制衣公司做过一些努力，如决定在生产环节上故意"延迟"一下，就是接到客户订单后，再快速从库存中抽取订单中服装所需的已染好色并裁剪完的符合需求规格的布片，进行加工缝纫、熨整、包装、出厂，对客户需求能够做出较为敏捷的反应。

但是，菲莺制衣公司也遇到了一些困难。其所需原材料供应商存在各种问题，例如，供应面料的韩国 A 公司要提高供应价格；供应棉线的河南省 C 公司受汛情影响，已停产的生产线还未恢复，无法继续供应；拉链供应商广东省 D 公司由于加盟更有竞争力的供应链，希望减少供应量；其他辅料供应商山东省 E 公司由于技术原因，无法使用 CRM 系统；等等。

在生产程序上，公司总部下设分公司 F 负责裁制、质检和包装，由于受新冠肺炎疫情的影响，订单量骤减；而国内疫情常态化管控后，订单量骤增。这些突发状况，导致生产设备由忙到闲，又忽然加急赶工，工人和设备极度不适应。由此导致过时款库存积压，畅销款又面临断货。另外，某内地代理商由于管理原因，不能按要求即时上报销售数据，而是三天才上报一次，而且需要不断地打电话或发传真才能获知销售数据；外贸代理商也出现类似问题。而这些问题，又让第三方配送中心抱怨不已，无法及时安排储运，致使自身的仓容浪费或车辆闲置，一度想解约。

根据以上描述，依次完成以下四个实训任务。

实训 1：识别供应链管理的内容

要求：识别菲莺制衣公司供应链管理的内容及其出现的问题，并提出改进建议，并将相关内容填写在表 1-4 中。

表 1-4　菲莺制衣公司供应链管理的问题及改进建议

内容	菲莺制衣公司在此方面出现的问题
供应	
生产计划	
物流	

续表

需求	
改进建议	
实施供应链管理的意义	菲莺制衣公司实施供应链管理，具有如下意义。 如此，最大限度地减少资源浪费，提高货品周转率，减少资金占用，带动供应链上的所有企业同频运作，降低供应链运作成本，使效益最大化。

实训 2：识别供应链管理的发展阶段

要求：分析菲莺制衣公司供应链管理处于哪个发展阶段，并将相关内容填写在表 1-5 中。

表 1-5 菲莺制衣公司供应链管理发展阶段分析

阶段	是或否	说明
初始阶段		
形成阶段		
成熟阶段		
结论		

实训 3：识别供应链管理的模式

要求：分析菲莺制衣公司供应链管理的模式，并将相关内容填写在表1-6中。

表1-6　菲莺制衣公司供应链管理的模式

模式	说明原因
推式	
拉式	
推拉式	

实训 4：探寻供应链管理的方法

要求：分析菲莺制衣公司的供应链管理采用的哪种方法，并将相关内容填写在表1-7中。

表1-7　菲莺制衣公司供应链管理方法分析

供应链管理方法	是或否	分析
快速反应		
有效客户反应		
延迟策略		
业务流程重组		

(资料来源：作者编写)

供应链管理实务(微课版)

能 力 提 升

案例 1：连锁便利店的供应链管理

需要对顾客需求反应迅速的便利店的缺货原因有多种，目前的主要问题在于：信息传递不准确、不及时以及配送体系响应速度缓慢，只有建立标准化的运作体系，精确掌握销售信息，提升配送体系的响应速度，才能有效降低缺货率。因此应在以下几个方面进行努力。

首先，建立快速响应系统机制。采用先进的供应链管理信息系统，利用高效的信息系统对响应速度的提高将大有裨益。建立一个适合于企业的信息处理系统以便实现便利店的内部及与供应商有效快速的信息交流。例如，利用互联网技术与 EDI 更加快速地与供应商进行信息交流，从而使便利店在缺货的情况下能够很快得到供应商的反应及快速补货，就可以减少商品到销售点的时间和整个供应链上的库存，最大限度地提高供应链管理的运作效率。交易双方用技术来有效地管理彼此的商品流和信息流时，在管理中接受这种新的"开放"关系，快速响应才能真正发挥作用。

其次，对门店、配送中心之间的配送方式作详细剖析，建立需求拉动的物流模式，形成"快速响应"与"最大库存水平"模型相结合的管理方式，增加消费者的满意度。

最后，在配送方面，通过采用适合自身的配送模式实现快速的配送从而实现有效的顾客反应。

实施快速响应需要六个步骤，分别是条形码和 EDI、固定周期补货、先进的补货联盟、零售空间管理、联合产品开发和快速响应的集成。利用 EDI 数据交换，实现 JIT 和 VMI 采购模式。

(资料来源：根据道客巴巴资料整理)

> **想一想：**
> 快速响应的成功并不仅仅依赖条形码和 EDI 等几个步骤，而是有先决条件的。那么，先决条件是什么呢？

案例 2：麦当劳的供应链管理

有人说，我们要少去麦当劳吃汉堡，但要多去麦当劳学管理。麦当劳的经营管理有很多值得我们学习的地方，其商业模式更是值得我们深入研究与思考。

(1) 麦当劳靠汉堡包赚钱吗？麦当劳的主打产品，也是吸引消费者走进麦当劳的无疑是它的汉堡包，但麦当劳靠汉堡包赚钱吗？我们要注意，当初麦当劳的汉堡包卖12元人民币时，其实利润非常少，甚至不赚钱。因为这么大的汉堡，要用最好的牛肉、最好的面包、面包里的气泡在 4 毫米时口感最佳，这样的面包不能用品质差的油，只能用最好的油，而且 10 分钟内不卖掉，只能扔掉。如此高的成本，再加上房租、人员费用、推广费用，麦当劳的汉堡包其实并不赚钱，但汉堡包恰恰是吸引众多消费者去麦当劳的一个主要原因。

(2) 麦当劳靠什么赚钱呢？靠那些不被人注意的可乐、薯条等小产品，一杯可乐售价为9元，可能毛利为6元，这是它赚小钱的地方，也是它赚小钱的方法。

(3) 麦当劳怎么赚钱呢？通过供应链，麦当劳可以做集中采购，当它把全球几万家门店所用的牛肉、面粉、土豆集中采购时，利润就出来了。但是麦当劳供应链的高明之处还远不止这些，如果麦当劳只想到集中采购，那就没有今天的麦当劳，也无法成为全球单一品牌最大的快餐连锁企业之一，全球拥有3万家以上的门店。

麦当劳不仅通过集中采购获取稳定的利润，同时还积极参与供应链的改造，通过改造供应链来降低供应链的成本，并与合作者分享所降低的供应链成本，但最大的受益者还是麦当劳。例如，假设过去土豆价格5元/斤，亩产只有6 000斤，麦当劳公司会为农场免费提供土豆种植改良技术。当农场拿到免费的土豆种植改良技术后，亩产从6 000斤增加到20 000斤。过去土豆价格为5元/斤、亩产6 000斤，收入3万元/亩，现在亩产达到20 000斤以后，可以让农民把价格降到2元/斤，这样收入达到了4万元/亩，比过去增加了1万元，这样一来，农场企业很开心。但最大的受益者是谁？毫无疑问是麦当劳公司。因为土豆价格从5元/斤降到2元/斤，单位成本大幅降低。

因此，麦当劳从供应链中获取"中利"，并不是单纯依靠集中采购，而是同时积极且深入地参与供应链改造。通过改造供应链，使整个价值链的整体收益大幅增加，而它获得其中最大的一部分。可能有读者认为这样不公平，是不是麦当劳欺负农民？其实不是，因为这里最大的贡献者还是麦当劳，所以它获得最大的利润是合情合理的。

(资料来源：根据搜狐资料整理)

想一想：
1. 麦当劳为什么可以做到全球有3万多家门店？
2. 中式快餐店该如何提高应变能力？

随 堂 笔 记

任务 1.2		理解供应链管理		
姓名		班级	学号	
课程环节	学习关键点	完成情况	备注	
知识准备	重点与难点	总结学习重点与难点	是否掌握	
	学习重点：			
	学习难点：			
基础检测	题型	错题原因分析(每种题型各有5小题)	得分	小计
	单选题(1分/题)			
	多选题(2分/题)			
	判断题(1分/题)			
任务实施	实训任务	掌握了何种知识或技能	难易程度	
	1. 识别供应链管理的内容			
	2. 识别供应链管理的发展阶段			
	3. 识别供应链管理的模式			
	4. 探寻供应链管理的方法			
能力提升	案例分析	掌握了何种知识或技能	难易程度	
	1. 连锁便利店的供应链管理			
	2. 麦当劳的供应链管理			

项目评价

项目1		走进供应链管理		
姓名		班级		学号	

	评价内容及标准		学生自评	教师评价
序号	知识点评价(40分)	评价标准	得分	得分
1	任务一 基础检测	全部正确,满分20分		
2	任务二 基础检测	全部正确,满分20分		
序号	技能点评价(50分)	评价标准	得分	得分
1	识别供应链结构	能够识别企业供应链结构要素并规范绘制其供应链结构示意图。满分10分		
2	分析供应链特征	能够分析企业供应链具有哪些特征并说明理由。满分5分		
3	识别供应链类型	能够准确识别与判断企业供应链的类型。满分10分		
4	识别供应链管理的内容	能够识别企业供应链管理的具体内容。满分10分		
5	识别供应链管理的发展阶段	能够识别企业的供应链管理处于哪个发展阶段。满分5分		
6	识别供应链管理的模式	能够识别企业供应链管理运用的模式。满分5分		
7	探寻供应链管理的方法	能够给出供应链管理方法的建议。满分5分		
序号	素质点评价(10分)	评价标准	得分	得分
1	创新与积极进取意识	能够不固守旧的经营模式,对企业的供应链管理给出积极建议。满分5分		
2	精益求精、态度严谨	能够用心分析问题,规范绘制供应链结构图。满分5分		
	合计(100分)			
	项目评价成绩=学生自评×40%+教师评价×60%			

行而知之

"生命摆渡人"汪勇——
危急时刻,一个快递小哥的家国情怀

新冠肺炎疫情发生时,武汉一名普通的快递员汪勇不顾个人安危,坚持奋战在疫情防控后勤保障的一线,以非凡的勇气守护冬日里逆行的白衣天使,以星火之势点燃八方驰援火炬,织就武汉疫情期间的救助支援供应链,被誉为勇敢逆行的"最美快递小哥"。

瑟瑟冬日吹暖流,大疫面前显大义。2020年1月23日10时起,为遏制新冠肺炎疫情的蔓延与扩散,武汉城市公交、地铁、轮渡、长途客运暂停运营。除夕夜,汪勇在微信群里看到金银潭医院医护人员发出的一条乘车求助信息。武汉抗疫最前线的金银潭医院是当地收治重症和危重症病人最多的医院之一,地理位置偏远,出行十分不便。几个小时过后仍无人回应。金银潭医院就在汪勇的服务区,面对这种局面,朴实的汪勇毅然选择挺身而出,开始免费接送金银潭医院医护人员。

大年初一清晨,他开车来到约定地点接到医护人员。第一趟接送,虽然也有恐惧与害怕,但收获更多的是感动,这让他更加坚定了自己的选择。从此,快递小哥汪勇化身为穿行在英雄之城的"摆渡人",支援抗疫的供应链网络编织者,守护着逆行的白衣天使们。

医护人员对车辆需求越来越多,汪勇通过朋友圈发布消息招募志愿者,火速成立一支约30人的接送医护人员志愿服务队。出行问题解决后,发现有医护人员吃饭不方便,他又多方联系餐馆和便利店,搭建起供餐应急配送网,落实每日近1.5万份餐食配送,解决了很多医护人员的用餐需求。医护人员的眼镜和手机在紧急情况下容易损坏,他发动志愿者在全城寻找可以维修的商户。援鄂医疗队寒冬星夜驰援武汉,生活用品未带齐全,他就和志愿者们帮助他们购买拖鞋、秋衣秋裤……汪勇就像一个支点,撬动起蕴藏在群众当中巨大的齐心抗疫正能量。疫情期间,汪勇专门建了一个医护服务群,只要医护人员在群里喊一声,汪勇和他的志愿队就会站出来解决问题。

烈火炼真金,危难显大义。一位医护人员这样称赞汪勇:"你虽然没有进过隔离病房,但你的所作所为不亚于任何一名'逆行'的白衣战士,我们守护生命,你守护我们。"

汪勇荣获"2020—2021感动中国十大人物",他的颁奖词为:没有人能百毒不侵,热血可以融化恐惧;没有人是生来的勇者,责任催促你重装上阵。八方统筹,百般服务。你以凡人之力,书写一段传奇。

(资料来源:根据搜狐网相关资料整理)

想一想:铁肩担道义,"物流人"的责任是什么?

项目二 构建供应链联盟

【思维导图】

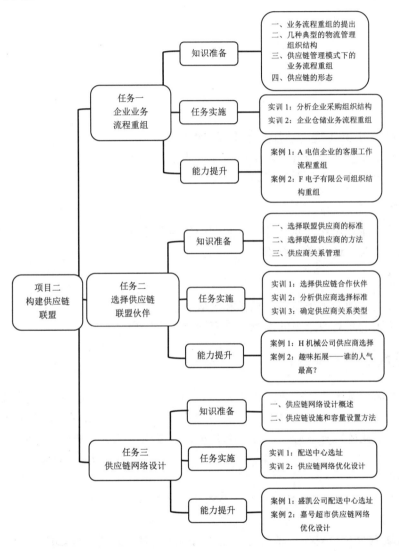

在项目一中,我们通过知识准备和任务实施,较为深入地认识了供应链和供应链管理。在此基础上,本项目主要侧重供应链联盟的构建,为实现供应链各项管理活动提供组织保障。

本项目有以下三个学习任务。

任务一 企业业务流程重组
任务二 选择供应链联盟伙伴
任务三 供应链网络设计

任务一 企业业务流程重组

【任务目标】

知识目标:

(1) 了解传统企业的组织结构特征;
(2) 理解 BPR 提出的背景和内涵;
(3) 理解两种部门业务流程模型的运行原理。

能力目标:

(1) 能够运用 BPR 理论进行业务流程重组分析;
(2) 能够初步构建供应链环境下业务流程模型;
(3) 培养分析和解决问题的能力。

素养目标:

(1) 培养创新意识和创新精神,不固守旧的经营模式;
(2) 树立精益求精的良好意识。

课程思政:

(1) 能够认识到变革需要创新意识和突破意识;
(2) 能够正确面对改革中的困难,具有迎难而上的勇气。

【案例导入】

某口罩厂的口罩生产流程为:(口罩本体)人工入料→耳带自动入料→超声波耳带熔接→无纺布边带入料及包边→超声波边带熔接→边带切断→成品输出→计数→成品堆叠→输送带装置送出。由此流程可以看出,该口罩厂生产口罩已实现了自动化。

(资料来源:根据百度网相关资料整理)

> 想一想:
> 1. 该流程仅仅体现了口罩的生产过程,而原材料的采购流程、产品的库存管理和销售流程又是怎样的?
> 2. 该生产流程这样表达是否规范?

【知识准备】

一、业务流程重组的提出

1. 传统企业组织结构特征分析

传统企业组织是建立在传统管理模式基础上的，主要以劳动分工和职能专业化为基础，各部门的专业化程度较高。这种组织形式及与之相伴的业务流程适于 20 世纪 80 年代以前市场变化相对稳定的市场环境，而与当今市场需求波动较大及经营模式发生较大变化的市场环境并不适应。在供应链管理概念提出后，发现企业中传统的组织结构和运行管理模式在实施供应链管理过程中同样呈现不同程度的不适应性，因此，有必要从供应链管理的视角提出业务流程重组，重新设计组织结构体系。

现行企业的组织结构大都是根据职能部门专业化的原理设置的。专业化分工之所以能够提高效率，主要是分工使劳动者或管理者成为某一方面的专家，使其处理某一方面问题的单位效率提高。同时，为了有效管理、协调和控制，企业的组织是按等级制构建的，其典型的组织结构如图 2-1 所示。

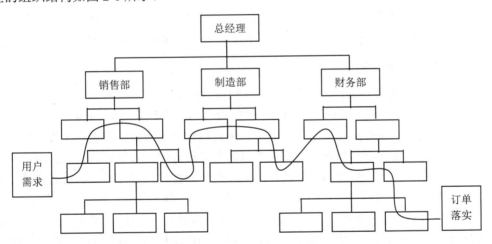

图 2-1 传统企业典型的"金字塔"形组织结构

这种组织结构的特点是多职能部门、多层次、等级森严，从最高管理者到最基层的员工形成了一个"金字塔"形的组织体系。这种组织适用于稳定的环境、大规模的生产、以产品为导向的时代，它以各部门的简单重复劳动来赢得整个企业的效率，但代价是整个工作时间的延长。一项业务需要不同部门、不同层次协作，大量的时间和资金都浪费在这些不增值的活动中，"内卷"问题严重。

为了减少时间和资金的浪费，人们试图通过采用计算机信息技术如管理信息系统(management information system，MIS)提高企业的管理效率，但效果并不尽如人意。原因是采用计算机信息技术后的管理系统并没有发生根本性的变化，只是在原有的管理系统中加入了计算机管理的成分，而且并不是所有的部门都安装了计算机。那些没有纳入 MIS 的部门，仍然沿用低效率的手工操作，这就与其他采用计算机的部门差距更大。这样的组织

使用计算机≠实施 MIS

结构对业务流程未产生根本性影响，是因为它没有触及业务流程的变化，只是传统业务流程的计算机化而已，如图 2-2 所示。

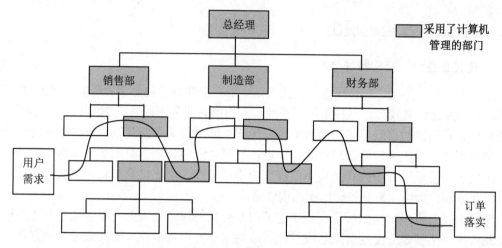

图 2-2 传统企业采用计算机管理后的"金字塔"形组织结构

如果传统业务流程不改变，即使采用了先进的信息技术，也不会对工作有实质性的帮助。同样，实施供应链管理也必须在组织结构上进行变革，要建立起适应供应链管理的业务流程和组织架构。而要做好这些工作，首先要对企业业务流程重组有所了解。

2. 业务流程重组的提出

进入 21 世纪，越来越多的企业日益认识到为适应新的竞争环境对传统企业组织模式及业务流程进行改革有必要。美国麻省理工学院的迈克尔·哈默教授于 1990 年在《哈佛商业评论》上首先提出"业务流程重组"的概念。因为他已发现对传统的企业工作流程实行计算机化后，并未给企业带来预期效益，主要原因就是没有触及传统管理模式。因此，要想取得实效，首先必须分析企业的业务流程，剔除无效的操作，颠覆传统的管理模式，对其进行彻底的重新设计，计算机应该只是新业务流程的使能器，而非原始手工的替代品。1993 年，哈默与詹姆斯·钱皮(James Champy)教授合著并出版了《企业再造》(Reengineering the Corporation)一书。该书的问世引起学术界和企业界的广泛重视，同时 BPR 理念成为近 20 年来企业管理研究和实践的热点之一。

> **想一想：**
> 1. BPR 能够成为管理研究和实践热点的原因是什么？
> 2. 对企业的业务流程进行重组，是局部的改变，还是全部彻底的改变？
> 3. 企业使用了计算机，一定会带来工作效率的提高吗？为什么？

BPR 的核心思想是要打破企业按职能设置部门的管理方式，代之以业务流程为中心，重新设计企业管理过程，因而受到了企业的欢迎，受到了企业管理学术界的重视。而企业实践和学术研究的结果，又推进了 BPR 研究的发展。

BPR 的实践对企业的管理效果产生巨大影响。福特汽车公司北美财会部运用 BPR 的例子给了我们一个深刻的启示。福特汽车公司北美财会部原有 500 多人负责账务与付款事宜，改革之初，管理部门准备通过工作合理化和安装新的计算机系统将人员减少 20%。后来，当他们发现日本一家汽车公司的财会部只有 5 人时，就决定采取更大的改革动作。原付款流程表明，当采购部的采购订单、接收部的到货单和供应商的发票，三张单据验明一致后，财会部才会付款，财会部要花费大量时间核查采购订单、到货单、发票上的 14 个数据是否相符，如图 2-3 所示。

付款流程
重组案例

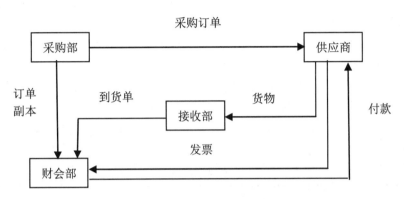

图 2-3　重组前的付款流程

上述流程进行重组后，财会部需要核实的数据减为 3 项：零部件名称、数量和供应商代码，采购部和接收部分别将采购订单和收货确认信息输入计算机系统，由计算机进行电子数据匹配，如图 2-4 所示。

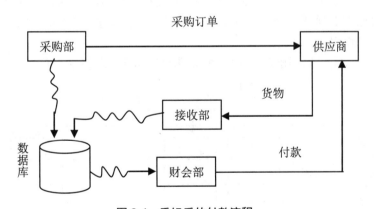

图 2-4　重组后的付款流程

新的流程包含两个工作步骤：第一，采购部发出订单，同时将订单内容输入数据库；第二，供应商发货，接收部核查到货是否与数据库中的内容相符，如果相符就接收货物，并在终端上按键通知数据库，计算机会自动生成付款单据。

业务流程重组的结果是：①以往财会部须在订单、验收报告和发票中核查 14 项内容，而如今只需检查 3 项；②125 位员工负责应付账款工作，财会部减少了 75% 的人力，而不是计划的 20%；③简化了物料管理工作，增强了准确性。

3. 基于BPR的企业组织结构

基于BPR的企业组织结构应包括以下五个方面的内容。

(1) 企业应是流程型组织。将属于同一企业流程内的工作合并为一个整体，使流程内的步骤按顺序进行，工作应是连续的而不是间断的，整个企业组织结构应以关键流程为主干，彻底打破旧的按职能分工的组织结构。

基于BPR的企业组织结构

(2) 流程经理。流程经理就是管理一个完整流程的最高负责人。对流程经理而言，不仅要发挥激励、协调的作用，而且应有实际的工作安排、人员调动和奖惩的权力。这是有别于矩阵式组织结构中项目经理的地方。

(3) 职能部门。虽说在同一流程中，不同领域的人员相互沟通与了解能创造出新的机会，可同一领域的人员的交流也很重要。而职能部门正好为同一职能、不同流程的人员提供了交流的机会。当然，在新的组织结构中，这种职能部门的重要性已在流程之后，不再占主导地位，它更多地转变为激励、协调和培训等功能。

(4) 人力资源部门。在基于BPR的企业组织结构中，在信息技术的支持下，执行人员被授予更多的决策权，并且使多个工作汇总为一个，以提高效率，这对人员的素质要求更高。因而在BPR条件下，人力资源的开发与应用则更为重要。

> **想一想：**
> 企业实行BPR，需要什么样的人力资源？

(5) 现代信息技术。BPR本身就是"以信息技术使企业再生"。也正是现代信息技术使多种工作汇总、迅速决策、信息快速传递、数据集成/共享成为可能，才推动BPR和组织创新，彻底打破原有模式。因而现代信息技术已成为新型企业的物理框架，对企业组织的各方面起着支撑作用。

由以上五个方面可以得出基于BPR的企业组织结构，如图2-5所示。

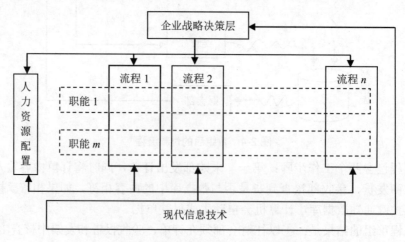

图2-5 基于BPR的企业组织结构

由此，BPR的提出可以给我们以下四点启示。

(1) BPR是在打破原来职能分工的基础上，按业务流程或具体任务来重新组合的。

(2) BPR不是靠循序渐进的改进来提高管理效率，而是一种跃进式的改革。
(3) BPR要求从跨部门的角度考察主要业务流程。
(4) 信息技术不是将原有业务处理自动化，而是新工作流程的使能器。

二、几种典型的物流管理组织结构

早期的物流管理仅关注企业内部的物流组织，很少涉及企业外部物流问题。直到20世纪90年代初期，物流管理才扩展为供应链管理，因而其组织结构也经历了不同的发展阶段。唐纳德·J.鲍尔索克斯等人将企业组织结构变化与物流管理、供应链管理等联系起来，对美国企业物流管理组织结构的变化总结出了以下五种典型模式。

几种典型的物流管理组织结构

1. 传统的物流管理组织结构

传统的物流管理组织结构就是我们常说的按职能部门分工的组织形式，其部门划分主要表现为按管理职能专业化进行划分。虽然有上级主管部门协调，但各个部门总是从各自的利益出发，从部门主管开始就很难达成一致，更不用说普通的工作人员。这种现象意味着整个工作缺乏跨职能协调，从而导致重复和浪费，信息常被扭曲或延迟，权力界限和责任常常是模糊的。

2. 简单功能集合的物流组织结构

当我们初步认识到业务分割和分散化的组织带来的企业反应迟钝之后，即开始了对组织功能的合并和集合的尝试，这样的变化出现在20世纪50年代。但是，这时的功能集合只集中在少数核心业务上。例如，在市场营销领域，集中点通常围绕顾客服务；在制造领域，集中点通常发生在进入原材料或零部件采购阶段。大多数部门并未改变，组织层次也未做大的改变，因此其功能整合的效果有限。

3. 物流功能独立的组织结构

20世纪70年代初，物流管理的重要性受到了进一步重视，出现了物流功能独立的组织结构。此时将产品配送和物料管理的功能独立出来，也提高了其在企业中的地位。尤其是随着市场需求量逐渐加大，企业为了更快地、成本更低地做出反应，纷纷建立面向零售业的物流配送中心，这也是物流管理部门相对独立和地位提升的原因之一。

4. 基于供应链管理思想的一体化物流组织结构

20世纪80年代产生了供应链管理思想的萌芽，受这一思想的影响，出现了物流一体化组织的雏形。这种组织结构试图在一个高层经理的领导下，统一所有的物流功能和运作，目的是对所有原材料和产成品的运输与存储进行战略管理，以使企业产生最大利益。这一时期计算机管理信息系统的发展，促进了物流一体化组织的形成。

5. 从功能一体化向业务过程重组转移

自从BPR提出后，适应供应链管理的组织结构逐渐从过去的注重功能一体化转向注重业务过程(或称流程)的重组。传统组织改变的只是集权和分权的权重或是顾客、地区或产品之间的合作,而未对基本工作流程进行任何重大的重新设计。

三、供应链管理模式下的企业业务流程重组

1. 基于传统管理模式的企业业务流程模型

一般环境下的企业完成供需业务的流程如下。

首先考察制造企业与用户之间的流程关系,着重考察制造企业了解用户订货需求、接收用户订单直到形成生产计划这一阶段的业务流程。

一般情况下,用户的需求信息是通过电话、传真、信函或者直接派人洽谈将信息传递给企业,有些企业则是通过市场营销、市场预测和市场调查了解用户需求。如品种、数量、交货期等订货需求信息,先由企业的销售部门接收处理,签订采购合同,再按流程传递到生产管理部门。生产管理部门接到任务后,再制订生产计划、安排生产任务。如果仓库里有库存,则可直接发给用户。反之,则要根据计划进行新的生产,经过加工、装配、包装、入库等一系列工序后,再将完工信息反馈给销售部门,最后发给用户。从这个流程可以看出,一笔订单要多个部门协作,而且每个部门还有多道工序,因此完成一项用户订货的周期不仅与生产周期有关,还与整个流程的各个业务点上所耗费的时间有关。

其次,考察制造企业和供应商之间的流程关系,着重考察生产管理部门—物资供应部门—采购供应部门—供应商—制造商这一阶段的工作绩效。

一般情况下,现行的这一阶段的业务流程是:先是生产管理部门根据销售部门传来的指令,制订生产计划并提出物料需求申请,再交由物资供应部门审查并制订相应的采购供应计划,最后再由采购供应部门向供应商发出采购订单(原材料或配套的零部件)。供应商接到订货信息后,即组织物资供应。制造商接到供应商的货物后,先进行验货和办理入库手续,然后再由制造部门按照生产计划领料进行生产,最后把完工产品发给用户。如果制造商有现有库存,则可直接从仓库中将货物发给用户。

2. 基于供应链管理模式的企业业务流程模型

在供应链环境下,企业间的信息可以通过Internet传递,上、下游企业间的供需信息可以直接从不同企业的网站上获得。该模型与一般环境下的企业与用户间的业务交往不同的是,处于供应链上的企业,如某供应商不是被动地等待需求方(如用户或供应链下游的企业)提出订货要求再来安排生产,而是可以主动通过Internet了解下游企业的需求信息,提前获取它们的零部件消耗速度,这样就可以主动安排要投入生产的资源。

在这种情况下,生产管理部门具有一定的主动权,销售部门不是生产部门的上游环节,而是和生产部门处于同一流程的并行环节上。在这种流程模式下,减少了信息流经的部门,因而减少了时间消耗。此外,由于流程环节减少了,也减少了信息的失真。

在本流程模型中,销售部门获取的信息作为发货和资金结算的依据。生产计划部门生成对原材料、外购件等的需求计划后,由管理软件直接编制采购计划。这个过程由计算机自动完成,其间可由人工干预进行必要的调整。采购计划生成后,通过Internet向供应商发布。供应商从Internet上得到需求信息后,即可进行生产或包装,然后将货物运到制造商的生产现场。从这一流程可以看出,企业内部原来经过多个业务部门的流程简化了,制造商

与供应商之间的环节也减少了，运行机制发生了变化。这个流程有利于提高整个供应链的竞争力，对每一个企业都有好处。

基 础 检 测

一、单选题

1. 业务流程重组的简称是( )。
   A. MRP　　　　　B. BRP　　　　　C. CRM　　　　　D. SCM
2. 业务流程重组是对企业原有业务流程进行( )。
   A. 改良调整　　B. 循序渐进的修改　　C. 局部构造　　D. 重新构造
3. 业务流程重组的概念首先是由( )提出的。
   A. 迈克尔·哈默　　　　　　　　　B. 迈克尔·波特
   C. 詹姆斯·钱皮　　　　　　　　　D. 唐纳德·J. 鲍尔索克斯
4. 功能集合只集中在少数核心业务上，这是( )的物流组织结构的特点。
   A. 传统　　　B. 简单功能集合　　C. 物流功能独立　　D. 一体化
5. ( )组织结构试图在一个高层经理的领导下，统一所有的物流功能和运作，目的是对所有原材料和产成品的运输与存储进行战略管理，以使企业产生最大利益。
   A. 传统　　　B. 简单功能集合　　C. 物流功能独立　　D. 一体化

二、多选题

1. 现行企业的组织结构大都是根据职能部门专业化的原理设置的，其特点有( )。
   A. 多职能部门　　　　B. 多层次　　　　　C. 等级森严
   D. 等级松散　　　　　E. 金字塔形
2. 基于BPR的企业组织结构包括的内容有( )。
   A. 企业应是流程型组织　　B. 流程经理　　　　C. 职能部门
   D. 人力资源部门　　　　　E. 现代信息技术
3. BPR的提出可以给我们的启示有( )。
   A. BPR是在打破原来职能分工的基础上，按业务流程或具体任务来重新组合的
   B. BPR不是靠循序渐进的改进来提高管理效率，而是一种跃进式的改革
   C. BPR要求从跨部门的角度考察主要业务流程
   D. 信息技术不是将原有业务处理自动化，而是新工作流程的使能器
   E. BPR等同于传统职能分工，再配合信息技术
4. 物流管理组织结构经历过以下几种典型的变化，分别是( )。
   A. 传统型　　　　　　B. 简单功能集合型　　　C. 物流功能独立型
   D. 一体化型　　　　　E. 业务过程重构型
5. 基于供应链管理模式的企业业务流程的优势主要有( )。
   A. 减少了信息流经的部门　　B. 减少了时间消耗　　C. 减少了信息的失真
   D. 提高了整个供应链的竞争力　E. 对每个企业都有好处

三、判断题

1. 传统业务流程不改变，但采用了先进的信息技术，也会对工作有实质性的帮助。
（　　）

2. 计算机应该只是企业新业务流程的使能器，而非原始手工的替代品。（　　）

3. 自从BPR提出后，适应供应链管理的组织结构变化逐渐从过去的注重功能一体化转向注重业务过程(或称流程)的重组。（　　）

4. BPR应以关键流程为主，彻底打破旧的按职能分工的组织结构。（　　）

5. 采购部门通常采用扩大采购批量的方法增加安全系数，可避免发生缺货情况，提高了企业的经济效益。（　　）

任务实施

实训 1：分析企业采购组织结构

菲莺制衣公司的公司总部统一管辖采购部、生产部、市场部、财务部、人事部。公司根据地区产品特点，在采购部下设广州采购科、杭州采购科和广州调研科，其中广州采购科负责采购纽扣、拉链；杭州采购科负责采购面料、衬里、尼龙线；广州调研科负责市场调研，预测流行款式。

要求：请据此判断该公司的采购组织类型，将相关内容填写在表2-1中，并绘制采购组织结构示意图。

表2-1 菲莺制衣公司采购组织结构分析

(1) 判断菲莺制衣公司的采购组织类型。
分析判断：
(2) 画出菲莺制衣公司的采购组织结构示意图。

实训 2：企业仓储业务流程重组

菲莺制衣公司原有的仓储业务流程大多是人工处理，尽管使用了计算机，但也仅仅是用来代替人工进行数据登记、计算，工作效率依然较低，如图 2-6 所示。

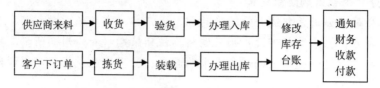

图 2-6　菲莺制衣公司原有的仓储业务流程

要求：请指出该流程存在的问题，将相关内容填写在表 2-2 中，并绘制重构后的仓储业务流程示意图。

表 2-2　菲莺制衣公司仓储业务流程重组

(1) 分析原有的仓储业务流程存在的问题。
(2) 提出改进建议。
(3) 画出重组后的仓储业务流程示意图。

(资料来源：作者编写)

能 力 提 升

案例 1：A 电信企业的客服工作流程重组

A 电信企业的客服工作流程是：客服人员接听用户的报修电话并做好记录，分析诊断问题所在并列出诊断单，根据维修人员的状态进行派工，由维修人员上门维修，检查维修结束后由用户在维修记录单上签字确认。其业务流程如图 2-7 所示。

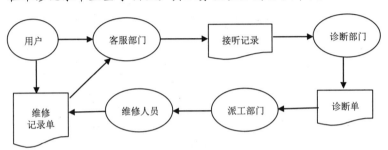

图 2-7 A 电信企业的客服工作流程

(资料来源：作者编写)

要求：分析该工作流程有无问题；如有问题，如何改进？

案例 2：F 电子有限公司组织结构重组

F 电子有限公司旗下有多家子公司，主营产品是 4G 手机、普通老年机和儿童电话手表，其销售由上海总部负责。图 2-8 是 F 电子有限公司原组织结构，公司产品的生产流程如图 2-9 所示。

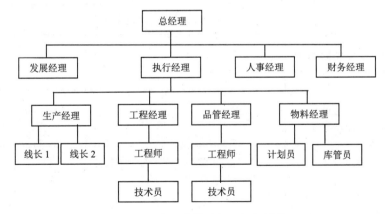

图 2-8 F 电子有限公司原组织结构

图 2-9 F 电子有限公司的生产流程

要求：分析并找出 F 公司组织结构存在的问题，然后提出改进建议。

注：可另附纸作答。

(资料来源：根据百度文库资料整理)

随 堂 笔 记

任务 2.1		企业业务流程重组			
姓名		班级		学号	
课程环节	学习关键点	完成情况		备注	
知识准备	重点与难点	总结学习重点与难点		是否掌握	
	学习重点：				
	学习难点：				
基础检测	题型	错题原因分析(每种题型各有5小题)		得分	小计
	单选题(1分/题)				
	多选题(1分/题)				
	判断题(1分/题)				
任务实施	实训任务	掌握了何种知识或技能		难易程度	
	1. 分析企业采购组织结构				
	2. 企业仓储业务流程重组				
能力提升	案例分析	掌握了何种知识或技能		难易程度	
	1. A电信企业的客服工作流程重组				
	2. F电子有限公司组织结构重组				

任务二　选择供应链联盟伙伴

【任务目标】

知识目标：

(1) 了解供应链联盟的作用；
(2) 掌握联盟供应商选择的参考标准及整个过程的开展。

能力目标：

(1) 运用科学的方法对联盟供应商进行选择；
(2) 分析并解决供应商关系问题。

素养目标：

(1) 培养精诚协作、诚信合作意识；
(2) 培养企业经营成本意识。

课程思政：

(1) 能够认识到信任的巨大能量，诚信经营与合作；
(2) 能够正确理解和诠释"双赢"的理念。

【案例导入】

2020年新冠肺炎疫情初期，口罩等防护品供需紧张，上游供应链厂商也在积极行动。HL石化集团公司作为防护用品原材料供应企业，主动创造条件增加聚丙烯产能，以保障市场防护品的正常供应。而由聚丙烯(简称PP)制成的高熔脂无纺布专用料，是生产口罩的重要原材料。这一材料还可用于生产一次性手术服、隔离服、被单、液体吸收垫、输液注射所用的输液瓶和注射器等。作为一家以炼油、石化、聚酯新材料和纺织全产业链发展的国际型企业，HL集团始建于1994年，有8万多员工。集团相关负责人表示，为了保障口罩的原材料供应，集团通过腾讯会议实现了各部门的远程协作，减少人员聚集的同时，优先保障医疗防控物资原材料优质、足量、及时生产和供应，争分夺秒生产聚丙烯，得以实现每天生产供应4亿个口罩的原材料，成为口罩供应链上非常重要的合作伙伴。目前，HL集团已与多家口罩厂签订了供货协议，优先保障这几家口罩厂的聚丙烯材料供应。

(资料来源：根据百度网资料整理)

想一想：

1. HL集团已与多家口罩厂签订了供货协议，能说明它们已构成供应链联盟吗？
2. 成为供应链联盟伙伴，需要具备哪些条件？

【知识准备】

一、选择联盟供应商的标准

(一)供应商联盟的作用

致力于供应链管理的企业通过缩小采购品种的范围,将采购量汇总到几家供应商,缩小到一个较小的供应商范围,并与这几家供应商建立长期战略联盟。例如,施乐公司和克莱斯勒公司曾在20世纪80年代将其供应商缩减了90%。一个有效的供应商联盟可以起到补充和辅助企业的竞争优势的作用,对其成功至关重要。为支持企业的全部业务和供应链战略,明智的采购经理会基于供应商的发展,培育一个健康的供应商联盟。

除了提供采购物品外,出色的供应链联盟还可以提供:①产品和加工技术以支持买家的运营,特别是产品设计;②有关最新的物料、加工和设计的信息;③有关供应市场的信息,如短缺、价格上涨、政治形势,这些都会影响主要物料的供应;④满足非预期需求的能力;⑤小批量、多频率所带来的竞争优势,因为联盟中供应商通过信息共享机制完全可以做到准时供应。

供应商的数量多少为好?

(二)供应商选择的标准

供应链联盟管理模式追求供应链所有成员的完美组合以求共赢,它要设计一种风险最低的合理供应商结构,并谋求长期稳定的合作关系。各方的利益不再是对立的,而是合作的。因此,它对供应商的选择管理较传统观念有着根本的不同,可分为任务相关标准和伙伴相关标准。

1. 任务相关标准

(1) 顾客观念。要求供应商应具有为顾客着想、对顾客的需求迅速反应的观念。

(2) 提供产品与服务到位。供应商应以一致与可靠的方式提供产品与服务。在产品质量和信用方面,供应商认真履行义务,对合作的事业高度认真负责。

(3) 应变能力。供应商应能适应不断变化的商业环境,提高应变能力,随时提供符合标准的产品和服务,不会对客户的供应系统造成中断。

(4) 生产设备。例如,供应商是否拥有制造所需产品的全套机械设备;若有设备上的不足,将如何克服;设备是否先进,是否妥善保养维护(机器故障会影响交货);等等。

(5) 人力资源。人力资源如何以及是否合理地得到利用是供应商自身能力的重要体现。例如,一线生产者和管理员工的人数及比例;每个员工都有效利用还是有多余人员无所事事;管理层人员的姓名、职称、学历、资格和经验;供应商是否拥有完整的管理和行政人员的培训方案;团队精神和权力下放的激励程度;员工的流动数量;员工对企业的态度,员工对满足客户需求的关心程度;企业文化的主旨;等等。

(6) 供应商的质量。对供应商的选择需要了解供应商在质量方面所做的工作和质量保障体系的建立情况,例如,供应商是否达到相关国际质量认证标准(国标、ISO、行业认证);

供应商是否有产品达到某种质量标准或认证；供应商具备哪些检验和测试手段；质量方面采用什么统计管理和控制方法；质量控制是否包括对分包商的鉴定；供应商能否保证买方可以放心地免除进货时的检验，这一点对"及时供应"特别重要。

(7) 信息能力。例如，供应商有没有网站；网站提供哪些信息；供应商的电子商务能处理什么业务活动；供应商是否通过互联网减少或免除文档工作、缩短订单周期、减少库存、提供有关产品和库存的实时信息、提供合作计划、集成供应链运作等。

(8) 财务能力。供应商的财务状况应保证其有能力应对不同问题。财务指标是评估供应商的重要指标。通过选取相关的财务指标可以有效降低选取财务状况不稳定的供应商的风险，也可以反映供应商自身的成长情况。因此，应建立一套合理评价供应商财务能力的机制。

2. 伙伴相关标准

(1) 着眼大局、互信互谅、长期合作。强调与采购方之间的长期关系，是合约者而非交易者的关系。企业应与供应商之间建立互惠互利的密切合作关系，并贯彻在每一项具体的采购业务中，以鼓励续供或者吸引新的供应商。

(2) 企业文化与哲学一致。只有双方的企业文化与哲学一致，才可能形成真正的共同利益，达到信息的快速流通，实现价值的最完美增加，整个供应链也才能畅通无阻。

(3) 共担风险，共享利益。供应链模式下的采、供双方是建立在高度信任的基础之上，相互之间都把对方看作自己的延伸，因此，对对方的关心程度大大提高，平时利益共享，甚至相互投资、参股，以保证双方的利益一致性。

二、选择联盟供应商的方法

选择供应商的方法有很多，常用的方法主要有直观判断法、招标选择法、协商选择法、采购成本比较法、线性加权法和环比评分法等。这里重点介绍后三种方法。

(一)采购成本比较法

对质量和交货期都能满足要求的合作伙伴，需要通过计算采购总成本来进行比较分析。采购总成本一般为售价、订货费用、运输费用等各项支出的总和。采购成本比较法是一种通过对各个合作伙伴采购总成本的计算分析，选择采购总成本较低的合作伙伴的方法。

【例 2-1】某公司采购某种设备，现有甲、乙两家供应商可供选择。甲的价格为 1100 元，包含运输和软件安装；乙的价格为 800 元，但需另付运输费 200 元和软件安装费 150 元。请问该公司应该买哪一家供应商的产品？

解：
供应商甲的采购总成本=1100(元)
供应商乙的采购总成本=800+200+150=1150(元)
很明显，供应商甲的价格高于乙，但仅仅以价格进行比较是不公平的，乙的采购总成本为 1150 元，比甲还要高出 50 元，因此，从采购成本和价格方面考虑应选择甲。

(二)线性加权法

线性加权法的基本原理是给每个评价指标分配一个权重，每个供应商的定量评价结果为该供应商各项指标的得分与相应指标权重的乘积之和。通过对各供应商定量评价结果进行比较，实现对供应商的选择。

1. 供应目标

如何设定评价指标的权重与公司采购商品的供应目标有关，供应目标是线性加权法中评价指标权重的设定基础。供应目标的优先级取决于采购商品的性质以及该项目对公司的影响。例如，对于一些采购商品，享有最高优先权的供应目标可能是获得最合适的设计和质量，而成本只是第二个要考虑的因素。这是因为这个采购商品的设计和质量会对公司的竞争力以及盈利能力产生重要的影响。而在其他情况下，成本又会成为极为重要的因素。

2. 确定权重

当确定评价指标的权重时，公司首先要考虑的问题应是：在与采购相关的所有评价指标中，应按照什么样的顺序来排列这些指标以及如何对其进行量化打分？针对不同的采购对象，权重的设定相差很大。

在对供应商进行综合评定的基础上，建立科学的选择方法，根据项目类别及项目特点，首先确定选择哪一等级的供应商。对采购金额大、技术要求高的项目，通常选择等级较高的供应商；反之，则选择等级较低的供应商。

不同公司的供应指标权重标准的设定

【例2-2】某企业对甲、乙、丙3个供应商的评价项目和权重分配为：产品质量为0.4，价格为0.3，合同完成率为0.2，交货准时率为0.1，试根据表2-3的资料判断哪家供应商最合适？

表2-3 三家供应商的供应指标数据

供应商	产品质量（合格率%）	价格/元	签合同次数	履行合同次数	交货次数	准时交货次数
甲	95	100	10	9	20	19
乙	98	98	8	6	16	15
丙	94	96	7	7	15	15

解：

由题意可知，应采用线性加权法量化选择，具体步骤如下。

(1) 确定供应目标及其权重，即评价指标及其权重。选取的评价指标分别是产品质量、价格、合同完成率、交货准时率，其权重分别是0.4、0.3、0.2、0.1。

(2) 对每个供应商在各项指标的满足程度进行考评，一般按百分制进行量化打分。

本例中，产品质量指标的量化得分，可直接取用产品质量合格率百分号前面的数值；价格指标的量化得分，可用供应商中给出的最低报价去除其他价格，再取用其百分号前面的数值；合同完成率的量化得分，可用每个供应商的履行合同次数去除签合同次数，再取用其百分号前面的数值；准时交货率指标的量化得分，可用每个供应商的准时交货次数去除交货次数，再取用其百分号前面的数值。经过数据处理后，如表2-4所示。

线性加权法案例解析

表2-4　三家供应商的供应指标数据处理

供应商	产品质量合格率	价格满意度	合同完成率	交货准时率
甲	95%	96÷100×100%=96%	9÷10×100%=90%	19÷20×100%=95%
乙	98%	96÷98×100%=98%	6÷8×100%=75%	15÷16×100%=93.75%
丙	94%	96÷96×100%=100%	7÷7×100%=100%	15÷15×100%=100%

(3) 确定每个供应商的定量评价结果。每个供应商的定量评价结果为该供应商各项指标的得分与相应指标权重的乘积之和。据此，计算结果如下。

$T_甲$=0.4×95+0.3×96+0.2×90+0.1×95=94.3

$T_乙$=0.4×98+0.3×98+0.2×75+0.1×93.75=92.975

$T_丙$=0.4×94+0.3×100+0.2×100+0.1×100=97.6

因供应商丙得分最高，所以，若不考虑其他因素，应选择供应商丙。

(三)环比评分法

环比评分法(decision alternative ratia evaluation system，DARE)，是指从上至下依次比较相邻两个指标的重要程度，给出暂定重要性系数，然后令最后一个被比较指标的修正重要性系数为1，作为基数，从下至上依次计算各指标的修正重要性系数。以排列在下面指标的修正重要性系数乘以与其相邻的上一个指标的暂定重要性系数，得出上一个指标的修正重要性系数，然后求出各修正重要性系数的总和，再用各指标的修正重要性系数除以该总和，即得到各指标的权重。

环比评分法是一种通过确定各因素的重要性系数来评价和选择创新方案的方法。在运用时每个指标只与上下相邻指标进行对比，不再与其他指标对比。评分时从实际出发，灵活确定对比后的比例结果，没有限制。

下面结合【例2-3】介绍环比评分法的具体步骤。

环比评分法案例解析

【例2-3】某运输公司要购置几辆货车，需考虑5个方面的因素：价格(A)、载重量(B)、油耗(C)、排放(D)和售后服务(E)。现在市场上有甲、乙、丙三个品牌的供应商。试用环比评分法按这5个方面的要求评价选择合适的供应商。

解：

第一步，制作评价因素一览表，如表2-5所示，将评分指标按照功能相近、重要性或实现困难度相近的原则，顺序填入表中第一列，也可随机排列。

第二步，由上而下将相邻两个指标的功能对比评分，作为暂定重要性系数，顺序填入表2-5中第二列。例如，A与B相比，评价小组认为A的重要性是B的1.6倍，则A的暂定重要性系数为1.6，填写在A右边的表格里；然后，B与C相比，认为B的重要性不如C，是C的0.5倍，则B的暂定重要性系数为0.5，填写在B右边的表格里；依次比较，到E时，后面没有与之比较的指标，则在E右边的表格里画一道短横"—"。

第三步，对暂定重要性系数进行修正。令最下面的要素E的修正重要性系数为1，乘以其上面相邻要素D的暂定重要性系数，得到上面相邻要素D的修正重要性系数为1.5，填写在对应的表格中，然后再依次自下而上计算其他要素的修正重要性系数，顺序填入表2-5中第三列。

第四步,对表 2-5 中第三列各指标的修正重要性系数汇总求和,得到 9.4,再用各指标的修正重要性系数除以该总和(9.4),得到各指标的重要性权数 W,顺序填写在表 2-5 中第四列。

表 2-5　评价因素一览

评价指标(1)	暂定重要性系数(2)	修正重要性系数(3)	重要性权数 W(4)
A	1.6	2.4	0.26
B	0.5	1.5	0.16
C	2	3	0.32
D	1.5	1.5	0.16
E	—	1	0.10
合计		9.4	1

第五步,按此思路制作满足重要性系数一览表,如表 2-6 所示,用于计算各评价对象(或方案)对上述评价指标的满足程度,得到各评价对象(本例中为各品牌供应商)对上述评价指标的满足程度系数 S,顺序填写在该表最后一列。

表 2-6　满足重要性系数一览

评价指标	品牌	暂定满足系数	修正满足系数	满足程度系数 S
A	甲	2	3	0.55
	乙	1.5	1.5	0.27
	丙	—	1	0.18
	合计		5.5	1
B	甲	1.5	2.25	0.47
	乙	1.5	1.5	0.32
	丙	—	1	0.21
	合计		4.75	1
C	甲	2	3	0.55
	乙	1.5	1.5	0.27
	丙	—	1	0.18
	合计		5.5	1
D	甲	0.5	0.5	0.20
	乙	1	1	0.40
	丙	—	1	0.40
	合计		2.5	1
E	甲	1.5	0.75	0.33
	乙	0.5	0.5	0.22
	丙	—	1	0.45
	合计		2.25	1

第六步,制作各评价对象(或方案)综合评价值一览表,如表 2-7 所示,用于计算各评价对象(或方案)的综合评价值 $V=\sum WS$。

表 2-7　各评价对象(或方案)综合评价值一览

评价因素	评价因素	W	甲		乙		丙	
			$S_甲$	$W·S_甲$	$S_乙$	$W·S_乙$	$S_丙$	$W·S_丙$
A	价格	0.26	0.55	0.14	0.27	0.07	0.18	0.05
B	载重量	0.16	0.47	0.08	0.32	0.05	0.21	0.03
C	油耗	0.32	0.55	0.18	0.27	0.09	0.18	0.06
D	排放	0.16	0.20	0.03	0.40	0.06	0.40	0.06
E	售后服务	0.10	0.33	0.03	0.22	0.02	0.45	0.05
评价值 $V=\sum WS$			0.46		0.29		0.25	

第七步，得出结论，将综合评价值最高的评价对象(或方案)作为最佳备选。

结论：因供应商甲的综合评价值最高，应选择供应商甲作为合作伙伴。

三、供应商关系管理

(一)供应商关系管理的概念

供应商关系管理(supplier relationship management，SRM)是企业供应链上一个基本环节，它建立在对企业的供应方以及与供应相关信息完整有效的管理与运用的基础上，对供应商的现状、历史、提供的产品或服务、沟通、信息交流、合同、资金、合作关系、合作项目以及相关的业务决策等进行全面的管理与支持。

供应商关系有两种模式：传统供应商关系与现代供应商关系。供应商关系随着经济的发展不断演变，由传统的竞争关系向双赢供需关系的方向发展。二者的区别如表2-8所示。

表 2-8　传统供应商关系与现代供应商关系的区别

区　别	传统供应商关系	现代供应商关系
货源情况	许多货源，大量存货	合作货源，少量存货
双方关系	短期、松懈	长期、紧密
竞争情况	恶性竞争，0-1对策，你死我活	战略同盟，1+1>2策略，伙伴双赢
采购运作	以最低的价格买到所需产品	采购总成本最低、整体供应链管理

目前，供应商关系管理在我国还处于初级阶段。但随着行业竞争的加剧，不稳定的供应商关系给企业带来的经营风险也越来越大。实践证明，供应商关系管理在一定程度上起到整合行业供应链的作用，进一步优化资源配置，能够增加买卖双方的竞争优势，减少营运风险，对国内许多大型企业都有现实的借鉴意义。

案例 2-1

某电子公司的采购经理刚刚获悉，在提供给客户的设计方案中用到的一款器件 3 个月前供应商就已经停产了。但制造部门已经利用该器件的库存进行了生产，并开始陆续交货。客户现在有新的订单，但采购部门却无法获得之前所采用的器件，且这一器件的库存也已全部用完。现在需要采用新的器件重新设计方案，然后交由客户确认，这一过程至少需要1

个多月的时间,可是新订单却要求下周就交货。

(资料来源:根据人人文库资料整理)

双赢供需关系是指在相互信任的基础上,双方以共同的、明确的目标建立的一种长期的、合作的关系,它要求双方有共同的目标,相互信任,共担风险,共享信息,共同开发和创造。

(二)供应商关系的分类

为了建立全面、动态的供应商管理,需要对企业与供应商的关系有一个清楚的认识。一般来讲,企业与供应商的关系可分为以下几种。

1. 按与供应商的关系目标分类

(1) 短期目标型。短期目标型最主要的特征是双方只是简单的交易关系,虽然双方都希望能保持长期的买卖关系,但所做的努力只停留在短期的交易合同上,各自关注的是如何谈判,如何提高自己的谈判技巧,尽力不使自己吃亏,而不是如何改善自己的工作,使双方都能从合作中获利。

在这种合作关系下,供应商能够提供标准化的产品和服务,保证每一笔交易的信誉,但是当买卖关系结束后,双方的关系也就终止了。而且对于双方而言,只有相关的业务人员保持联系,其他部门的人员一般不参与双方的合作。

(2) 长期目标型。长期目标型的特征是建立一种合作伙伴关系,双方的工作重点是从长远的利益出发,相互配合,不断改进产品质量和服务水平,共同降低成本,以提高整条供应链的运作效率。同时,双方的合作范围涉及各自公司的多个部门。例如,由于长期的合作,企业可以对供应商提出新的技术要求,而如果供应商目前还没有这种能力,采购方就可以对供应商提供必要的技术和资金方面的支持,而供应商的技术创新和发展也会促进企业产品改进。

在这种合作关系下,双方都认识到保持长期关系是有好处的,双方都对为了共同的利益而改善各自的工作有极大的兴趣,并在此基础上建立起超越买卖关系的合作。

(3) 渗透型。渗透型是在长期目标型的基础上发展起来的,其管理思想是把对方看成自己公司的延伸,是自己的一部分,因此,双方对对方的关心程度大大地提高。

为了保持这种关系,企业和供应商会在产权关系上采取适当的措施,如相互投资、参股等,以保证双方利益的一致性,在组织上有时也会采取相应的手段,双方都有机会加入对方的有关业务活动。日本的许多企业大都采取这样的方式来维持和发展双方的关系,如丰田汽车就拥有众多供应商的股份。

(4) 联盟型。联盟型的供应商关系是从供应链管理的角度提出来的。其特点是从更长的纵向链条上来管理链上成员之间的关系。在这种情况下,整个供应链管理的难度增加,相应地,也对供应链上各个企业的管理提出了更高的要求。而正是这种由供应链管理带来的管理水平的提高,使人们对于建立这样一种联盟的关系充满了期待。

在这种关系的形成过程中,由于供应链上成员的增加,往往需要一个处于供应链核心地位的企业协调各成员之间的关系,这样的企业常常被称为"盟主"或"链主"。

(5) 纵向集成型。纵向集成型被认为是最复杂的供应商关系类型,即把供应链上的成员整合起来，像一个企业，但各成员仍是完全独立的企业，决策权仍属于自己。

在这种关系中，要求每个企业充分了解供应链的目标、要求，以便在充分掌握信息的情况下，自觉作出有利于整个供应链整体利益的决策。

综上所述，构建供应链联盟所需的供应商，应是联盟型和纵向集成型的供应商。

2. 按供应商的重要程度分类

按供应商的重要程度分为"伙伴型"供应商、"优先型"供应商、"重点型"供应商和"商业型"供应商，如图2-10所示。

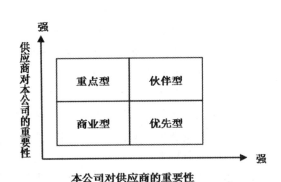

图2-10 按重要程度分类的供应商

(1) "伙伴型"供应商是指如果本公司认为供应商有很强的产品开发能力，同时该采购业务对本公司非常重要，且供应商也认为本公司的采购业务对其很重要，那么，这样的供应商就是"伙伴型"供应商。

(2) "优先型"供应商是指如果供应商认为本公司的采购业务对其非常重要，但该项业务对本公司却并不是十分重要，这样的供应商无疑有利于本公司，则是本公司的"优先型"供应商。

(3) "重点型"供应商是指如果供应商认为本公司的采购业务对其无关紧要，但该采购业务对本公司却是十分重要的，这样的供应商就是本公司需要注意改进的"重点型"供应商。

(4) "商业型"供应商是指对于那些对供应商和本公司来说均不是很重要的采购业务，相应的供应商可以很方便地选择和更换，那么与这些采购业务相对应的供应商就是普通的"商业型"供应商。

基 础 检 测

一、单选题

1. 在供应商选择标准中，以下属于伙伴相关标准的是(　　)。
   A. 企业文化与哲学一致　　　　　B. 人力资源
   C. 生产设备　　　　　　　　　　D. 信息能力
2. 选择供应商时，由采购单位选出供应条件较为有利的几个供应商，分别同它们进行协商，再确定合适的供应商，这种方法叫(　　)。
   A. 直观判断法　　B. 招标选择法　　C. 协商选择法　　D. 评估选择法
3. (　　)的供应商关系是从供应链管理的角度提出来的。
   A. 联盟型　　　　B. 长期目标型　　C. 渗透型　　　　D. 纵向集成型
4. 如果本公司认为供应商有很强的产品开发能力，同时该采购业务对本公司非常重要，且供应商也认为本公司的采购业务对其很重要，那么这类供应商就是(　　)供应商。

A. 重点型　　　　　　B. 优先型　　　　C. 商业型　　　　　D. 伙伴型
5. 直观判断法常用于选择企业(　　)的供应商。
　　A. 主要原料　　　　B. 非主要原料　　C. 所有原料　　　　D. A 类原料

二、多选题

1. 除了提供采购物品外，一家出色的供应商还可以提供(　　)。
　　A. 产品设计　　　　　　　　　　　　B. 最新的物料信息
　　C. 满足非预期需求　　　　　　　　　D. 批量成本优势
2. 在供应商选择标准中，以下属于任务相关标准的是(　　)。
　　A. 企业文化与哲学一致　　　　　　　B. 顾客观念
　　C. 应变能力　　　　　　　　　　　　D. 信息能力
3. 对潜在供应商的考评指标主要集中于(　　)、管理能力和财务实力。
　　A. 制造条件　　　　　B. 技术水平　　　　　C. 质量控制
　　D. 售后服务　　　　　E. 生产能力
4. 运用线性加权法选择供应商需要具备两个最重要的因素，它们是(　　)。
　　A. 供应目标　　　　　B. 指标权重
　　C. 指标得分　　　　　D. 综合评价值
5. 构建供应链联盟所需的供应商，应是(　　)的供应商。
　　A. 短期目标型　　　　B. 长期目标型　　　　C. 渗透型
　　D. 联盟型　　　　　　E. 纵向集成型

三、判断题

1. 供应链联盟管理模式中，各方的利益不再是对立的而是合作型的伙伴关系。(　　)
2. 直观判断法属于定量选择的方法。(　　)
3. 供应目标是线性加权法中评价指标权重的设定基础。(　　)
4. 联盟型的供应商关系是从供应链管理的角度提出来的。(　　)
5. 供应目标的优先级别取决于采购商品的性质以及该项目对公司的影响。(　　)

任务实施

实训 1：选择供应链合作伙伴

菲莺制衣公司打算购置 50 台电脑全自动缝纫机，可选的国产品牌有中捷、杰克和恒工，经过采购员、技术员和缝纫工商议，拟从价格、噪声、自动化程度和清洁功能等四个方面进行考量，并收集了相关数据资料，如表 2-9 所示。请选择合适的方法确定品牌供应商。

表 2-9　三个品牌供应商的供应指标数据

品牌供应商	报价/元	噪声/分贝	自动化程度	清洁功能
中捷	2400	50	半自动	自动清洁
杰克	2880	40	全自动	自动清洁
恒工	3168	45	半自动	半自动清洁

分析：

可用环比评分法来确定合适的品牌供应商。

（提示：请读者先根据数据资料自行判断并确定暂定重要性系数，再进行后续的数据计算。由于个体理解差异，每个人的判断结果有可能不同，这是正常情况。）

解：

(1) 制作评价因素一览表，得到各指标的重要性权数 W，将相关内容填写在表 2-10 中。

表 2-10　评价因素一览

评价指标(1)	暂定重要性系数(2)	修正重要性系数(3)	重要性权数 W(4)
A. 价格			
B. 噪声			
C. 自动化程度			
D. 清洁功能			
合计			

(2) 按此思路制作满足重要性系数一览表，如表 2-11 所示，用于计算各评价对象(或方案)对上述评价指标的满足程度，得到各评价对象对上述评价指标的满足程度系数 S。

表 2-11　满足重要性系数一览

评价指标	品牌	暂定满足系数	修正满足系数	满足程度系数 S
A. 价格	中捷			
	杰克			
	恒工			
	合计			

续表

评价指标	品牌	暂定满足系数	修正满足系数	满足程度系数 S
B. 噪声	中捷			
	杰克			
	恒工			
	合计			
C. 自动化程度	中捷			
	杰克			
	恒工			
	合计			
D. 清洁功能	中捷			
	杰克			
	恒工			
	合计			

(3) 制作各评价对象(或方案)综合评价值一览表,如表 2-12 所示,用于计算各评价对象(或方案)的综合评价值 $V=\sum WS$。

表 2-12 各评价对象(或方案)综合评价值一览

评价指标		评价对象					
		中捷		杰克		恒工	
评价因素	W_i	S_1	WS_1	S_2	WS_2	S_3	WS_3
A. 价格							
B. 噪声							
C. 自动化程度							
D. 清洁功能							
评价值 $V=\sum WS$							

(4) 得出结论,将综合评价值最高的评价对象(或方案)作为最佳备选。

实训 2:分析供应商选择标准

要求:

(1) 供应商的选择标准有哪几类?每一类标准中有哪些具体标准?

(2) 识别菲莺制衣公司在选择全自动缝纫机的品牌供应商时,选用的是哪类标准?

(3) 你认为还需考虑哪些标准?

认真思考以上问题,并将有关信息填写在表 2-13 中。

表 2-13 菲莺制衣公司供应商选择标准分析

(1) 供应商的选择标准有哪几类?每一类标准中有哪些具体标准?

续表

(2) 识别菲莺制衣公司在选择全自动缝纫机的品牌供应商时，选用的是哪类标准？
(3) 你认为还需考虑哪些标准？

实训 3：确定供应商关系类型

中捷、杰克和恒工三家缝纫机供应商，都想与菲莺制衣公司保持长期合作，稳定业务渠道，但其他国产品牌也有一定实力，因此，菲莺制衣公司在全自动缝纫机的品牌选择上有一定的主动权。不过，由于自动化程序要求、工序要求和技术工人的熟练程度要求等因素，菲莺制衣公司并不想频繁更换缝纫机品牌，因此，其也想与通过测评的这三家供应商沟通，希望它们能够提高设备的技术性能和要求。

要求：

(1) 识别菲莺制衣公司与这三家缝纫机供应商的关系类型，并说明理由。

(2) 为了与供应商建立良好的合作关系，菲莺制衣公司需要作出哪些努力？

认真思考以上问题，并将有关信息填写在表 2-14 中。

表 2-14　菲莺制衣公司与供应商的关系类型分析

(1) 识别菲莺制衣公司与这三家缝纫机供应商的关系类型，并说明理由。
(2) 为了与供应商建立良好的合作关系，菲莺制衣公司需要作出哪些努力？

(资料来源：作者编写)

能力提升

案例1：H机械公司供应商选择

H机械公司生产的制动器需要一种特殊的冲压件，目前有5家供应商表示可满足供应。其对供应商进行调查之后，汇总并整理出5家供应商资料统计，如表2-15所示。该公司明确了选择供应商的6个影响因素，并确定了其权重指数，分别为价格(50%)、质量(20%)、供货期(15%)、付款条件(8%)、运输(5%)和包装(2%)。请结合H机械公司自身有关条件帮助其选择适合的供应商。

表2-15　五家供应商资料统计

供应商	价格(50%)	质量(20%)	供货期(15%)	付款条件(8%)	运输(5%)	包装(2%)
A	8 000	3个月	现货	90天	出厂，另加5%	无包装，估计包装费2%
B	9 500	2年	2个月	60天	到厂	单件包装
C	8 600	6个月	现货	90天	出厂（同城）	有托架，无包装
D	9 000	1年	1个月	30天	出厂，另加3%	纸箱包装，3个/箱
E	9 250	1年	3个月	30天	到厂	包装带托架，5个/箱

分析：在本案例中，核心环节是确定适当的选择评价方法。很明显，先对照6个评价指标给每个供应商进行打分，然后运用线性加权法选择合适的供应商。供应商的评分情况统计如表2-16所示。

表2-16　供应商的评分情况统计

供应商	价格(50%)	质量(20%)	供货期(15%)	付款条件(8%)	运输(5%)	包装(2%)	总分
A							
B							
C							
D							
E							

提示：读者可根据自己的理解进行打分，确定供应商方案。

_____
_____

（资料来源：作者编写）

案例2：趣味拓展——谁的人气最高？

为完成某项任务，需要在班里选出你认为最佳的合作伙伴。现在请你先自行在本班内选出你认为各方面较好的任意三人(如张三、李四、王五)，可从思想品质、情商合作、学习能力和工作能力四个方面进行综合评价，选出一个最佳合作伙伴。根据你的计算结果，将有关信息填写在表2-7～表2-19中。

表2-17　评价因素一览

评价指标(1)	暂定重要性系数(2)	修正重要性系数(3)	重要性权数 W(4)
A. 思想品质			
B. 情商合作			
C. 学习能力			
D. 工作能力			
合计			

表2-18　满足重要性系数一览

评价指标	伙伴姓名	暂定满足系数	修正满足系数	满足程度系数 S
A. 思想品质				
	合计			
B. 情商合作				
	合计			
C. 学习能力				
	合计			
D. 工作能力				
	合计			

表2-19　各评价对象(或方案)综合评价值一览

评价指标		评价对象		评价对象		评价对象	
评价因素	W_i	S_1	$W \times S_1$	S_2	$W \times S_2$	S_3	$W \times S_3$
A. 思想品质							
B. 情商合作							
C. 学习能力							
D. 工作能力							
评价值 $V = \sum WS$							

(资料来源：作者编写)

随 堂 笔 记

任务 2.2		选择供应链联盟伙伴		
姓名		班级		学号
课程环节	学习关键点	完成情况		备注
知识准备	重点与难点	总结学习重点与难点		是否掌握
	学习重点：			
	学习难点：			
基础检测	题型	错题原因分析(每种题型各有 5 小题)	得分	小计
	单选题(1 分/题)			
	多选题(1 分/题)			
	判断题(1 分/题)			
任务实施	实训任务	掌握了何种知识或技能		难易程度
	1. 选择供应链合作伙伴			
	2. 分析供应商选择标准			
	3. 确定供应商关系类型			
能力提升	案例分析	掌握了何种知识或技能		难易程度
	1. H机械公司供应商选择			
	2. 趣味拓展——谁的人气最高？			

任务三　供应链网络设计

【任务目标】

知识目标：

(1) 了解供应链网络设计的内容和影响因素；
(2) 掌握供应链网络设计的决策操作流程。

能力目标：

(1) 掌握设施决策；
(2) 掌握设施容量配置方法。

素养目标：

(1) 培养创新意识和创新精神，不固守旧的经营模式；
(2) 培养熟练使用计算机辅助决策的能力。

课程思政：

(1) 树立精益求精、积极探索的良好意识；
(2) 能够正确面对并协调各种影响因素，具有迎难而上的勇气。

【案例导入】

承接本项目任务二【案例导入】内容，目前，HL 集团已与多家口罩厂签订了供货协议，优先保障这几家口罩厂的聚丙烯材料供应。但这几家企业距离远近不同，运量和运费也不同，因此，集团需要进行运输网络规划设计。

(资料来源：作者编写)

> 想一想：
> 1. HL 集团该如何规划运输网络设计？
> 2. 进行运输网络设计，HL 集团应该考虑哪些影响因素？

【知识准备】

一、供应链网络设计概述

在进行供应链网络设计时，设计者要明确设计的内容和影响因素，以及供应链网络设计决策操作流程和设施决策，据此进行容量配置决策。

1. 供应链网络设计的内容

供应链网络设计包括生产、储存或运输等相关设施的布局及各设施的容量和作用。

(1) 设施功能。设施功能即所需设施的作用以及在每一设施中的流程。每一设施作用的决策事关重大，因为它们决定了供应链满足客户需求的灵活性。例如，丰田公司在全球主要市场都设有工厂，起初工厂只能满足当地市场，出现某些工厂大量闲置而又不能用于其他供小于求的市场。之后，丰田公司对每个工厂实行灵活性生产，而不仅局限于当地市场。这一决策大大改善了全球市场状况。

(2) 设施区位。设施区位，即设施的布局。废弃或迁移一个设施的代价是十分昂贵的。因此，企业必须对设施区位各方面有着长远的考虑。好的区位能帮助企业在较低成本下保障供应链的运营。相反，设施区位决策的失误将给供应链的运营带来很大困难。

(3) 容量配置。容量配置即每一设施应配置的容量。容量配置决策在供应链运营中同样至关重要，一般来说，几年内区位决策不会变化，但容量配置则需要随业务的改变而进行决策。在一个区位配置过高或过低的容量，都会导致设施利用效率低下，成本提高。

(4) 市场和供给配置。市场和供给配置，即每一设施应服务的市场范围和每一设施所需的供应源。设施的供应源及市场配置对供应链运营有重大作用，因为它影响整条供应链为满足客户需求所引发的生产、储存及运输的成本。该决策应当经合理论证、反复研究，这样其配置就会随市场状况或工厂容量的变化而变化。

网络设计决策对供应链运营有很大影响，因为它决定了供应链的构架，并为利用库存、运输和信息资源来降低供应链成本、提高其反应能力设置限制因素。在市场需求扩大、现有构架变得过于昂贵或反应能力低下时，公司不得不强调其网络设计决策。

2. 供应链网络设计决策的影响因素

战略性因素、技术因素、宏观经济因素、政治因素、基础设施因素、竞争性因素、物流运营成本因素，都影响供应链的网络设计决策。

(1) 战略性因素。一家企业的竞争战略对供应链的网络设计决策有重要的影响。强调生产成本的企业，趋向于在成本最低的区位布局生产设施；强调反应能力的企业，趋向于在市场区域附近布局生产设施，如果这种布局能使他们对市场需求变化做出迅速反应，他们甚至不惜以高成本为代价。便利连锁店力求接近消费者，这是其竞争战略的一部分。因此，便利店网络在某区域范围内往往有很多家门店；相反，折扣店实施的则是提供廉价商品的竞争战略，会员店往往比较大，顾客要找到一家会员店往往要走一段距离。

(2) 技术因素。产品技术特征对网络设计有着显著的影响。如果提高生产技术能带来显著的规模经济效益，布局少数大容量的设施是最有效的。相反，如果设施建设的固定成本较低，就应该建立很多的地方性生产设施，这样有助于降低成本。生产技术的灵活性影响网络进行联合生产的集中程度。如果生产技术很稳定，而且不同国家对产品的要求不同，产品就必然在每一个国家建立地方性基地以为该国的市场服务，但如果生产技术富有灵活性，就很容易在较少的几个大基地进行集中生产。

(3) 宏观经济因素。宏观经济因素包括税收、关税、汇率和其他一些经济因素，这些因素是独立于单个企业的外部因素。随着经济的全球化，宏观经济因素对供应链网络的成败产生了很大的影响。这迫使企业在进行网络设计决策时必须考虑这些因素。

(4) 政治因素。政治稳定因素在布局中起着重要作用。企业倾向于将企业布局在政局稳定的国家，因为这些国家的经济贸易规则较为完善。政治稳定很难量化，所以企业在设计供应链时只能进行主观的评价。

(5) 基础设施因素。良好的基础设施是在特定区域进行布局的先决条件。不完善的基础设施使在该区域进行商务活动的成本增加。全球化的大企业大多在上海、天津和广州附近安家，尽管这些地区的劳动力成本较高，地价也较高，但这些地区基础设施较为完善。关键的基础设施包括场地供给、劳动力供给、交通便利性和地方性公用事业等。

(6) 竞争性因素。在设计供应链时，公司必须考虑竞争对手的战略、规模和布局。企业应离竞争对手多远？这一决策考虑的因素包括企业间的积极外部性和市场布局。积极外部性是指许多企业邻近布局均会使他们受益，从而促使企业相互靠近布局。比如，通过在一条商业街上集中布局相互竞争的零售店，使顾客只需驾车到一个地方，就可以买到他们所需要的所有东西，这增加了商业街的顾客人数，增加了所有布局在那里的商店的总需求。在积极外部性不存在时，企业也可以集中布局，以攫取最大可能的市场份额。

(7) 物流运营成本因素。当供应链中的设施数量、设施布局和生产能力配置发生改变时，就会发生物流和设施成本。进行供应链网络设计时，企业必须考虑库存、运输和其他成本。当供应链中设施增加时，库存及由此引起的库存成本就会增加，为减少库存成本，企业通常会尽量合并设施以减少设施成本。一般来说，增加设施可以减少运输费用。此外，还要考虑设施的建设和运营成本，设施成本会随设施数量的减少而减少。

物流总成本包括供应链中库存、运输和设施成本之和。随着设施的增加，物流总成本先减后增。每一家企业拥有最少设施，这能使物流总成本最小化。

3. 供应链网络设计决策操作流程

供应链网络设计决策操作分为以下四个步骤。

第一步：明确供应链战略。明确企业的供应链战略，是从明确界定企业竞争战略开始。竞争战略是指供应链要满足的一系列顾客需求。无论市场区域的竞争对手是地区性的还是全球性的厂商，管理者都必须预测竞争的变化趋势。

管理者还必须明白可运用资本的限制，以及企业是否可以通过利用现有设施、建设新设施或者设施的联合使用来实现发展。管理者也必须在企业竞争战略、竞争分析、任何规模经济或范围经济以及所有限制条件的基础之上决定供应链战略。

第二步：明确地区性设施的架构。选择设施布局的区域，明确设施的潜在作用及其最大容量。决策者要厘清在既定生产技术下，规模经济或范围经济能否起到很大作用，如果规模经济或范围经济效益明显，则用较少的设施满足较多的市场最为理想。相反，则比较适合每一市场拥有自己的供应源。例如，可口可乐公司在它的每一个市场区域都有包装瓶生产厂，因为包装瓶的生产并没有多大的规模经济。相反，像摩托罗拉芯片制造商，考虑到生产中的规模经济，就只拥有少量的为全球市场服务的生产厂。

第三步：选择合适的地点。在将要布局设施的区域范围内选择一系列合适的地点。合适地点的数量比将要建立的设施数量要多，以便第四步找出精确的区位。地点的选择应当依据基础设施的状况进行，以便确保预想的生产方式能正常进行。硬件设施要求包括供应源、运输服务、通信、公用事业以及仓储设施。软件设施要求包括可供雇用的熟练劳动力、劳动力转换以及当地社区对工商业的接受程度。

第四步：选择布局区位。选择精确的设施布局区位，并为每一设施配置容量。从第三步选出的一系列理想的地点中进行筛选,找出布局区位。

二、供应链设施和容量配置方法

管理者进行设施布局和容量配置的目标是使整个供应链网络的利润最大化。在制定这一决策前,管理者应获得以下信息:供应源和市场的位置;潜在的设施地点的区位;市场需求预测;每一地点的设施成本、劳动力成本和原料成本;每两个设施布局地点之间的运输成本;每一地点的库存成本及其与设施数量的关系。在拥有这些信息的基础上就可运用重心法选址模型和网络优化模型进行网络设计了。

1. 重心法选址模型

重心法选址模型也叫重力区位模型,是根据几何方法确定在一个平面或空间内分布若干个点,求出到这若干个点的总距离最短的一点。重心法是一种模拟方法,它将供应链中的需求点和资源点看成分布在某一平面范围内的物流系统,各点的需求量和资源量分别看成物体的重量,供应链的重心作为网络设计的最佳设置点,利用求物体系重心的方法来确定区位。该区位能使从供应商处运来原材料的运输成本和向市场运送最终产品的运输成本之和最小。

重心法在解决设施区位问题时,把运输成本看成现有设施之间的运输距离和运输的货物量的线性函数。重心法首先要在坐标系中标出各个地点的位置,目的在于确定各点的相对距离。坐标系以经度和纬度建立坐标。这样就确定了各个设施的具体地理位置,同时考虑各段运输路线的运输成本。

设拟建的工厂有 N 个供应源,它们所在的位置坐标为 (x_i, y_i),其中 $i=1,2,\cdots,n$,拟建的工厂坐标为 (x, y)。

货物从 i 地运至工厂所在地的运输费用为 c_i,设 h_i 为运输费率,即单位货物运输单位距离的费用,且假设供应链与工厂所在地之间的道路为直线,距离为 d_i,w_i 为运输量。

则

$$c_i = h_i \times w_i \times d_i \tag{2.1}$$

且

$$d_i = \sqrt{(x-x_i)^2 + (y-y_i)^2} \tag{2.2}$$

总运输费用 H 的表达式为

$$H = \sum_{i=1}^{n} c_i = \sum_{i=1}^{n} h_i \times w_i \times d_i \tag{2.3}$$

由于 d_i 与配送中心位置 (x, y) 有关,因此总运输费用是 x、y 的函数,将式(2.2)代入式(2.3),得

$$H(x,y) = \sum_{i=1}^{n} h_i \times w_i \times \sqrt{(x-x_i)^2 + (y-y_i)^2} \tag{2.4}$$

根据函数极值的原理,式(2.4)分别对 x、y 求偏导,令其导数为 0,通过多次迭代求解,得到

$$x^* = \frac{\sum_{i=1}^{n} h_i w_i x_i / d_i}{\sum_{i=1}^{n} h_i w_i / d_i} \qquad y^* = \frac{\sum_{i=1}^{n} h_i w_i y_i / d_i}{\sum_{i=1}^{n} h_i w_i / d_i}$$

以上方法为传统的重心法,该方法首先是对目标函数求偏微分,其次再使用迭代的方法,计算过程较为烦琐,若使用 Excel 软件求解,则可以大大简化求解过程。

资讯速递

重心法选址案例解析

案例背景：

汇聚丰公司有两个工厂生产日用品，这些产品需要运送到两个仓库中，工厂和仓库的坐标、总运输量和运输费率如表2-20所示。

表2-20 工厂和仓库的坐标、总运输量和运输费率

地点	总运输量(吨)	运输费率 [元/(吨·公里)]	坐标值 X	坐标值 Y
工厂 F1	1 200	0.05	3	8
工厂 F2	1 800	0.05	8	2
仓库 W1	2 000	0.075	2	5
仓库 W2	1 000	0.075	6	4

解析：

此为重心法选址问题，具体步骤如下。

第一步：建立Excel模型，输入已知数据，如图2-11所示。

Excel重心法选址案例解析

图2-11 Excel模型中的原始数据

第二步：在第一步的基础上，利用Excel提供的函数，分别求出各个地点到仓库的运输成本和总成本，如图2-12所示。

图2-12 Excel模型中的函数公式

第三步：用Excel的"规划求解"工具求解。单击"工具"菜单，选择"规划求解"(如果没有此菜单，选择"工具——加载宏"，选择加载"规划求解"即可)，此时出现"规划求解参数"对话框。在此对话框中输入"规划求解"的参数，其中目标单元格为I9，目标函数求的是最小值，可变单元格为D5、E5，即仓库坐标值X和Y所在的单元格。最后单击"求解"按钮求解。

第四步：保存计算结果。计算机计算完成后将会提示是否将结果保存，单击"确定"按钮保存结果。本案例的求解结果如图2-13所示，求得的仓库最优坐标值为(2.97, 4.95)，总运输成本为1 091.67元。

	A	B	C	D	E	F	G	H	I
1				汇聚丰公司重心法选址问题					
2									
3	地点	坐标值		配送中心坐标值		总运输量	运输费率	距离	运输成本
4		X	Y	X	Y	(吨)	[元/(吨·公里)]	d_i	(元)
5	工厂F1	3	8	2.97068	4.94859	1200	0.05	3.051555462	183.093
6	工厂F2	8	2			1800	0.05	5.829940509	524.695
7	仓库W1	2	5			2000	0.075	0.972041606	145.806
8	仓库W2	6	4			1000	0.075	3.174364253	238.077
9								总运输成本TC_i=	1091.67

图2-13　Excel模型中的求解结果

2. 网络优化模型

在网络优化模型中，最小费用流问题发挥着重要的作用，因为它的适用性很广，并且求解方法简便。通常最小费用流问题用于最优化货物从供应点到需求点的网络，目标是在通过网络运送货物时，以最小的成本满足需求。最小费用流问题的构成包括节点(供应源、需求点、转运点)、弧(可行的运输路线，通常有最大流量限制)。最小费用流问题的前提条件是：至少一个供应点，至少一个需求点，余下均是转运点，通过弧的最小费用流只允许沿着箭头方向流动，网络中有足够的弧提供足够的容量，每条弧的成本与流量成正比。

最小费用流问题可以用以下的线性规划问题描述。

(1) 决策变量：设f_{ij}为通过弧(节点i→节点j)的流量。

(2) 目标是通过网络供应的总成本最小：$\min \sum_{(i,j) \in A} c_{ij} f_{ij}$。

Excel最小费用流模型解析

(3) 约束条件如下。

① 所有供应点：净流量(总流出—总流入)为正；

② 所有转运点：净流量为零；

③ 所有需求点：净流量为负；

④ 所有弧的流量f_{ij}受到弧的容量限制；

⑤ 所有弧的流量f_{ij}非负。

网络优化模型中的最小费用问题，若采用Excel软件求解，其过程则可大大简化。

资讯速递

供应链网络优化案例解析

案例背景:

汇聚丰公司有两个工厂生产日用品,需要通过配送中心 DC 运送到两个仓库。若每条路线运送产品的容量和单位运输成本如图 2-14 所示,工厂 F1 生产 80 个单位,工厂 F2 生产 70 个单位,仓库 W1 需要 60 个单位,仓库 W2 需要 90 个单位。F1 到 DC、F2 到 DC、DC 到 W1、DC 到 W2 的最大运输量均为 50 单位。单位运输成本:F1 到 DC 为 300 元,F2 到 DC 为 400 元,DC 到 W1 为 200 元,DC 到 W2 为 400 元,F1 到 W1 为 700 元,F2 到 W2 为 900 元。

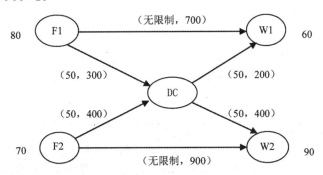

图 2-14 汇聚丰公司运输供应链初始网络

提示:图中箭线旁边括号内的数值为容量与单位运输成本。

要求:请运用 Excel 中的规划求解功能确定一个运输方案,使通过该网络的运输成本最小。

解析:

此案例为网络优化问题,具体步骤如下。

第一步:建立 Excel 模型,输入已知数据。

第二步:确定决策变量、目标函数和约束条件。

① 决策变量:设 f_{ij} 为通过弧(节点 i →节点 j)的流量。

② 目标函数:本问题的目标是总运输成本最小,函数公式如下。

$$\min z = 700 f_{F1 \to W1} + 300 f_{F1 \to DC} + 200 f_{DC \to W1} + 400 f_{F2 \to DC} + 900 f_{F2 \to W2} + 400 f_{DC \to W2}$$

③ 约束条件(节点净流量、弧的容量限制、非负)包括供应点 F_1、供应点 F_2、转运点 DC、需求点 W_1、需求点 W_2、弧的容量、非负等限制。

$$\text{s.t.} \begin{cases} f_{F1 \to W1} + f_{F1 \to DC} = 80 \\ f_{F2 \to DC} + f_{F2 \to W2} = 70 \\ f_{DC \to W1} + f_{DC \to W2} - (f_{F1 \to DC} + f_{F2 \to DC}) = 0 \\ f_{F1 \to W1} + f_{DC \to F1} = 60 \\ f_{DC \to F2} + f_{F2 \to W2} = 90 \\ f_{F1 \to DC}, f_{F2 \to DC}, f_{DC \to F1}, f_{DC \to F2} \leqslant 50 \\ f_{F1 \to W1}, f_{F1 \to DC}, f_{DC \to W1}, f_{F2 \to DC}, f_{F2 \to W2}, f_{DC \to F2} \geqslant 0 \end{cases}$$

Excel 中最小费用流　　Excel 中最小费用流
例题第 1～2 步解析　　例题第 3～4 步解析

第三步：运用 Excel 模型规划求解过程及结果如图 2-15 所示，使用了区域命名和 SUMIF 函数。

图 2-15　汇聚丰公司运输供应链网络 Excel 模型求解过程及结果

第四步：保存计算结果，求解得到总运输成本最小为 110 000 元，网络优化方案如图 2-16 所示。

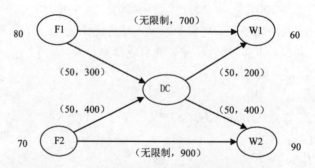

图 2-16　汇聚丰公司运输供应链网络优化方案

提示：图中箭线旁边括号内的"容量"数值即为优化后的运量方案。

基 础 检 测

一、单选题

1. 一般来说，增加设施可以使运输费用(　　)。
   A. 增加　　　　B. 减少　　　　C. 不变　　　　D. 以上都不对
2. 供应链网络设计的第一步是(　　)。
   A. 明确企业的供应链战略　　　　B. 明确地区性设施的架构
   C. 选择合适的地点　　　　　　　D. 选择布局区位
3. 随着设施的增加，物流总成本 (　　)。
   A. 先增后减　　　　　　　　　　B. 维持基本不变
   C. 先减后增　　　　　　　　　　D. 持续增加
4. 最小费用流问题的前提条件是(　　)。
   A. 至少一个供应点，至少一个需求点，余下均是转运点
   B. 至多一个供应点，至多一个需求点，余下均是转运点
   C. 至少一个供应点，至多一个需求点，余下均是转运点
   D. 至多一个供应点，至少一个需求点，余下均是转运点
5. 重心法选址的最终目标是(　　)。
   A. 利润最大化　　　　　　　　　B. 总运费最小化
   C. 运输距离最短化　　　　　　　D. 总运量最大化

二、多选题

1. 关键的基础设施包括(　　)。
   A. 场地供给　　　　B. 劳动力供给　　　　C. 交通便利性
   D. 电力供应　　　　E. 给排水
2. 供应链网络设计决策操作分为四个步骤，分别是(　　)。
   A. 明确企业的供应链战略　　　　B. 明确地区性设施的架构
   C. 选择合适的地点　　　　　　　D. 选择布局区位　　E. 明确企业的主营业务
3. 供应链网络设计决策的影响因素主要包括(　　)。
   A. 战略性因素　　　　B. 宏观经济因素　　　　C. 基础设施因素
   D. 竞争性因素　　　　E. 物流运营成本因素
4. 进行设施布局和容量配置决策时，管理者应当获得的信息包括(　　)。
   A. 供应源和市场的位置
   B. 潜在的设施地点的区位
   C. 每一地点的设施成本、劳动力成本和原料成本
   D. 每两个设施布局地点之间的运输成本
   E. 每一地点的库存成本及其与设施数量的关系
5. 最小费用流问题可以用以下的线性规划问题描述(　　)。
   A. 决策变量　　　　B. 目标成本　　　　C. 约束条件　　　　D. 建立求解模型

三、判断题

1. 进行供应链网络设计时,好的区位能帮助企业在较低成本下保障供应链的运营。
( )
2. 进行供应链网络设计时,容量配置与业务的改变与否无关。( )
3. 市场和供给配置会随市场状况或工厂容量的变化而变化。( )
4. 强调生产成本的企业,趋向于在成本最低的区位布局生产设施。( )
5. 良好的基础设施是在特定区域进行布局的先决条件。( )

任 务 实 施

菲莺制衣公司除了经营传统服饰之外，旗下还拥有"FEIY/YOUNG"和"FEI&CITY"两大时尚休闲产品，目标群体是18～25岁的青年。如今的菲莺制衣公司是国内休闲服零售的优秀品牌，拥有211家门店。其核心竞争力是品牌、供应链管理和营销网络。目前的经营方法是"三虚"和"三实"。"三虚"是指虚拟的生产、第三方物流和特许经营；"三实"是指品牌经营、产品设计和供应链管理。

菲莺制衣公司与时俱进，积极筹划提高品牌形象和市场占有率，如突破了传统模式，充分整合和利用社会资源和国内闲置的生产能力，将服饰产品的面料、辅料及80%的成衣生产进行外包；供应商负责将生产环节所需的面料、辅料运到成衣生产厂商指定的交货地点；211家加盟店负责销售环节的成衣销售；委托第三方物流负责成衣的运输和库存管理。

实训1：配送中心选址

菲莺制衣公司在江浙地区有两个成衣工厂，工厂生产的成衣需要运送到两个销售地，工厂和销售地的坐标、总运输量和运输费率如表2-21所示。现需设一个配送中心DC，部分产品通过该配送中心中转至销售地。

表2-21　工厂和销售地的坐标、总运输量和运输费率

地点	总运输量(箱)	运输费率 [元/(箱·公里)]	坐标值	
			X	Y
工厂F1	1 450	0.05	3	8
工厂F2	1 550	0.05	8	3
销售地S1	1 800	0.065	3	6
销售地S2	1 200	0.065	5	4

要求：请运用Excel中的规划求解功能求出配送中心的最优选址，并将有关信息填写在表2-22中。

表2-22　菲莺制衣公司配送中心选址

解析：
(1) 此属于重心法选址问题，步骤如下。
第一步：_____。
第二步：_____。
第三步：_____。
第四步：_____。

续表

(2) 用 Excel 中的规划求解功能求出配送中心的最优选址结果,打印裁剪并贴在下面。

(3) 配送中心的选址坐标为(　　　　　),总运输成本为(　　　　　)元。

实训 2: 供应链网络优化设计

菲莺制衣公司按照选址的运算结果,并综合考虑各种影响因素后,筹建了配送中心并投入运营使用。若每条路线的运送产品的容量和单位运输成本如图 2-17 所示,工厂 F1 生产 100 个单位,工厂 F2 生产 80 个单位,销售地 S1 需要 70 个单位,销售地 S2 需要 110 个单位。F1 到 DC、F2 到 DC、DC 到 S1、DC 到 S2 的最大运输量均为 60 个单位。单位运输成本:F1 到 DC 为 300 元,F2 到 DC 为 400 元,DC 到 S1 为 200 元,DC 到 S2 为 400 元,F1 到 S1 为 700 元,F2 到 S2 为 900 元。

提示:图中箭线旁边括号内的数值为容量与单位运输成本。

要求:请运用 Excel 中的规划求解功能确定一个运输方案,使通过该网络的运输成本最小,并将有关信息填写在表 2-23 中。

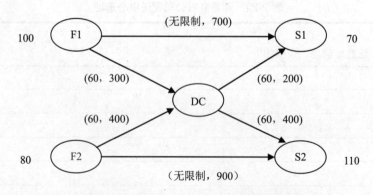

图 2-17　菲莺制衣公司运输供应链初始网络

表 2-23 菲莺制衣公司供应链网络优化

解析：(1) 此属于网络优化问题，步骤如下。
第一步：_____。
第二步：_____。
① 决策变量。_____。
② 目标函数。本问题的目标是_____，函数公式如下。
_____。
③ 约束条件(节点净流量、弧的容量限制、非负)包括供应点 F1、供应点 F2、转运点 DC、需求点 S1、需求点 S2、弧的容量、非负等限制。

s.t. {

第三步：_____。
第四步：_____。

(2) 用 Excel 中的规划求解功能求出优化路线和总运输成本结果，打印裁剪并贴在下面。

(3) 总运输成本为(　　　　)元。

(资料来源：根据招商文库资料整理)

能 力 提 升

案例1：盛凯公司配送中心选址

盛凯公司在华北地区有两个工厂，生产的零部件需要运送到两个销售地，工厂和销售地的坐标、货运量和运输费率如表2-24所示。现需设一个配送中心DC，这些产品通过该配送中心中转至销售地。

表2-24 工厂和销售地的坐标、货运量和运输费率

地点	总运输量(箱)	运输费率[元/(箱·公里)]	坐标值 X	坐标值 Y
工厂1	1 800	0.06	4	6
工厂2	1 700	0.06	7	1
销售地1	2 000	0.085	6	7
销售地2	1 500	0.085	3	5

要求：请运用Excel中的规划求解功能求出配送中心的最优选址，并将有关信息填写在表2-25中。

表2-25 盛凯公司配送中心选址

解析：(1) 此属于重心法选址问题，步骤如下。
第一步：_____。
第二步：_____。
第三步：_____ _____。
第四步：_____。
(2) 用Excel中的规划求解功能求出配送中心的最优选址结果，打印裁剪并贴在下面。
(3) 配送中心的选址坐标为(　　　　)，总运输成本为(　　　　)元。

(资料来源：作者编写)

案例2：嘉好超市供应链网络优化设计

嘉好超市从山东、山西、新疆三地采购苹果，运往所在城市的4个消费区：中心城区、

南开区、和平区、河西区。运输路线不同，运输一箱苹果的成本也不同，如表2-26所示。假设苹果种类没有差异，那么在必须满足各个消费区需求量的同时，各个产地的采购能力又有限的前提下，为实现最小运输成本，从哪个产地运往哪个消费区以及运量多少最恰当呢？

表2-26 嘉好超市苹果供应链供需资料表

产地	中心城区	南开区	和平区	河西区	采购能力/箱
山东	130	140	110	170	7000
山西	120	110	130	150	2500
新疆	110	120	120	180	3700
需求量/箱	5500	2500	3000	1500	

要求：运用Excel中的规划求解功能求出网络优化运量方案，在表2-27中填写有关信息。

表2-27 嘉好超市苹果供应链网络优化方案

解析：此属于供应链网络优化问题。运用Excel模型规划求解，将使用的区域命名、净流量公式和SUMIF函数，以及求出的优化路线和总运输成本结果，打印、裁剪并贴在下面。

(资料来源：作者编写)

随 堂 笔 记

任务 2.3		供应链网络设计		
姓名		班级	学号	
课程环节	学习关键点	完成情况	备注	
知识准备	重点与难点	总结学习重点与难点	是否掌握	
	学习重点:			
	学习难点:			
基础检测	题型	错题原因分析(每种题型各有5小题)	得分	小计
	单选题(1分/题)			
	多选题(1分/题)			
	判断题(1分/题)			
任务实施	实训任务	掌握了何种知识或技能	难易程度	
	1. 配送中心选址			
	2. 供应链网络优化设计			
能力提升	案例分析	掌握了何种知识或技能	难易程度	
	1. 盛凯公司配送中心选址			
	2. 嘉好超市供应链网络优化设计			

项 目 评 价

项目 2			构建供应链联盟			
姓名		班级		学号		
		评价内容及标准			学生自评	教师评价
序号	知识点评价(45 分)		评价标准		得分	得分
1	任务一 基础检测		全部正确，满分 15 分			
2	任务二 基础检测		全部正确，满分 15 分			
3	任务三 基础检测		全部正确，满分 15 分			
序号	技能点评价(50 分)		评价标准		得分	得分
1	分析企业采购组织结构		能够识别企业组织结构要素并规范绘制其组织结构示意图。满分 5 分			
2	企业仓储业务流程重构		能够分析企业原业务流程存在的问题并提出改进建议。满分 5 分			
3	选择供应链合作伙伴		能够运用科学的方法选择供应链合作伙伴。满分 10 分			
4	分析供应商选择标准		能够准确分析企业供应链合作伙伴选择的适用标准。满分 10 分			
5	确定供应商关系类型		能够准确识别企业与合作伙伴的关系类型，进而正确处理相应业务问题。满分 5 分			
6	配送中心选址		能够借助 Excel 熟练运用重心法快速、准确地进行设施选址。满分 5 分			
7	供应链网络优化设计		能够借助 Excel 熟练、快速、准确地进行企业供应链网络优化。满分 10 分			
序号	素质点评价(5 分)		评价标准		得分	得分
1	诚信合作意识		在构建供应链联盟时，能秉承诚信合作，重视联盟伙伴。满分 3 分			
2	成本意识		在构建供应链联盟时，能够注重成本理念，降低供应链合作成本。满分 2 分			
			合计(100 分)			
		项目评价成绩=学生自评×40%+教师评价×60%				

行而知之

国家电网供应链——科学规划，合理调配

国家发改委、国家电网、发电企业、用电企业、各地方电网、地方企业都要参与国家电网供应链。企业每年上报下一年度的用电量，地方电网也上报用电量，最后汇总到国家发改委。国家发改委通过科学研判制定下一年度发电量，再把任务量指标分配到各大发电企业，风力、水力、火电等企业收到发电数据任务指标。即发电企业每年发电数量不是任意的，而是全国一盘棋，统一考量。发电企业每年有了发电指标，而国家电网发挥的作用就是合理调配——大到每个省份每年、每季、每月的用电量，小到每个企业的用电特征，国家电网都要心中有数，应时而变。例如，"火炉"武汉，夏季7—9月用电量大，国家电网就会给武汉多输送电力，而东北地区夏季凉爽，国家电网就会相对少输送电力。又如，逢年过节企业放假时，工业用电量会酌情减少，家庭民用电会适量增加。白天企业工作加大输电量，夜晚下班后，国家电网又会向居民用电倾斜。更具体地，晚上9—11点是居民洗漱时间，会加大电压，以免电压过低；过了12点，国家电网会调低电压。在避免浪费的同时，发电企业还要留出余量以备不时之需。某些发电企业2/3的设备处于运转状态，以保障用电，1/3设备处于预启动中，一旦需要加大发电量，便立即启动。这1/3设备中还有部分设备处于检修状态，每台机组发电量多少都有严格的研判和测算的数据。

发电企业生产的产品是电，一种特殊的商品，送电企业相当于快递物流，而遍布全国的输电网络——一座座铁塔串联起来，有如城市间的高速公路。当然也有堵车的现象，如果一条线路短时间内输电量太高，则会造成设备负荷过高而导致危险。此时需要错峰送电，启用备用电路，让主干路歇一歇进行散热。例如，有序用电，电力企业早就预测到2020年底至2021年初会有一波用电小高峰，提前做出预案。但万万没想到外贸订单激增，工业用电量增加，同时寒潮时间提前，居民用电量也增加。因为提前有预案，所以很快就提高了供电量。国家发改委预测，这次外贸订单小高潮至少持续4个月，到2021年第一季度。工业增长的背后必然是用电量的增加。特别是东南沿海地区，要保障其用电需求，所以发电量肯定要充足，而关键是如何更加科学合理调配。

通过电力调节可以给过热的制造业降温。因为2020年下半年外贸订单多，很大程度上是受新冠肺炎疫情影响，不可能长久如此。到2021年下半年随着疫情的趋稳，同时陆续恢复正常生产秩序，外贸订单量会下降。因此，如果2020年下半年盲目扩大产能，到2021年下半年，就有亏损可能。拉闸限电的原因主要有自然灾害如地震、极寒天气等，因此电力充足与预案并不冲突。但不论如何，有两类用电是必须优先得到保障的，一是医院、银行、企事业机关、居民用电；二是夏季三伏天保居民用电、部分企业用电。

(资料来源：根据天津新闻广播内容整理)

想一想：与其他国家相比，我国国家电网供应链管理机制的独特优势是什么？

项目三　供应链运营管理

【思维导图】

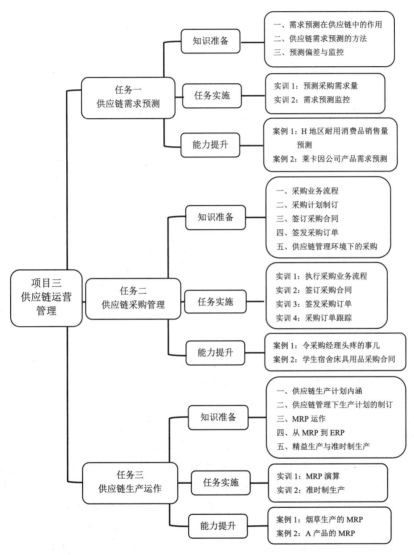

在项目二中，我们通过知识准备和任务实训，较为深入地认识了供应链联盟的构建及供应链网络优化。在此基础上，本项目主要侧重供应链运营管理活动，为实现供应链利润目标提供运营保障。

本项目有以下三个学习任务。

任务一　供应链需求预测

任务二　供应链采购管理

任务三　供应链生产运作

任务一 供应链需求预测

【任务目标】

知识目标:

(1) 理解需求预测在供应链中的作用;
(2) 了解需求预测的类型。

能力目标:

(1) 掌握根据历史需求数据运用时间序列预测模型预测供应链需求的方法;
(2) 掌握需求预测监控的方法。

素养目标:

(1) 培养立足现在、展望未来的意识;
(2) 树立科学预测的精神。

课程思政:

(1) 具有居安思危、审时度势的意识;
(2) 具有勇于承担供应链责任的品质。

【案例导入】

曾记否,2020年初的"一罩难求"。其实,产能多少不是问题,问题是口罩的需求量究竟是多少?曾有各种人工智能(AI)团队预测确诊病人的数据,是不是能根据这些数据测算以口罩为代表的医疗防护用品的需求数量呢?至少能较为精准地确定重点区域以口罩为代表的防护用品的需求——这是防止新冠肺炎疫情继续扩散和提升有效治疗率的关键,其重要程度不亚于新药的临床试验,而且预防价值还要更高。

数据的价值在于其基于事实,但又相互关联而产生逻辑。小小的口罩在预测模型上对于整体医疗耗材供应链建设很有参考价值。应用口罩需求预测数据可以帮助我们更为有效地应对飞沫传播型公共卫生事件和环境污染事件。科学的需求预测数据模型,可以使厂商在疫情结束后在秋冬季应对流感和空气污染时实现快速而准确的备货和生产。

(资料来源:根据"健康界"的资料整理)

想一想:

1. 在国内疫情得到有效控制后,人们对口罩的需求是否有变化?口罩的需求市场是呈现萎缩还是相对稳定?
2. 当初紧急布线转产口罩的企业,有无关停口罩生产线的风险?

【知识准备】

一、需求预测在供应链中的作用

预测是对未来某段时间可能发生情况的估计与推测。对未来需求的预测构成了供应链中所有战略性和规划性决策的基础。供应链有推式流程，也有拉式流程。所有推式流程都是根据对市场潜在需求的预测来推动运行的，而所有拉式流程都是根据对市场需求(包括实际合同需求和预测客户的潜在需求)的反应来拉动运行的。对于推式流程来说，供应链管理者必须规划产品的生产能力、原料的供应能力；对于拉式流程而言，供应链管理者必须提高产品供给需求的水平和原料的供应能力。在上述两种情况下，供应链管理者采取的第一个步骤是相同的，即预测客户未来的需求量。

以戴尔公司为例，戴尔公司根据客户订单生产个人电脑，即满足现实需求；同时，它又根据对客户需求的预测来订购零部件并安排生产线，即满足潜在需求。生产经理必须保证公司根据客户需求的预测来订购适当数量的零部件。与此同时，他还必须确保生产线具备能满足装配需要的生产能力。要作出上述两种决策，供应链管理者就需要对未来需求进行预测。

预测为人们提供了即将发生情况的信息，增加了成功的机会。但预测不是一门精确的科学，它是管理科学与管理艺术的结合。

需求预测既离不开科学测定的历史需求数据，也离不开人们的经验和判断，不能因为预测的失误而否定预测。需求预测是制定战略和执行计划的基础，为协调各部门工作提供依据，有助于为尽快满足用户需求做好准备。需求预测可以帮助管理者设计生产运作系统，例如，生产什么产品，提供何种服务，在何处建立生产设施，采用什么样的流程，供应链如何组织等问题。此外，需求预测还可以帮助管理者对系统的使用进行计划，例如，今年生产什么，生产多少，如何利用现有设施提供满意服务，等等。

影响需求
预测的因素

二、供应链需求预测的方法

按照主客观因素的作用，供应链需求预测可分为定性预测方法和定量预测方法。定性预测方法主要依靠主观判断，不需使用数学公式，简单明了，预测的依据是各种主观意见、经验和认知。定量预测方法是利用统计资料和数学模型对需求的大小、范围进行预测，但主观判断仍然重要。定量预测使用一组历史数据或因素变量来预测需求的数学模型，根据已掌握的比较完备的历史统计数据，运用一定的数学方法进行科学的加工整理，借以揭示有关变量之间的规律性联系，用于推测未来发展变化情况，但计算较为复杂。

(一)时间序列及其构成要素

时间序列是指观察或记录到的一组按时间顺序排列的数据。例如，某一时间段内，统计出的某种产品的产量数据；某地区人均收入的历史统计数据；等等。需要指出的是，时间序列预测方法有个前提假设，即假设预测对象的变化仅与时间有关。根据它的变化特征，以惯性原理推测其未来状态。事实上，预测对象与外部因素有着密切且复杂的联系。时间序列中的每一个数据都反映了当时许多因素综合作用的结果。整个时间序列反映了在外部因素综合作用下预测对象的变化过程。因此,这个前提假设,是对外部因素复杂作用的简化,从而使预测更为直接和简便。

时间序列预测方法有确定性方法和随机性方法两类。随机性时间序列预测方法是研究由随机过程产生的时间序列的预测问题。限于篇幅,这里仅介绍确定性时间序列预测方法。

时间序列的构成包括以下四个要素。

(1) 趋势(T)。趋势是指需求以一定比例增加或减少的倾向。影响因素包括人口的变动、经济的增长、技术的进步、生产力的发展等。

(2) 季节性变化(S)。季节性变化一般是在趋势线上做浮动变化,以"年"为单位循环反复出现。每个年度内一般都会呈规则性的重复波动形态,起因包括季节性气候变化、风俗习惯等。

(3) 循环因素(C)。循环因素是指经过一年以上的长时间变化,需求循环性的上下浮动。在经济运动过程中景气和不景气交替重复,包括发展、繁荣、衰退、恢复等。诱发因素包括社会政治变动、战争、经济形势变化等。

(4) 偶然变化(I)。偶然变化是指不以人的意志为转移的变化,不能预测和控制,如地震、战争、海啸等。

(二)时间序列预测模型

时间序列预测模型可消除受随机成分的影响而导致的需求偏离平均水平。

1. 简单移动平均

简单移动平均值为:$F_{t+1} = \left(\frac{1}{n}\right) \sum_{i=t+1-n}^{t} D_i$,

式中:F_{t+1}——第 $t+1$ 周的预测值;

n——移动时平均采用的周期数,也称移动周期数;

D_i——第 i 周的实际需求数据。

表 3-1 为简单移动平均预测示例($n=2$)。

表 3-1 简单移动平均示例($n=2$)

时间节点/周	1	2	3	4	5
实际销售量/件	D_1	D_2	D_3	D_4	D_5
平均销售量/件			$S_3=(D_1+D_2)\div 2$	$S_4=(D_2+D_3)\div 2$	$S_5=(D_3+D_4)\div 2$
预测值/件			$F_3=S_3$	$F_4=S_4$	$F_5=S_5$

预测值的大小与简单移动平均所选的时段长(移动周期数)n 有关,具有滞后性。n 越大,对干扰的敏感性越低,预测的稳定性越好,滞后性越强,响应性也越差。简单移动平均法对数据不分远近,同样对待。为了能较客观地反映最近的趋势,可采用加权移动平均。

2. 加权移动平均

加权移动平均值为:$F_{t+1} = \left(\frac{1}{n}\right) \sum_{i=t+1-n}^{t} \alpha_{i-t+n} D_i$,式中,$\alpha_1, \alpha_2, \cdots, \alpha_n$ 为实际需求的对应权数。

例如，$\alpha_1 = 0.5$，$\alpha_2 = 1.0$，$\alpha_3 = 1.5$时，运用加权移动平均法得到第4周、第5周、第6周的需求预测值，如表3-2所示。

表3-2　加权移动平均法示例($n=3$)

时间节点/周	实际销售量/件	预测值/件
1	20	
2	21	
3	23	
4	24	(0.5×20+1.0×21+1.5×23)÷3≈21.83
5	25	(0.5×21+1.0×23+1.5×24)÷3≈23.17
6	27	(0.5×23+1.0×24+1.5×25)÷3≈24.33

若对最近的数据赋予较大的权重，则预测数据与实际数据的差距较简单移动平均法的结果要小。赋予近期数据的权重越大，则预测的稳定性越差，响应性越好。可以根据实际情况同时改变 n 和 α，以期获得理想的预测数据。由以上示例可以看出，简单移动平均和加权移动平均需要的基础数据量较大，带来较大的计算量，当产品数量较大时计算工作较为繁重。

(三)时间序列分解模型

时间序列分解模型从时间序列中找出各种成分，并在对各种成分进行单独预测的基础上，综合处理各种成分的预测值，以得到最终的预测结果。该模型假设的前提条件是：各种成分单独地作用于实践需求，而且过去和现在发挥作用的机制会持续到未来。时间序列分解模型包括乘法模型和加法模型。

(1) 乘法模型，用各成分相乘的方法来求出需求估计值：$F=T×S×C×I$
(2) 加法模型，用各成分相加的方法来求出需求估计值：$F=T+S+C+I$

【例3-1】某公司正在做2022年第一季度的需求预测，以便据此安排进货供应并做采购预算。已知2021年第一季度每个月的采购额分别是85万元、110万元和105万元，乐观估算，2022年第一季度的采购总额将达到390万元。请分别运用加法模型和乘法模型预测2022年第一季度各月的采购额。

加法模型与乘法模型例题解析

解：根据2021年的第一季度采购额的月份变化，分别运用加法模型和乘法模型预测的2022年第一季度各月采购额的计算过程如表3-3所示。其中2021年的平均月份采购额为300÷3=100(万元)，2022年的平均月份采购额为390÷3=130(万元)。

表3-3　加法模型和乘法模型预测

月份	2021年第一季度			2022年第一季度	
	实际需求/万元	月份变化幅度/万元	月份需求指数	加法模型预测/万元	乘法模型预测/万元
1月	85	85-100=-15	85÷100=0.85	130-15=115	130×0.85=110.5
2月	110	110-100=10	110÷100=1.1	130+10=140	130×1.1=143
3月	105	105-100=5	105÷100=1.05	130+5=135	130×1.05=136.5
合计	300			390	390

(四)因果模型

因果模型也叫回归模型、经济计量模型、投入产出模型,经常用一元线性回归方程建立模型进行因果预测。

1. 手工列表计算法

变量之间最简单的相关关系就是线性相关关系。回归可以定义为两个或两个以上相关变量之间的函数关系,它可根据一个已知变量去预测另一个变量。

一般来说,要研究两个变量 x 和 y 之间的关系,首先,收集两个变量 n 次的对应观测值;其次,利用散点图观察这两个变量间是否存在线性相关的关系。如果这两个变量 x 和 y 线性相关,那么散点图上会有一条直线 L 可以用来描述或表达这两个变量之间的关系。在得出这条直线方程后,就能够对这两个变量的发展变化进行预测。因此,在回归分析预测法中,求得变量的关系方程是进行预测的关键。线性回归方程如下。

$$y = a + bx$$

式中: a——直线在 y 轴上的截距;

b——直线斜率,反映平均增长率或降低率;

x——自变量,在时间序列分析中,x 代表时间;在因果分析中,x 代表相关影响因素,如人均收入水平、广告费用投入、废气排放量等;

y——因变量,即预测值。

线性回归对主要事件和综合计划的长期预测很有用,它的局限性在于其假设历史数据和未来预测值都落在同一条直线上。

一元线性回归分析法的预测步骤如下。

(1) 根据已知数据作出散点图,观察数据是否呈线性或部分线性。如果数据点的排列呈线性分布,则可认为两个变量 x 和 y 线性相关,进而设定 $y = a + bx$。

(2) 利用已知数据点求 a 与 b 的值。

首先,根据最小平方法(也称最小二乘法)原理,先计算 y_i 的总和,即

$$ny = n(a + bx) = na + nbx \quad (n\text{ 为年份数})$$

$$\sum y_i = na + b\sum x_i \tag{3.1}$$

其次,计算 $x_i y_i$ 的总和,即

$$\sum x_i y_i = \sum x_i(a + bx_i) = a\sum x_i + b\sum x_i^2 \tag{3.2}$$

最后,将式(3.1)和式(3.2)联立成二元一次方程组,求得 a 与 b 的值为

$$a = \frac{\sum y - b\sum x}{n} \qquad b = \frac{\sum x \sum y - n\sum xy}{(\sum x)^2 - n\sum x^2}$$

(3) 进行预测。经过上一步推导,由于 $y = a + bx$ 式中的 a 与 b 的值已知,只要知道 x 的某个取值,即可求得相应 y 的数值。

注意:若 x 仅表示时间点,且该时间点的变化只是时间上的自然延续,因变量 y 也只是随着时间的推移表现为在该时间点上的自然值,即因变量 y 的变化与自变量 x 之间没有因果关系。在此情况下,为简化计算,可人为地将 $\sum x$ 的值取 0。若 n 为奇数,则取 x 的间隔为 1,将 $x=0$ 置于资料数据中的最中间位置;若 n 为偶数,则取 x 的间隔为 2,将 $x=-1$ 与 $x=1$

置于资料数据中最中间且上下相邻。当 $\sum x = 0$ 时，上述两式分别变为

$$\sum y = na \quad \sum xy = b\sum x^2$$

由此推算出 a 与 b 的值分别为

$$a = \frac{\sum y}{n} \quad b = \frac{\sum xy}{\sum x^2}$$

所以

$$y = \frac{\sum y}{n} + \frac{\sum xy}{\sum x^2} \cdot x$$

【例 3-2】某企业 2016—2020 年的销售额分别为 480 万元、530 万元、570 万元、540 万元、580 万元，现需运用一元线性回归法预测 2021 年的销售额。

手工列表法
例题解析

解：

(1) 根据题意建立一元线性回归方程 $y = a + bx$。

(2) 利用已知数据求 a 与 b 的值。

由于 $n=5$ 为奇数，所以取 x 的间隔为 1，故可将 $x = 0$ 置于资料期的最中间一期(2018 年)，x 的取值依次为 -2、-1、0、1、2，通过列表计算求得所需数据，如表 3-4 所示。

表 3-4 一元线性回归法预测(n 为奇数)

年 份	销售额 y/万元	x	xy	x^2
2016	480	-2	-960	4
2017	530	-1	-530	1
2018	570	0	0	0
2019	540	1	40	1
2020	580	2	1160	4
合计	2700	0	210	10

由表 3-4 可知，$\sum y = 2\,700$，$\sum xy = 210$，$\sum x^2 = 10$，据此可以得到 a 和 b 的值。

$$a = \frac{\sum y}{n} = \frac{2\,700}{5} = 540 \quad b = \frac{\sum xy}{\sum x^2} = \frac{210}{10} = 21$$

(3) 预测。将上一步求得的 a 与 b 的值代入回归方程，得 $y = 540 + 21x$。

由于预测的是 2021 年的销售额，所以 $x = 3$，代入上式，得

$$y = 540 + 21 \times 3 = 603(万元)$$

上述传统的手工制表方法可用于数据较少、计算量不大的情况，但如果历史数据繁杂、计算量较大时，还是使用计算机的 Excel 功能为好。

2. Excel 辅助计算法

【例 3-3】仍用例 3-2 的数据，预测 2021 年的销售额。

解：

(1) 打开 Excel 软件，在单元格里输入要回归的数据，如图 3-1 所示。

(2) 选择"B2:C6"后，再单击"插入"——散点图，选择自己想要的散点图，作散点图，然后在点上右击，添加趋势线。

Excel 辅助法
例题解析

	A	B	C
1	年份	时间值	销售额(y)/万元
2	2016	1	480
3	2017	2	530
4	2018	3	570
5	2019	4	540
6	2020	5	580

图 3-1　原始数据输入

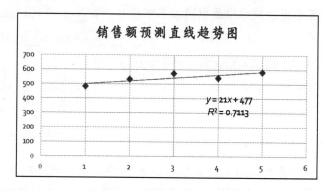

图 3-2　销售额预测直线趋势

(3) 右击散点图中趋势线任意处，在弹出的对话框中，选择"设置趋势线格式"选项，选择"显示公式"和"显示 R 平方值"，就出现了回归方程，这样就能较粗略地得出系数和截距，如图 3-2 所示。

(4) 由图 3-2 可知，该模型的回归预测方程为：$y = 21x + 477$。因此，2021 年度($x = 6$)的年销售量预测值为 $y = 21 \times 6 + 477 = 603$(万元)，与手工计算方法得到的预测结果一致。

三、预测偏差与监控

既然是预测，预测结果与实际数据之间必然会有误差。预测误差是指预测值和实际值之间的差异，统计学中也称为"离差"。误差越小，说明预测越科学，企业据此作出决策越正确；反之，则会给企业带来或大或小的损失。因此，在需求预测工作中，对预测精度的测量评价和监控尤为重要。

1. 预测精度测量的相关指标

预测精度指标主要包括平均预测误差、平均绝对偏差、平均平方误差和平均绝对百分比误差。

(1) 平均预测误差。平均预测误差是指在某时间段内，若干次预测误差的平均值，是评价预测精度、计算预测误差的主要指标。

$$\text{MFE} = \frac{\sum_{t=1}^{n}(D_t - F_t)}{n}$$

式中：D_t 表示时段 t 的实际值；F_t 表示时段 t 的预测值；n 是整个预测期内的时段个数(或预测次数)。

(2) 平均绝对偏差。平均绝对偏差是指某时间段内各次预测的误差绝对值的平均值。

$$\text{MAD} = \frac{\sum_{t=1}^{n}|D_t - F_t|}{n}$$

如果预测误差呈正态分布，MAD 约等于 0.8 倍的标准偏差，可较好地反映预测精度。

(3) 平均平方误差。平均平方误差是指某时间段内各次预测的误差平方和的平均值。

$$\text{MSE} = \frac{\sum_{t=1}^{n}(D_t - F_t)^2}{n}$$

(4) 平均绝对百分比误差。平均绝对百分比误差是指某时间段内各次预测的误差绝对值相对于各次实际值的百分比的平均值。

$$\text{MAPE} = \left(\frac{100}{n}\right)\sum_{t=1}^{n}\left|\frac{D_t - F_t}{D_t}\right|\%$$

> 想一想：
> 1. 以上这些指标的值，是否越接近0，预测就越准确呢？
> 2. 怎样才能知道预测的精准度呢？

2. 预测监控

评估预测偏差有两类指标，一是评估预测的偏差方向，即是多预测了还是少预测了，比如平均预测误差(MFE)、平均百分比误差(MPE)、误差滚动和(RSFE)等；二是评估预测的偏差幅度，也就是偏离了多少、偏差有多大，为了消除正、负抵消的影响，一般采用绝对值或平方去除负数，如平均绝对偏差(MAD)、平均平方误差(MSE)、平均绝对百分比误差(MAPE)等。跟踪信号是一个既能评估预测的偏差方向又能评估偏差幅度的指标。

跟踪信号(tracking signal，TS)，是预测误差滚动和与平均绝对偏差的比值，即TS=RS。

$$\text{TS} = \text{RSFE}$$

$$\text{MAD} = \frac{\sum_{t=1}^{n}(D_t - F_t)}{\text{MAD}}$$

从上式可以看出，跟踪信号TS由评估偏差方向的RSFE与评估偏差幅度的MAD相比得出，起到了既能评估预测的偏差方向又能评估偏差幅度的作用。正的跟踪信号表明实际需求大于预测值，负的则表明实际需求小于预测值。在平均绝对偏差MAD相同的情况下，跟踪信号越小越好，这样表明误差滚动和较低，即正负偏差较均衡，能够相互抵消，可部分消除预测偏差的影响。

在预测前，需要设定跟踪信号的临界值(上下控制界限)。当得出预测结果，跟踪信号计算出来后，需要将之与预定的控制界限比较。若超过上下控制界限，则说明预测方法存在问题，预测人员应重新评估预测方法。那么，跟踪信号临界值设为多少合适呢？这需要根据企业的特性和预测的实际情况而定。常规情况下，推荐临界值为±3，即跟踪信号需要在−3～3，超过这个范围，就需要修正预测方法。

基 础 检 测

一、单选题

1.(　　)是对未来某段时间可能发生情况的估计与推测。

　　　　A. 调查　　　　B. 预测　　　　C. 决策　　　　D. 实施
2. 时间序列预测方法有前提假设,即假设(　　)。
　　　　A. 预测对象的变化仅与空间有关　　B. 预测对象的变化仅与地点有关
　　　　C. 预测对象的变化仅与时间有关　　D. 预测对象的变化仅与价格有关
3. 以下属于评估预测的偏差方向的指标为(　　)。
　　　　A. 平均预测误差　　　　　　　　B. 平均绝对百分比误差
　　　　C. 平均绝对偏差　　　　　　　　D. 平均平方误差
4. 既能评估预测的偏差方向又能评估偏差幅度的指标是(　　)。
　　　　A. 平均绝对偏差　　　　　　　　B. 平均百分比误差
　　　　C. 跟踪信号　　　　　　　　　　D. 平均平方误差
5. 常规情况下,预测精度的跟踪信号指标的推荐临界值为(　　)。
　　　　A. 0　　　　B. ±1　　　　C. ±2　　　　D. ±3

二、多选题

1. 影响需求预测的因素主要有(　　)。
　　　　A. 商业周期　　　　B. 产品生命周期　　　　C. 随机变动
　　　　D. 顾客偏好　　　　E. 竞争者的努力与价格　　F. 顾客购买计划、时间
2. 构成时间序列的四个要素包括(　　)。
　　　　A. 趋势　　　　　　B. 季节性变化　　　　　　C. 循环因素
　　　　D. 偶然变化　　　　E. 功能网链
3. 供应链需求预测,按时间可以分为(　　)。
　　　　A. 长期预测　　　　B. 中期预测　　　　　　　C. 短期预测
　　　　D. 定性预测　　　　E. 定量预测
4. 一般来说,要研究两个变量 x 和 y 之间的关系,要做的工作包括(　　)。
　　　　A. 收集两个变量 n 次的对应观测值　　　　B. 作散点图
　　　　C. 判断两个变量间是否存在线性相关的关系　D. 求得两个变量的关系方程
　　　　E. 利用关系方程进行趋势预测
5. 以下属于评估预测的偏差幅度指标的有(　　)。
　　　　A. 平均预测误差　　B. 平均百分比误差　　　　C. 平均绝对偏差
　　　　D. 平均平方误差　　E. 平均绝对百分比误差

三、判断题

1. 所有推式流程都是根据对客户需求的预测来推动运行的。(　　)
2. 跟踪信号 TS 既能评估预测的偏差方向又能评估偏差幅度。(　　)
3. 预测值的大小与简单移动平均所选的时段长 n 有关, n 越大,对干扰的敏感性越高,预测的稳定性越好,滞后性越强,响应性就越差。(　　)
4. 预测不是一门精确的科学,它是管理科学与管理艺术的结合。(　　)
5. 平均预测误差指标的值越接近 0,说明预测越准确。(　　)

任 务 实 施

实训 1：预测采购需求量

近期，菲莺制衣公司为了更好地服务消费者，同时减少库存，拟根据需求情况，通过建立预测模型来预测优质杭州布料(幅宽 1 米)的采购需求。为此，公司采购部要求杭州采购科提供 2021 年 1—6 月该款布料的实际采购量，如表3-5所示。

表 3-5 菲莺制衣公司优质杭州布料 1—6 月采购数据

时间节点/月	1	2	3	4	5	6
实际采购量/万米	4.0	4.2	4.1	4.2	4.3	4.4

要求：

(1) 运用简单移动平均法(移动周期数 $n=3$)预测 2021 年 7 月的采购需求量。
(2) 运用加权移动平均法($n=3$，α 的值分别为 1、2、3)预测 2021 年 7 月的采购需求量。
(3) 运用因果模型法预测 2021 年 7 月的采购需求量。
(4) 以上几种预测结果是否相同？说明了什么问题？

完成以上预测任务，并将相关内容填写在表 3-6 中。

表 3-6 菲莺制衣公司采购需求预测

(1) 简单移动平均法预测。
解：
(2) 加权移动平均法预测。
(3) 因果模型预测。
手工列表计算：
① _____。
② _____。

手工列表计算法预测(n 为偶数)

月　份	实际采购量(y)/万米	x	xy	x^2

续表

由表可知，$\sum y =$ _____，$\sum xy =$ _____，$\sum x^2 =$ _____，据此可以得到 a 和 b 的值。
③ _____。将上一步求得的 a 与 b 的值代入回归方程，得 由于需要预测 2021 年 7 月的采购需求量，所以将 $x=$ _____ 代入上式，得
Excel 辅助计算法： ① 打开 Excel 软件，在单元格里输入要回归的数据，构成原始数据表。然后将此表打印并裁剪，贴在下面的空白区域。   ② 选择"_____"后，再单击"_____"—_____，选择自己想要的散点图，绘制散点图，然后在点上右击，添加_____。 ③ 右击散点图中趋势线任意处，在弹出的对话框中，选择"_____"选项，选择"_____"和"_____"，就出现了回归方程和预测趋势图，这样就能较粗略地得出系数和截距。然后将此图打印并裁剪，贴在下面的空白区域。   ④ 由预测趋势图可知，该模型的回归预测方程为：_____。因此，2021 年 7 月($x=7$)的采购量预测值为_____，与手工计算方法得到的预测结果基本_____。
(4) 以上几种预测结果是否相同？说明什么问题？

实训 2：需求预测监控

菲莺制衣公司决定运用因果预测模型继续预测 2021 年 8—10 月该款布料的采购需求量，连同 7 月的预测值，与实际发生的采购数据进行比较，分析预测精度。2021 年 7—10 月的实际采购量分别为 4.5 万米、4.55 万米、4.65 万米、4.6 万米。

要求：

(1) 计算出 8—10 月的采购需求量预测值。
(2) 计算平均预测误差、平均绝对偏差、平均平方误差、平均绝对百分比误差。
(3) 应用跟踪信号进行预测精度分析。
(4) 实训 1 中，做采购需求量预测，是否有不足之处，还需考虑哪些因素？

然后将相关内容填写在表 3-7 中。

表 3-7　菲莺制衣公司采购需求预测监控

(1) 计算出 8—10 月的采购需求量预测值。
因为该模型的回归预测方程为：_____。 所以 Y_7=_____(万米) Y_8=_____(万米) Y_9=_____(万米) Y_{10}=_____(万米)
(2) 计算平均预测误差、平均绝对偏差、平均平方误差、平均绝对百分比误差。
① 平均预测误差   ② 平均绝对偏差   ③ 平均平方误差   ④ 平均绝对百分比误差

续表

(3) 应用跟踪信号进行预测精度分析。
若以 7—8 月的数据作为滚动数据,则跟踪信号为

(4) 实训 1 中,做采购需求量预测,是否有不足之处,还需考虑哪些因素?
答:

(资料来源:作者编写)

能力提升

案例 1：H 地区耐用消费品销售量预测

假设 H 地区的某种耐用消费品的销售量与该地区的收入水平有关，收入水平提升，该耐用消费品的销售量也随之增加。表 3-8 显示出该地区在 2016—2020 年某种耐用消费品的年销售量与人均年收入水平之间的关系。又知：该地区在 2021 年、2022 年人均年收入将分别达到 4 万元、4.5 万元。

要求：

预测 2021 年、2022 年该耐用消费品在该地区的销售量，并将表 3-8、表 3-9 填写完整。

表 3-8 H 地区某种耐用消费品 2016—2020 年的年销售量与人均年收入水平之间的关系

年份	耐用消费品销售量(y)/万件	人均年收入(x)/万元	xy	x^2
2016	50	1		
2017	60	2		
2018	60	2.5		
2019	70	3		
2020	80	3.5		
合计				

解析：此为因果模型预测。

表 3-9 H 地区耐用消费品销售量预测

(1) 手工列表计算法预测。				
① _____。				
② _____。				
年份	耐用消费品销售量(y)/万件	人均年收入(x)/万元	xy	x^2
2016	50	1		
2017	60	2		
2018	60	2.5		
2019	70	3		
2020	80	3.5		
合计				

续表

由表3-9可知，$\sum y =$ ____，$\sum xy =$ ____，$\sum x^2 =$ ____，据此可以得到 a 和 b 的值。

③ ____。将上一步求得的 a 与 b 的值代入回归方程，得 ____
由于需要预测 2021 年和 2022 年的销售量，所以 x 的值分别为 ____ 和 ____，代入上式，得
$Y_{2021}=$ _____(万件)
$Y_{2022}=$ _____(万件)

(2) Excel 辅助预测，将预测趋势图打印并裁剪、贴在下面的空白处。

(资料来源：种美香，雷婷婷. 采购与供应管理实务[M]. 3版. 北京：清华大学出版社，2021.)

案例2：莱卡因公司产品需求预测

莱卡因公司的一种产品在过去5年中的需求分别为2016年150个、2017年200个、2018年300个、2019年250个、2020年400个。其中2020年各季节的需求分别为春季90个、夏季150个、秋季110个、冬季50个。

要求：请运用因果模型预测2021年的年需求量，利用时间序列分解模型分析2021年的需求量季节变化并求出2021年各季节需求预测值。

解析：本任务需要完成两个预测，分别是运用回归法预测2021年的年需求量以及运用时间序列分解模型(季节变化法)预测2021年各季节的需求量。将相关内容填写在表3-10中。

表3-10　莱卡因公司产品需求预测

(1) 回归法预测2021年的年需求量
手工列表计算法预测：自行另附纸作答。
Excel辅助计算法。将预测趋势图打印并裁剪，贴在下面的空白处。
(2) 时间序列分解模型(季节变化法)预测2021年各季节的需求量。

根据2020年的需求量季节变化，分别用加法模型和乘法模型预测的2021年各季节需求量的计算过程如表3-11所示。其中2020年的平均季节需求为_____，2021年的平均季节需求为_____。

表3-11　加法模型和乘法模型预测

季节	2020年			2021年	
	实际需求	季节变化幅度	季节指数	加法模型预测	乘法模型预测
春	90				
夏	150				
秋	110				
冬	50				
合计					

(资料来源：王姗姗. 供应链管理实务[M]. 北京：中国财富出版社，2013.)

随 堂 笔 记

任务 3.1		供应链需求预测		
姓名		班级	学号	
课程环节	学习关键点	完成情况	备注	
知识准备	重点与难点	总结学习重点与难点	是否掌握	
	学习重点：			
	学习难点：			
基础检测	题型	错题原因分析(每种题型各有 5 小题)	得分	小计
	单选题(1 分/题)			
	多选题(1 分/题)			
	判断题(1 分/题)			
任务实施	实训任务	掌握了何种知识或技能	难易程度	
	1. 预测采购需求量			
	2. 需求预测监控			
能力提升	案例分析	掌握了何种知识或技能	难易程度	
	1.H 地区耐用消费品销售量预测			
	2. 莱卡因公司产品需求预测			

任务二　供应链采购管理

【任务目标】

知识目标：

(1) 了解整个采购业务的流程；
(2) 掌握采购计划的编制程序；
(3) 掌握采购合同的签订与采购订单的签发程序；
(4) 理解供应链管理环境下的采购管理与传统采购管理的差异。

能力目标：

(1) 能够运用物资平衡表编制采购计划；
(2) 能够实施采购过程中的采购谈判和采购合同。

素养目标：

(1) 能够在采购工作中坚守职业道德；
(2) 能够始终坚持成本节约的理念。

课程思政：

(1) 能够认识到先进的思想引领正确的行动；
(2) 能够认识到每个工作任务都需要用心用脑，而不是简单地生搬硬套。

【案例导入】

益生口罩厂接到市第一中心医院 N95 口罩(无阀、医用和非医用)的采购订单，为此，益生口罩厂要进行所需原材料的备货采购，以安排生产。

(资料来源：作者编写)

> 想一想：
> 益生口罩厂对 N95 口罩(无阀、医用和非医用)所需原材料的采购业务该如何进行？

【知识准备】

一、采购业务流程

以企业采购为例，一个完整的采购项目大体上要经历以下过程。

(1) 接受采购任务，制定采购单。这是采购部门的首要工作。通常是企业各部门把任务报到采购部门，采购部门把所要采购的物资汇总，再分配到各采购员，给各采购员下达采购任务单。也有很多是采购部门根据企业生产销售的情况，自己主动制订各种物资的采购计划，给各采购员下达采购任务单。

（2）制订采购计划。采购员在接到采购任务单之后，要制订具体的采购工作计划，进行资源市场调查，包括对商品、价格、供应商的调查分析，选定供应商，确定采购方法、采购日程计划、运输方法及贷款支付方法。

（3）根据既定计划联系供应商。根据供应商的情况，可以面对面联系，也可以用电话、电子邮件等方式联系。

（4）与供应商洽谈，最后签订订货合同。这是采购的核心工作。要和供应商反复进行磋商谈判、讨价还价，商讨价格、质量、送货、服务及风险赔偿等各种限制条件，最后把这些条件用订货合同的形式固定下来。订货合同签订以后，就意味着成交。

（5）运输进货及进货控制。订货合同签订以后，就要履行合同，开始运输进货。运输进货既可以由供应商负责，也可以由运输公司办理，或者自己提货。采购员要监督进货过程，确保按时到货。

（6）到货验收、入库。到货后，采购员要督促有关人员进行验收和入库，包括数量和质量的检验。

（7）支付货款。货物到达后，必须按合同规定支付货款。

（8）善后处理。一次采购完成以后，要进行结案，即采购总结评估，并妥善处理好一些未尽事宜。

了解采购流程，采购员便会"心中有数"，有一个宏观的概念，在实际工作中就能循序渐进，事半功倍，顺利地完成采购任务。

接下来，将具体介绍在采购业务流程中特别重要的环节。

二、采购计划制订

1. 采购计划的概念

采购计划是根据生产部门或其他使用部门的计划制订的包括采购物料、采购数量、需求日期等内容的计划表格。采购计划(预算)，是属于生产(销售)计划中的一部分，也是公司年度计划与目标的一部分。通常，销售部门的计划(销售收入预算)是公司年度营业计划的起点，然后生产(销售)计划才随之确定。而生产/销售计划则包括采购预算(直接原料/商品采购成本)、直接人工预算及制造/销售费用预算。由此可见，采购预算是采购部门为配合年度销

采购计划的目的

售预测或采货数量，对所需的原料、物料、零件等的数量及成本做出的详细计划，以利于整个企业目标的达成。采购计划(预算)虽是整个企业预算的核心，但是如果单独编制，不但缺乏实用价值，也得不到其他部门的配合。

2. 编制采购计划的基础资料

（1）生产计划。生产计划是规定企业在计划期内(年度)所生产产品的品种、质量、数量和生产进度及生产能力的利用程度。它是根据企业的销售计划和人为的判断，以及预期的期末存货与期初存货来制订的。生产计划决定采购计划，采购计划又对生产计划的实现起物料供应的保障作用。生产计划的公式如下。

预计生产量=预计销售量+预计期末存货量-预计期初存货量

(2) 设备维修计划和技术改造计划。设备维修计划规定了企业在计划期内(年度)要进行修理设备的数量、修理的时间和进度等。技术改造计划规定了企业在计划期内(年度)要进行的各项技改项目的进度、预期的经济效果,以及实现技改所需要的人力、物资、费用和负责执行的单位。这两项计划提出的物料需求品种、规格、数量和需要的时间,是编制物料采购计划的依据,采购计划要为这两项计划的实现提供物料保障。

(3) 物料清单。一般生产计划只列出产成品的数量,而不会罗列某一产品需要哪些物料,以及数量多少,因此必须借助物料清单。物料清单是由研究开发或产品设计部门制订的,根据物料清单可以精确地计算出制造每一种产品的物料需求数量。将物料清单上所列的耗用量即通称的标准用量,与实际用量相互比较,可作为物料管理的依据。

(4) 存量卡。如果产成品有存货,生产数量则不一定要等于销售数量。同理,若材料有库存,则材料采购数量也不一定要等于材料需求量。因此,必须建立物料的存量卡,用以记载某一物料的库存量,再依据需求,并考虑提前期和安全库存量,得出正确的采购数量,然后再开具请购单,进行采购活动。

3. 采购计划的编制程序

编制采购计划大体可以分为以下三个阶段。

(1) 准备阶段。编制采购计划的人员要发动群众(特别是较为了解市场情况的采购员与推销员)献计献策,在保障物料使用功能的条件下,认真审核所需采购的物料,努力降低物料采购成本。

同时,要制定数据收集工作的相关制度,做好内、外部资料收集工作。另外,在编制采购计划的过程中,认真审核选定的物料在技术、经济和供应条件等方面是否合理。

(2) 平衡阶段。该阶段的主要工作是对部门需要与已有资源在数量、品种、规格上进行平衡,同时对于各类物料进行平衡衔接。物料平衡的实质就是企业采购需要量的确定,其计算公式为

某种物料的采购数量=该种物料的本期需要量+期末预计库存数量-
期初库存量-企业内部可利用资源

企业通常利用物资平衡表来进行物资平衡工作,如表 3-12 所示。

表 3-12 物资平衡表

编号	物料名称	计量单位	计划期需用量①	计划期末余量②	预计期初库存③	企业内部可利用资源			平均余缺⑦	确定采购量⑧	备注
						合计④	原来入库量⑤	改用⑥			
						④=⑤+⑥			⑦=①+②-③-④	⑧=⑦	

> **练一练:**
> 某机械厂组装车间平均每周需到仓库提取 50 个零件 E,预计本月底该零件库存余量为 30 个。已知零件 E 可用其他零件改制,数量为 35 个,本月订货为 100 个,根据订货计划可知下月月初到货入库,并打算下月底预留库存 44 个。请做出零件 E 的下个月需用平衡表。(可填写在物资平衡表中)

(3) 编制阶段。物料采购计划都是由下而上逐级进行编制,各级物料申请单位可根据各自情况提出计划期需用量,编制物料申请计划,并按规定时间和要求逐级汇总上报。基础单位的物料申请计划是上一级单位申请采购计划的基础,所以要如实填报。

总之,编制物料采购计划是从一个更高的层面上确保市场采购工作做得更为成功和完善,而这又是一项很复杂、很细致的工作。

三、签订采购合同

经过选择供应商(已在项目二的任务二中阐述)并与之谈判后,接下来,就要签订采购合同了。

(一)采购合同的基本内容与表现形式

采购合同的内容也称采购合同的条款,是指合同双方当事人的具体权利和具体义务。一份完整的采购合同通常包括约首、正文和约尾三部分。

(1) 约首。约首是合同的首部,包括合同的名称、合同号码、订约日期、订约地点、买卖双方的名称和地址,以及序言等内容。序言主要写明双方订立合同的意义和执行合同的保证,对双方都有约束力等。双方的名称应用全称,而不能用简称,地址要详细列明,因为涉及法律管辖权问题,所以不能随便填写。

(2) 正文。正文是合同的主体部分,规定了双方的权利和义务,包括合同的各项交易条款,如商品名称、品质规格、数量包装、单价和总值、交货期限、支付条款、保险、检验、索赔、不可抗力和仲裁条款等,以及根据不同商品和不同交易情况增加的其他条款,如保值条款、溢短装条款和合同适用的法律等。因此,零售企业采购合同的条款,应当在力求具体明确,便于执行,避免不必要纠纷的前提下,具备以下主要条款:①商品的品种、规格和数量;②商品的质量和包装;③商品的价格和结算方式;④交货期限、地点和发送方式;⑤商品验收办法;⑥违约责任;⑦合同变更和解除的条件。

此外,采购合同应视实际情况,增加若干具体的补充规定,以使签订的合同更切合实际,行之有效。

(3) 约尾。约尾是合同的尾部,包括合同文字的效力、份数、订约的时间和地点及生效的时间、附件的效力以及双方签字等,这也是合同不可缺少的重要组成部分。

合同的订约地点往往会涉及合同的适用法律及管辖权的问题,因此要慎重填写。我国出口合同的订约地点一般都在国内,有时有的合同会将订约的时间和地点在约首订明。

合同末尾应有签署一栏,在双方签字栏内应分别写明企业名称和签署者的职务。双方当事人或法定代表人须在签署栏内本企业名下依法签署,并写上日期。如有必要,合同还可列出见证人并行副署。双方代表签署以后，合同即宣告生效。

根据《中华人民共和国民法典》(以下简称《民法典》)第四百六十九条关于"当事人订立合同，可以采用书面形式、口头形式或者其他形式"的规定，人们除按法律、行政法规规定采用书面形式订立合同外，还可采用口头形式或其他形式订立合同或协议。书面形式是合同书、信件、电报、电传、传真等可以有形地表现所载内容的形式。以电子数据交换、电子邮件等方式能够有形地表现所载内容，并可以随时调取查用的数据电文，也视为书面形式。

在实践中，书面形式是当事人采用最为普遍的一种合同约定形式。

(二)采购合同纠纷的解决

采购合同纠纷往往是合同当事人一方或双方违约造成的，不论是哪一方违约，均应承担相应的违约责任。因此，若要解决合同纠纷，就要先弄清楚是哪一方违约，哪一方应承担违约责任。

违约责任即当事人违反采购合同的责任，是指采购合同当事人因自己的过错不履行或不完全履行采购合同而应承担的经济制裁。此外，在采购合同不履行或不完全履行的问题上，由于失职、渎职或其他违法行为造成重大事故或严重损失的直接责任者，则依法应负经济、行政责任直至刑事责任。

1. 当事人承担违约责任的原则

在采购合同有效的前提下，根据下列原则追究当事人的违约责任。

(1) 过错责任原则。过错责任是指由于当事人主观上的故意或者过失而引起的违约责任。在发生违约事实的情况下，只有当事人有过错，才能承担违约责任，否则，将不承担违约责任。过错责任原则包含两个方面的内容：①违约责任由有过错的当事人承担。一方当事人有过错的，由该方自己承担；双方都有过错的，由双方分别承担。②无过错的违约行为，可依法减免责任(如不可抗力造成的违约)。

承担违约
责任的原则

(2) 赔偿实际损失的原则。所谓实际损失，是指违约方因自己的违约行为而在事实上给对方造成的经济损失。一般情况下，实际损失不仅包括财物的减少、损坏、灭失和其他损失及支出的必要费用，还包括可得利益的损失。当因违约方的违约行为造成对方经济损失时，违约方应当向对方承担赔偿责任。

(3) 全面履行的原则。全面履行是指违约方承担经济责任(如支付违约金或者赔偿金等)后仍应按合同要求全面履行。也就是说，违约方承担了经济责任后并不能代替合同的履行，不能自然免除合同的法律约束力，不能免除过错方继续履行合同的责任。只要受害方要求继续履行合同，除了法律另有规定外，违约方有能力履行，就必须继续履行未完成的合同义务。

2. 违约责任的承担形式

《民法典》第五百七十七条规定："当事人一方不履行合同义务或者履行合同义务不符合约定的，应当承担继续履行、采取补救措施或者赔偿损失等违约责任。"据此，违约责任有三种基本形式，即继续履行、采取补救措施和赔偿损失。当然，除此之外，违约责任还有其他形式，如支付违约金和定金责任。

(1) 继续履行。继续履行也称强制实际履行，是指违约方根据对方当事人的请求继续履行合同规定的义务的违约责任形式。

(2) 采取补救措施。关于采取补救措施的具体方式，我国相关法律做了一些具体规定。《民法典》第五百八十二条规定，可采取修理、重作、更换、退货、减少价款或者报酬等补救措施。

违约责任的基本形式

(3) 赔偿损失。《民法典》第五百八十四条规定："当事人一方不履行合同义务或者履行合同义务不符合约定，造成对方损失的，损失赔偿额应当相当于因违约所造成的损失，包括合同履行后可以获得的利益；但是，不得超过违约一方订立合同时预见到或者应当预见到的因违约可能造成的损失。"

(4) 支付违约金。违约金是指当事人在合同中约定的一方或各方违约时，违约方要支付给守约方一定数额的货币，以弥补守约方损失同时兼有惩罚违约行为作用的违约责任方式。当事人如果既约定了违约金，又约定了定金，一方违约时，对方可选择其一，不能同时并用。

承担违约责任后，是否还要继续履行或采取补救措施，可由合同各方协商确定。但是，当事人就迟延履行约定违约金的，违约方支付违约金后，还应当履行债务。

违约金具有补偿的性质，当事人之间约定的违约金低于或者过分高于违约造成的损失，当事人可以请求人民法院或仲裁机构予以增加或者适当减少。

违约金

> **想一想：**
> 如何理解前文中的"过分高于"？

(5) 定金。所谓定金，是指合同当事人为了确保合同的履行，依据法律规定或者当事人双方的约定，由当事人一方在合同订立时或者订立后履行前，按照合同标的额的一定比例(不超过20%)，预先给付对方当事人的货币或其替代物。它是作为债权担保的一定数额的货币，属于一种法律上的担保方式，目的在于促使债务人履行债务，保障债权人的债权得以实现。签订合同时，定金必须以书面形式进行约定，同时还应约定定金的数额和交付期限。给付定金一方如果不履行债务，则无权要求另一方返还定金；接受定金的一方如果不履行债务，须向另一方双倍返还定金。债务人履行债务后，依照约定，定金应抵作价款或者收回。

定金

> **想一想：**
> 甲、乙双方签订了采购合同，总价款为10万元，甲方向乙方支付了2.5万元定金。若甲方违约，可否要回定金？若乙方违约，该返还甲方多少元？

3. 采购合同纠纷的处理

采购合同纠纷的解决有四种途径——协商、调解、仲裁和诉讼。

合同双方当事人如果在履行合同的过程中出现纠纷，首先应按平等互利、协商一致的原则加以解决。按照法律规定，应首先通过协商解决纠纷，这是最佳的解决方式。对于需债务人偿还债务而其一时又无力偿还的，可以采取分期偿还或以实物抵债的方式协商解决。

若协商不成，法院受理一方当事人的起诉后，首先要进行调解，如果经调解双方达成协议，调解协议即具有法律效力，双方要认真执行，否则，法院将强制执行。如果法院调解不成，则要作出判决或裁定，当事人对判决或裁定不服的，可在收到判决书之日起15日内或接到裁定书之日起10日内向上一级法院提起上诉，如果超过了上诉期当事人没有上诉的，那么一审判决或裁定即发生法律效力，当事人必须执行。二审法院作出的判决、裁定，是终审的判决、裁定，当事人必须执行。当然，如果当事人认为已生效的判决、裁定确有错误，在不停止判决、裁定执行的情况下，还可以通过审判监督程序，向原审人民法院或上级人民法院申请再审。另外，也可向当地的仲裁机构申请仲裁。

四、签发采购订单

采购合同的履行与管理往往通过采购订单来细化。采购订单通常又伴随着订单和物料的流动，贯穿于整个采购过程，其作用是执行采购合同，实施订单计划，购买物料，为生产过程输送合格的原材料和配件，同时对供应商群体的绩效表现进行评价反馈。

1. 采购订单的含义与格式

采购订单也称采购合同，一般在选择供应商后订立采购订单。采购订单描述了所采购物料的重要细节，如物料名称、数量、规格、质量要求、价格、交货方式、送达地址等，这些信息构成了订单的主体内容。

一般而言，采购订单包括订单头部、订单正文和订单尾部三部分。

(1) 订单头部。订单头部包括订单名称、订单编号、采供双方的企业名称、签订地点和签订时间等。

采购订单与采购合同的区别和联系

(2) 订单正文。订单正文是订单的主体部分，规定了双方的权利和义务，包括订单的各项交易条款，如采购物料的名称、品质规格、数量、包装、单价和总值、交货期限、支付条件、保险、检验、索赔、不可抗力和仲裁条款等，以及根据不同商品和不同的交易情况增加的其他条款，如保值条款、溢短装条款和合同适用的法律等。

可见，采购订单的各项条款内容与采购合同并无二致，在此不再赘述，只是采购订单在某些条款的内容和形式上更加注重细节。

(3) 订单尾部。订单尾部包括订单份数、生效日期、签订人的签名及采供双方的公司公章等。不同行业企业、不同的物料项目，其订单形式各有不同。

2. 采购订单操作

采购订单操作一般包括8个过程：订单准备、选择供应商、签订订单、订单执行与跟踪、物料检验、物料接收、付款操作和供应评价。

(1) 订单准备。在接到采购部的请购单之后，采购人员首先要进行

采购订单的样单

订单准备操作。订单准备工作主要包括：熟悉需要采购订单操作的物料，价格确认，确认物料的质量需求标准，确认物料的需求量，制定订单说明书。

(2) 选择供应商。订单人员在完成订单准备之后，要查询采购环境信息系统，寻找适合本次物料项目供应的供应商群体，通过与其沟通的情况确定意向供应商，并向其发送订单说明书。接到订单说明书后，供应商对有关资料进行分析，即可向订单人员回复是否接单。必要时，可通过采购谈判评估选择供应商。据此，订单人员可决定本次订单计划所投向的供应商，必要时上报主管审批。

(3) 签订订单。订单的签订有以下三个步骤。

首先，订单制作。一般企业都有固定标准的订单格式，而且这种格式是供应商认可的，订单人员只需在标准订单中填写相关参数(如物料名称代码、计量单位、数量、单价、总价和交货期限等)及一些特殊说明后即完成订单制作。

其次，订单审批。订单审批一般由专职人员负责，主要审查订单人员是否严格执行订单计划，采购价格是否为指定的价格，采购数量是否符合订单计划的物料数量，交货期是否在一定范围内，是否符合到货日期要求等。

最后，与供应商签订订单。经过审批的订单，可以发送给供应商确定并签字盖章。签订订单的方式有多种，例如，采、供双方面对面洽谈，现场盖章签字；或通过传真方式传递与回传；或使用电子邮件(E-mail)方式，由采购方向供应商发出订单 E-mail，供应商回复表示接受并完成签字。如果建立了专用的订单管理信息系统，完成订单信息的传递就会更快速、更有效。

(4) 订单执行与跟踪。订单签订后，就可以进入订单执行期。对于加工型供应商要进行备料、加工、组装、调试等；对于存货型供应商，只需从库房里调集相关产品并进行适当处理，即可发货。订单跟踪是采购人员的重要职责，订单跟踪的目的有三个：促进合同正常执行、满足企业的商品需求、保持合理的库存水平。在实际订单操作过程中，合同、需求、库存三者之间会产生矛盾，突出地表现为各种原因使合同难以执行、需求不能满足，从而导致缺货、库存难以控制。恰当地处理供应、需求、库存之间的关系是衡量采购人员能力的关键指标。

(5) 物料检验。根据订单安排，采购方要对供应商的交货进行检验，因此，要根据物料项目的品种、特征确定好检验日期和检验地点。例如，一些大型机械设备、电子装置，往往需到现场检验；有些轻小型物品可以由供应商送货检验。同时还要安排好检验人员。

对在检验中发现的问题及时做出适当处理，如考虑退货或换货、是否可以代用、与供应商沟通进行质量改进，或者罚款、质量整改、降级使用，甚至取消供应商资格等。

(6) 物料接收。物料接收是整个采购过程的重要部分，有的企业收货部门直接划归采购部管理，有的企业则把收货部门划归仓库或物流部，但收货部门仍可间接对采购部负责。在日常工作中两个部门有着紧密的联系。因此，在每项物料接收之前，为保障订单操作过程稳定有序和物料按期到货且有存货空间，采购部不仅要与供应商确认检验送货日期，还要与仓储部(或物流部)协调送货事务，以便仓储部(或物流部)安排接收工作。然后，即可通知供应商送货，由库房安排接收及验收入库。

(7) 付款操作。在实际采购过程中，企业要按照采购合同或订单中规定的付款时间进行付款，但要注意一些问题。例如，要查看物料检验入库信息，确认物料检验是否通过并完成入库，还有付款单的编制、主管的审批、付款方式、收款提醒等，以确保安全付款。

(8) 供应评价。在实际采购中，可以成立供应商评价小组，制定供应商评价指标体系，对供应商进行评价。根据评价结果及结论，对评价绩效较好的供应商，可与其续约或分配给其较大的供应份额；对评价绩效一般的供应商，可与其续约或促其改进，以提高其供应绩效；对评价绩效较差的供应商，可减小其供应份额或取消其供应商资格。

五、供应链管理环境下的采购

供应链采购与传统的采购相比，物资供需关系没有改变，采购的概念也没有改变，但是由于供应链各企业之间是一种战略伙伴关系，采购是在一种非常友好合作的环境中进行的，所以采购的观念和采购的操作都发生了很大变化。

(1) 从为库存采购到为订单采购的转变。在传统的采购模式中，采购的目的是补充库存，即为库存而采购，采购过程缺乏主动性，采购计划较难适应需求的变化。在供应链管理模式下，采购活动紧紧围绕用户需求而发出订单，因而不仅可以及时满足用户需求，而且可以减少采购费用，降低采购成本。

(2) 从内部资源管理向外部资源管理转变。在传统的采购模式中，采购管理注重对内部资源的管理，追求采购流程的优化、采购环节的监控和与供应商的谈判技巧，缺乏与供应商之间的合作。在供应链管理模式下，采购管理从内部资源管理转向对外部资源及对供应商和市场的管理，增加了与供应商的信息沟通和对市场的分析，加强了与供应商在产品设计、产品质量控制等方面的合作，实现了超前控制，供需双方合作双赢的局面。

(3) 从一般买卖关系向长期合作伙伴关系甚至战略协作伙伴关系的转变。在传统的采购模式中，与供应商的关系为一般短期买卖关系，采购理念停留在压榨供应商、频繁更换供应商上，无法共享各种信息。在供应链管理模式下，与供应商建立长期合作伙伴关系甚至战略协作伙伴关系，共享库存和需求信息，共同抵御市场风险，共同研究制定降低成本的策略，把相互合作和双赢关系提升到全局性、战略性的高度。

基 础 检 测

一、单选题

1. ( )是根据企业的销售计划和人为判断，以及预期的期末存货与期初存货来制订的。
   A. 采购计划　　B. 生产计划　　C. 工艺设计　　D. 维修计划
2. 根据( )可以精确地计算出制造每一种产品的物料需求数量。
   A. 生产计划　　B. 工艺设计　　C. 物料清单　　D. 存量卡
3. 商品名称、品质规格、数量包装等信息一定体现在合同的( )。
   A. 头部　　　　B. 正文　　　　C. 尾部　　　　D. 任意位置
4. 定金的数额一般不超过采购合同标的额的( )。
   A. 10%　　　　B. 15%　　　　C. 20%　　　　D. 30%

5. 以下不属于订单签订工作内容的是（　　）。
　　A. 订单说明书制作　　　　　　B. 订单制作
　　C. 订单审批　　　　　　　　　D. 签订订单

二、多选题

1. 采购计划的编制要经历（　　）等阶段。
　　A. 准备阶段　　　　B. 平衡阶段　　　　C. 计算阶段
　　D. 编制阶段　　　　E. 实施阶段
2. 违约责任有多种形式，包括（　　）。
　　A. 继续履行　　　　B. 采取补救措施　　　C. 赔偿损失
　　D. 支付违约金　　　E. 定金　　　　　　　F. 第三人替代履行
3. 当事人承担违约责任的原则包括（　　）。
　　A. 过错责任　　　　B. 无过错责任　　　　C. 赔偿实际损失
　　D. 支付违约金　　　E. 全面履行
4. 下列属于合同约首部分内容的是（　　）。
　　A. 合同名称　　　　B. 合同号码　　　　　C. 商品名称
　　D. 付款条件　　　　E. 卖方名称
5. 以下属于订单准备工作内容的是（　　）。
　　A. 价格确认　　　　B. 采购量确认　　　　C. 订单制作
　　D. 订单说明书制作　E. 订单审批

三、判断题

1. 合同的订约地点往往会涉及合同的适用法律及管辖权的问题，因此要慎重填写。（　　）
2. 当事人订立合同，可以采用书面形式、口头形式和其他形式。（　　）
3. 供应链管理模式下，采购的目的为补充库存，即为库存而采购。（　　）
4. 订单跟踪可以促进合同正常执行、满足企业的商品需求、保持合理的库存水平。（　　）
5. 当事人如果既约定了违约金，又约定了定金，一方违约时，对方可选择其一，不能同时并用。（　　）

项目三 供应链运营管理

任 务 实 施

实训 1：执行采购业务流程

李萍是菲莺制衣公司采购部杭州采购科的一名采购员，2021 年 7 月 13 日接到采购产地杭州的 34#藏青色款丝绸面料的采购任务。

公司裁剪车间平均每周需到仓库提取 600 米 34#藏青色款丝绸面料。预计 7 月底库存余量为 220 米。已知 6 月底订货 240 米 35#香槟色款丝绸面料，可做颜色上混搭使用，根据订货计划可知 8 月初到货入库，另打算 8 月底预留库存 60 米。

要求：

(1) 帮助李萍设计此款丝绸的采购业务流程，并指出你认为最关键的环节。

(2) 帮助李萍编制此款丝绸的采购计划——物资平衡表。

完成以上实训任务，并将相关内容填写在表 3-13 中。

表 3-13 菲莺制衣公司采购业务流程

(1) 设计采购业务流程，并指出你认为最关键的环节。

其中最关键的环节包括：_____。

(2) 编制采购计划——物资平衡表。

物资平衡表

编号	物料名称	计量单位	计划期需用量①	计划期末余量②	预计期初库存③	企业内部可利用资源			平均余缺⑦	确定采购量⑧	备注
						合计④	原来入库量⑤	改用⑥			
						④=⑤+⑥			⑦=①+②-③-④	⑧=⑦	

实训 2：签订采购合同

李萍使用物资平衡表制定出该款丝绸面料的本次采购量后，经市场调查收集到供应商杭州云朵丝绸有限公司的有关信息为——成分：桑蚕丝；纱支：2020；密度：19 姆米；幅宽：114；染整工艺：染色；货号：15；品质标准：GB；产地：杭州。经询价，共有 30 种颜色，200 米起售。采购量为 1～598 米，售价为 93 元/米；采购量为 599～999 米，售价为 85 元/米；采购量为 1000 米及以上的，售价最优惠为 83.5 元/米。同城免配送费，异地酌情收取运费。李萍遂与对方销售人员王岩洽谈后，约定于 2021 年 7 月 19 日签订采购合同。

要求：帮助李萍填写丝绸采购合同的空白部分，并检查其余部分有无不当之处。

完成以上实训任务，并将相关内容填写在表 3-14 中。

表 3-14 菲莺制衣公司采购合同

丝绸采购合同

甲方(需方)：_____　　乙方(供方)：_____

甲、乙双方本着诚信、双赢、自愿的原则，经友好协商，达成本协议。

一、商品信息

品名	货号	规格	质量标准	数量(米)	单价(元/米)	总价(元)

二、质量要求和技术标准按照需方核批供方样品的标准生产。

三、布料运抵需方之日起七天内由需方检验，如质量有异议，应及时通知供方，供方必须在接到通知后三天内派员到现场处理，否则视作供方同意需方的检验结果和处理意见。

四、包装要求及费用负担：匹装入胶袋，包装单应列出布号、缸号、合同号、色名及码数等，费用由供方承担。

五、付款方式：首付定金人民币 5 000.00(大写：伍仟元整)元，余款物流代收。

甲方(公章)：_____　　乙方(公章)：_____

公司地址：浙江省杭州市西湖区××路 8 号　　公司地址：浙江省杭州市上杭区××路 6 号

法定代表人(签字)：郑菲莺　　　　　　法定代表人(签字)：杭绮云

2021 年 7 月 ____ 日　　　　　　　2021 年 7 月 ____ 日

本合同中的不当之处为：
_____
_____
_____

实训 3：签发采购订单

李萍与供应商签订采购合同后，为便于执行，又于当日向供应商签发了采购订单。

要求：

帮助李萍根据采购合同设计丝绸采购订单，并将相关内容填写在表3-15中。

表3-15 菲莺制衣公司采购订单

采购订单							
订单编号：CGDH202107001				生产单号：SCDH202107001			
供方地址：浙江省杭州市上杭区××路6号				负 责 人：			
联系电话：0571-562056××				传真号码：0571-562056××			
需方地址：浙江省杭州市西湖区××路8号				负 责 人：			
联系电话：0571-562067××				传真号码：0571-562067××			
供应商：							
请供应以下产品：							
序号	货物名称	规格及型号	单 位	数 量	单价/元	小计/元	
合计：人民币(大写)				小写：			
品质要求：							
订货日期：				交货日期：			
交货方式：				付款方式：			
交货地址：							
供方确认人：×××				需方审批人：×××			
_____年____月____日				_____年____月____日			
				(请确认并签名，加盖公章后传真回我公司，谢谢!)			

实训4：采购订单跟踪

王晶刚大学毕业，进入菲莺制衣公司品牌女装部做面料生产专员，相当于跟单员，主要工作是稽催面料供应商按时发货并及时反馈发货进度，以及对面料品质进行把控，如果出现质量问题或交货延期则需要去协调。另外，对于成衣厂延误交期的，还要核查到底是面料供应商没能把面料按时交到成衣厂，还是成衣厂自身原因导致延期，然后再决定责任承担者，这就需要在前期做好交期的把控和风险的排查工作。

要求：面对刚刚签下的采购订单，王晶该如何做好跟单员工作？将相关内容填写在表 3-16 中。

表 3-16 菲莺制衣公司订单跟踪

(1) 从问题描述来看，有几个重点需关注？
答：
(2) 目前王晶面临的主要问题是什么？你有什么建议？
答：

(资料来源：作者编写)

能 力 提 升

案例1：令采购经理头疼的事儿

小李是某公司销售部的业务尖子，他的办事能力是公司同事一致认可的。今天经公司董事会研究，准备将小李从销售部调到采购部任采购经理。同事知道这件事后吵着要他请客。快下班了，好友小张堵在小李办公室门口要他请客，可小李好像有什么心事，眉头紧锁。小张疑惑地问道："喂，哥们儿，都要当采购经理了，还不请大家一顿，庆贺庆贺。"小李却说："恭喜什么啊？我现在发愁呢，公司生产在加速，材料供应任务特别紧张，再说，我原来搞销售轻车熟路，现在主持采购，我可是一头雾水，怎么采购？如何保障公司的长期物料需求？我正怕不能保障公司的生产与供应，影响公司的发展呢！"小张接着说："没想到，小李你也被难住啦，这更要请客了，我们哥们儿给你出出主意。告诉你，销售是卖东西，采购是买东西，你将销售的经验和技巧，反过来使用不就行了吗？保障生产和供应还不简单？多采购点儿，总是把仓库堆满，还会有生产中断的事？"

要求：讨论小张的观点是否正确，你有什么合理化的建议？

(资料来源：根据百度文库的资料整理)

案例2：学生宿舍床具用品采购合同

某学校对学生宿舍进行改造后，需采购一批学生宿舍的床具用品，请代表采购方草拟一份床具的采购合同。

要求：拟出合同正文条款即可。

注：可自行另附纸张作答。

(资料来源：作者编写)

随 堂 笔 记

任务 3.2		供应链采购管理		
姓名		班级	学号	
课程环节	学习关键点	完成情况		备注
知识准备	重点与难点	总结学习重点与难点		是否掌握
	学习重点：			
	学习难点：			
基础检测	题型	错题原因分析(每种题型各有 5 小题)	得分	小计
	单选题(1 分/题)			
	多选题(1 分/题)			
	判断题(1 分/题)			
任务实施	实训任务	掌握了何种知识或技能		难易程度
	1. 执行采购业务流程			
	2. 签订采购合同			
	3. 签发采购订单			
	4. 采购订单跟踪			
能力提升	案例分析	掌握了何种知识或技能		难易程度
	1. 令采购经理头疼的事儿			
	2. 学生宿舍床具用品采购合同			

任务三　供应链生产运作

【任务目标】

知识目标：

(1) 理解供应链生产计划的内涵；
(2) 理解 MRP、MRPII 和 ERP 的含义；
(3) 理解精益生产与准时制生产的含义和典型管理方法。

能力目标：

(1) 掌握 MRP 的计算方法；
(2) 能够运用 MRP 理论制订供应链生产计划；
(3) 能够运用精益生产与准时制生产的典型管理方法，进行精准管理。

素养目标：

(1) 能够认识到需求是行动的原动力，围绕需求精准行动，节约不浪费；
(2) 能够培养精益生产与准时制生产的先进理念。

课程思政：

(1) 能够认识到浪费等于"犯罪"，要杜绝工作中的各种浪费；
(2) 由精益思想激发更多的思想火花，助推制造业蓬勃发展。

【案例导入】

益生口罩厂接到市第一中心医院 N95 口罩(无阀、医用和非医用)的采购订单，为此，益生口罩厂要进行所需原材料的备货采购，以安排生产。

(资料来源：作者编写)

> 想一想：
> 益生口罩厂对 N95 口罩(无阀、医用和非医用)所需原材料的采购业务完成后，该如何组织生产？

【知识准备】

一、供应链生产计划内涵

(一)传统企业的生产计划

生产计划是为保障生产顺利进行而编制的生产供应计划，是企业计划期内生产供应活动的行动纲领。它是和企业的供应能力、物料需求、生产能力、采购需求等紧密联系在一起的。

生产计划的核心是生产物流计划的编制工作,即根据计划期内确定的产品品种、数量、期限,以及发展变化的客观实际,具体安排产品及其部件在各生产工艺阶段的生产进度和生产任务。其主要任务包括以下三个方面。

(1) 保证生产计划顺利完成。为了保证按计划规定的时间和数量生产各种产品,要研究物料在生产过程中的运动规律以及在各个工艺阶段的生产周期,以此来安排各工艺阶段的时间和生产数量,并使系统内各生产环节的在制品结构、数量和时间相协调。

(2) 创造均衡生产条件。均衡生产是指企业及企业内的车间、工段、工作地等各生产环节,在相等的时间内,完成等量或均增数量的产品。均衡生产的要求为:每个生产环节都要均衡地完成所承担的生产任务;不仅在数量上均衡地生产和产出,而且各阶段的物流也要保持一定的比例,尽可能缩短物料流动的周期,保持一定的节奏。

(3) 加强在制品管理,缩短生产周期。保持在制品、半成品的合理储备,是保证生产物流连续进行的必要条件。在制品过少,会使物流中断,影响生产的顺利进行;反之,又会造成物流不畅,延长生产周期。因此,对在制品的合理控制,既可减少在制品占用量,又能使各生产环节实现正常衔接与协调,按物流作业计划有节奏地、均衡地组织物流活动。

但传统企业的生产计划存在明显的局限性,例如,以企业自身的物料需求为中心展开,受企业的资源能力约束;原材料和外协零部件的供应缺乏与供应商的协调;企业计划的制订没有考虑供应商和分销商的能力;不确定性产生库存管理难度大和对服务水平的影响。

(二)供应链生产计划

供应链生产计划是关于企业生产运作系统总体方面的计划,是指企业在计划期应达到的产品品种、质量、产量和产值等生产任务的计划和对产品生产进度的安排。它反映的并非某几个生产岗位或某一条生产线的生产活动,也不是产品生产的细节问题以及一些具体的机器设备、人力和其他生产资源的使用安排问题,而是指导企业计划期生产活动的纲领性方案。

传统生产计划与供应链生产计划相比,有了很大改善,二者的差别如表3-17所示。

表3-17 传统生产计划与供应链生产计划的差别

差别	传统生产计划	供应链生产计划
决策信息	需求信息(用户订单、市场预测) 企业内部资源信息	信息多元化 企业内外资源信息
决策模式	集中式决策	决策群体性、分布性
信息反馈机制	按组织层级递阶、链式反馈	并行、网络反馈
计划运行环境	计划的刚性较强 相对固定的市场环境	计划的柔性和敏感性 不确定性、动态的市场环境

可见,供应链管理环境下的生产计划与传统生产计划显著不同,是因为在供应链管理下,与企业具有战略伙伴关系的企业的资源通过物资流、信息流和资金流的紧密合作而成为企业制造资源的拓展。在制订生产计划的过程中,企业主要面临以下四个方面的问题。

1. 柔性约束

柔性实际上是对承诺的一种完善。承诺是企业对合作伙伴的保证，只有在这一基础上企业间才具有基本的信任，合作伙伴也因此获得相对稳定的需求信息。然而，由于承诺的给出在时间上超前于承诺本身付诸实施的时间，因此，尽管承诺方一般都尽力使承诺与未来的实际情况接近，但误差总是难以避免。柔性的提出为承诺方缓解了这一矛盾，使承诺方能够修正原有的承诺。可见，承诺与柔性是供应合同签订的关键。

生产计划的柔性

2. 生产进度

生产进度信息是企业检查生产计划执行状况的重要依据，也是滚动制订生产计划过程中用于修正原有计划和制订新计划的重要信息。在供应链管理环境下，生产进度计划属于可共享的信息。这一信息的作用表现在以下两个方面。

(1) 供应链上游企业通过了解对方的生产进度情况实现准时供应。企业的生产计划是在对未来需求做出预测的基础上制订的，它与生产过程的实际进度一般是不同的，生产计划信息不可能实时反映物流的运动状态。供应链企业可以借助现代网络技术，使实时的生产进度信息能为合作方所共享。上游企业可以通过网络和双方通用的软件了解下游企业真实需求信息，并准时提供物资。在这种情况下，下游企业可以避免不必要的库存，而上游企业可以灵活、主动地安排生产和调拨物资。

(2) 原材料和零部件的供应是企业进行生产的首要条件之一，供应链上游企业修正原有计划时应该考虑到下游企业的生产状况。在供应链管理下，企业可以了解到上游企业的生产进度，然后适当调节生产计划，使供应链的各环节紧密地衔接在一起，避免企业之间出现供需脱节的现象，从而保证供应链的整体利益。

3. 生产能力

企业完成一份订单不能脱离上游企业的支持，因此，在编制生产计划时要尽可能借助外部资源，有必要考虑如何利用上游企业的生产能力。任何企业在现有的技术水平和组织条件下都具有一个最大的生产能力，但最大的生产能力并不等于最优生产负荷(投产项目某一年度的产品产量与年设计生产能力之比)。在上下游企业间稳定的供应关系形成后，上游企业从自身利益出发，更希望所有与之相关的下游企业在同一时期的总需求与自身的生产能力相匹配。上游企业的这种对生产负荷量的期望可以通过合同、协议等形式反映出来，即上游企业提供给每一个相关下游企业一定的生产能力，并允许一定程度的浮动。这样，在下游企业编制生产计划时就必须考虑上游企业这一能力上的约束。

4. 生产系统改进

生产系统的改进，主要表现在以下四个方面。

(1) 产品的改进。从改进动因的内外部因素分析可以看出，产品改进是一项企业经常性的工作。随着社会的发展，人们需求的个性化、多样化，对同一种产品会表现出不同的需求，有功能上的、外观上的等，迫使企业开发各种不同型号、不同系列的产品去争取消费者。此外，为了降低成本也需要对产品重新设计。

(2) 加工方法的改进。随着产品品种的增多以及生产总量的增加,原来的加工方法不能适应新的变化,需要对它进行改进。加工方法的改进包括设备更新、加工工艺的改进、生产流程的改进等。

(3) 操作方法的改进。系统中许多资源利用效率低,是因为操作不科学、不合理,通过操作方法的改进,将作业不合理、不经济、次序混乱的因素去掉,可以有效提高资源利用率。

(4) 生产组织方式的改进。组织方式的改进使生产系统发生质的变化。例如,本来生产单位是按工艺原则设置,现改成对象原则;原来是成批轮番生产,现改成流水线生产;等等。

二、供应链管理下生产计划的制订

在供应链管理下,企业的生产计划编制过程有了较大的变动,在原有的生产计划制订过程的基础上增添了新的特点。

1. 具有纵向和横向的信息集成过程

纵向指供应链由下游向上游的信息集成,而横向指生产相同或类似产品的企业之间的信息共享。

在编制生产计划过程中上游企业的生产能力信息在生产计划的能力分析中独立发挥作用。通过在主生产计划(mester production scheduling,MPS)和投入产出计划中分别进行粗、细能力平衡,上游企业承接订单的能力和意愿反映到下游企业的生产计划中。同时,上游企业的生产进度信息也和下游企业的生产进度信息一起作为滚动编制计划的依据,其目的在于保持上下游企业生产活动的同步。

外包决策和外包生产进度分析是集中体现供应链横向集成的环节。外包中所涉及的企业都能够生产相同或类似的产品,或者说在供应链网络上是属于同一产品级别的企业。

企业在编制主生产计划时所面临的订单,在两种情况下可以转向外包:一是企业本身或其上游企业的生产能力无法承受需求波动所带来的负荷;二是所承接的订单通过外包所获利润大于企业自己进行生产的利润。无论何种情况,都需要承接外包企业的基本数据来支持企业的获利分析,以确定是否外包。同时,由于企业对该订单的客户有着直接的责任,因此,也需要承接外包企业的生产进度信息以确保对客户的供应。

2. 加强了能力平衡在计划中的作用

能力平衡是一种分析生产任务与生产能力之间差距的手段,目的是根据能力平衡的结果对计划进行修正。在供应链管理下制订生产计划过程中,能力平衡发挥了以下作用。

(1) 为修正主生产计划和投入产出计划提供依据,这也是能力平衡的传统作用。

(2) 能力平衡是进行外包决策和零部件(原材料)急件外购的决策依据。

(3) 主生产计划和投入产出计划中所使用的上游企业能力数据,反映了其在合作中所愿意承担的生产负荷,可以为供应链管理的高效运作提供保障。

(4) 在信息技术的支持下,本企业和上游企业能力状态的实时更新使生产计划具有较强的可行性。

3. 扩展的计划循环

在企业独立运行生产计划系统时，一般有三个信息流的闭环，而且均在企业内部。
(1) 主生产计划—粗能力平衡—主生产计划。
(2) 投入产出计划—能力需求分析(细能力平衡)—投入产出计划。
(3) 投入产出计划—车间物流计划—生产进度状态—投入产出计划。

供应链管理下生产计划的信息流跨越了企业，从而增添了新的内容。
(1) 主生产计划—供应链企业粗能力平衡—主生产计划。
(2) 主生产计划—外包工程计划—外包工程进度—主生产计划。
(3) 外包工程计划—主生产计划—供应链企业生产能力平衡—外包工程计划。
(4) 投入产出计划—供应链企业能力需求分析(细能力平衡)—投入产出计划。
(5) 投入产出计划—上游企业生产进度分析—投入产出计划。
(6) 投入产出计划—车间作业计划—生产进度状态—投入产出计划。

需要说明的是，以上各循环中的信息流都只是各自循环所必需的，对计划的某个方面起决定性的作用。

在供应链生产计划管理中，常用的计划制订方法主要有甘特图、物料需求计划(material requirement planning, MRP)、最优生产技术(optimized production technology, OPT)。

三、MRP 运作

(一)MRP 的产生与发展

MRP 是 20 世纪 60 年代发展起来的一种计算物料需求量和需求时间的系统，是一种工业制造企业的物料计划管理模式。它根据产品结构各层次物料的从属和数量关系，以每个物料为计划对象，以完工日期为时间基准倒排计划，按提前期长短区别各物料下达计划时间的先后顺序。

MRP 的发展历程

作为植根于大量生产方式的企业生产管理思想，为寻求最有效的配置资源，制造资源计划(manufacturing resource plan, MRPII)和企业资源计划(enterprise resource planning, ERP)都以 MRP 为核心内容，尤其是其生产物流活动均呈现与 MRP 企业相似的特征。因此，接下来，综合分析 MRP 生产物流计划与控制原理。

(二)MRP 的基本原理

MRP 是根据需求和预测来测定未来物料供应和生产计划与控制的方法，它提供了物料的准确时间和数量，是一种能提供物料计划及控制库存、决定订货优先度、根据产品的需求自动地推导出构成这些产品的零件与材料的需求量、由产品的交货期展开零部件的生产进度日程和原材料与外购件的需求日期的系统。它将主生产计划转换为物料需求表，并为需求计划提供信息。因此，实施 MRP 系统，可以实现以下目标。
(1) 保证在客户需要或生产需要时，能够立即提供足量的材料、零部件、产成品。
(2) 保持尽可能低的库存水平。
(3) 合理安排采购、运输、生产等活动，使各车间生产的零部件、外购件与装配的要求在时间与数量上精确衔接。

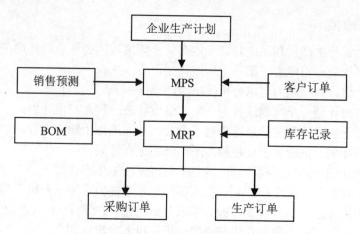

图 3-3　MRP 基本原理

MRP 的基本内容是编制零件的生产计划和采购计划。然而，要正确编制零件的生产计划，首先必须落实产品的生产进度计划，即主生产计划，这是 MRP 展开的基础。MRP 还要知道产品的零件结构，即物料清单(bill of material，BOM)，如此才能把主生产计划展开成零件生产计划，同时只有知道库存数量才能准确计算出零件的采购数量。因此，MRP 的基本逻辑是根据主生产计划、物料清单和库存记录，对每种物料进行计算，指出何时会发生物料短缺，并给出建议，以最小的库存量满足需求并避免物料短缺。作为 MRP 系统核心内容的主生产计划、物料清单和库存记录之间的逻辑关系如图 3-3 所示。由图 3-3 可以看出，MRP 的输入有三个部分：MPS、BOM 和库存记录。

(三)MRP 的应用实例

下面，分别结合一个模拟 Excel 运算实例和手工计算实例来详细介绍 MRP 的应用。

【例 3-4】安徽 Z 烟工业有限责任公司是安徽省大型骨干企业，主要生产 W 烟、H 山、DU 宝等品牌香烟。其中多个 H 山烟系列享誉全国。现在该公司推出两支装的特种烟(一般一包有 20 支香烟，为计算方便，设此类特种烟一包仅含两支烟)，并进行了销售测试。根据销售测试，预计后两个月(8 周)的销量如表 3-18 所示。

表 3-18　两支装特种烟销量预计

时间段/周	1	2	3	4	5	6	7	8
计划产量(需求量)/包	25	15	20	0	60	0	15	0

假设此两支装的特种烟是由两支烟、一单位的纸(生产烟盒用)构成，每一支烟是由一单位的烟草与一单位的纸(卷烟用)构成，生产或采购一包此类特种烟、一支烟、一单位纸、一单位烟草分别需要的时间为 1 周、1 周、2 周、1 周，该烟厂各类原材料的库存如表 3-19 所示。

在烟厂内部，产品及原材料代号为：需要生产的特种烟代号为 A，单支特种烟代号为 B，烟盒用纸与卷烟用纸代号为 C(实际烟盒用纸为硬纸，卷烟用纸为软纸，为计算方便，统一设为 C)，每单位烟草代号为 D。

试制订出采购或生产计划。

表 3-19 安徽 Z 烟工业有限责任公司各类原材料的库存信息

品名	现有库存量 $H_{(t)}$	计划到货	
		计划到货时间 t	计划到货量 $S_{(t)}$
特种烟 A	20	1	10
		3	15
		5	40
		7	50
单支烟 B	10	1	10
纸 C	0	1	70
烟草 D	5	1	10

模拟 Excel 运算的应用步骤如下。

1. 明确主生产计划

主生产计划(MPS)，或称为产销排程，是生产计划的详细表达。通常 MPS 所用的时间单位为周或日，涵盖的时间通常是 3 个月到 12 个月，以个别产品为对象，即 MPS 中规定的产品必须由具体的物料清单来描述。原则上，它是将生产计划的内容做进一步的细分而得到的。

MPS 通过详细的计划系统，识别所需资源(物料、劳力、工厂设备与资金)及其所需要的时机。主生产计划的重要性可见一斑，它是产销协调的依据，是 MRP 系统运作的核心，是所有作业计划的根源。制造、外包、采购三种活动的具体日程，均是依据 MPS 的日程加以计算而得出。如果 MPS 日程不够稳定，或可行性不高，将导致所有的供应活动均不确定，造成极大的浪费。MRP 的使用成功离不开 MPS 的准确与全面。

MPS 一般是由销售预测、销售订单和采购订单综合分析生成。在本任务的案例中，由销售部门通过销售预测得出安徽 Z 烟工业有限责任公司后续 8 周关于该特种烟的 MPS，即题目中的已知条件，如表 3-18 所示。

2. 编制物料清单

物料清单，有的书籍中称为产品结构树，部分企业称为材料表或配方料表。它是一张由产成品、半成品、原材料构成的产品结构表，一般呈树状，主要用来说明某一成品是由哪些原材料或半成品所组成的，且说明彼此间的组合过程。图 3-4 是一张典型的物料清单，清楚地说明了产品 A 是由哪些原材料和半成品构成的。双线框表示外购件，单线框表示自制件。

由这个物料清单可以看出，成品 A 是由两个原材料 B 和一个半成品 C 组成，而半成品 C 则是由两个原材料 D 及三个原材料 E 组成。LT 的数值为加工或准备此物件所需要的时间，即提前期。

物料清单不仅要列出某一产品的所有构成项目，也要指出这些项目之间的结构关系，即从原材料、零件、组件直到最终产品的层次隶属关系和数量关系。物料清单是制造企业的核心文件，各个部门的活动都要用到物料清单。生产部门要根据物料清单来生产产品，库房要根据物料清单来发料，财会部门要根据物料清单来计算成本，销售和订单录入部门要通过物料清单确定客户定制产品的构成，维修服务部门要通过物料清单了解需要什么备件，质量控制部门要根据物料清单保证产品正确地生产，计划部门要根据物料清单来计划物料和能力的需求，等等。

在本例中，特种烟 A 的 BOM 如图 3-5 所示。

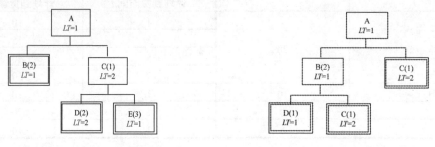

图 3-4　A 产品的 BOM　　　　　　图 3-5　特种烟 A 的 BOM

3. 整理库存文件

库存文件是保存企业所有产品、零部件、在制品、原材料等存在状态的数据库，是 MRP 系统的主要数据之一。在 MRP 系统中，将产品、零部件、在制品、原材料甚至工装工具等统称为"物料"或"项目"。这里的库存指的是各种物料的库存。库存记录中要说明现有库存余额、安全库存量、未来各时区的预计入库量和已分配量。已分配量是指未出库但已分配了某种用途的计划出库量。库存记录中既要说明当前时区的库存量，又要预测未来各时区库存量及其变化。

库存文件一般由企业的仓储部门、生产部门进行统计归纳。在本项目案例中，安徽 Z 烟工业有限公司各类原材料的库存信息在题目中已经给出，如表 3-19 所示。

4. MRP 的运算

汇总统计完 MRP 所需的三个输入性文件——MPS、BOM 和库存文件后，我们需要通过人工或电脑对 MRP 进行运算处理以得出最后的结论。MRP 的运算只涉及加、减和乘三种运算，一般利用表格进行。MRP 计算表的一般形式如表 3-20 所示（t 为时间）。

表 3-20　MRP 计算表的一般形式

特种烟 A	1	2	3	4	5	6	7	8
总需求量 $G_{(t)}$								
预计到货量 $S_{(t)}$								
现有库存量 $H_{(t)}$								
净需求量 $N_{(t)}$								
计划接收备货量 $P_{(t)}$								
计划发出备货量 $R_{(t)}$								

下面，对表 3-20 中包含的数据进行说明。

(1) 总需求量 $G_{(t)}$。如果是产品级物料，则总需求量由 MPS 决定；如果是零件级物料，则总需求量来自上层物料（父项）的计划发出订货量。

(2) 预计到货量 $S_{(t)}$。该项目有的系统称为在途量，即计划在某一时刻入库但尚在生产或采购中，可以作为 MRP 库存使用。

(3) 现有库存量 $H_{(t)}$。表示上期末结转到本期初可用的库存量。现有库存量=上期末现有库存量+本期预计到货量-本期总需求量。

(4) 净需求量 $N_{(t)}$。当现有库存量加上预计到货量不能满足需求时产生净需求。净需求量=现有库存量+预计到货量-总需求量。

(5) 计划接收备货量 $P_{(t)}$。当净需求为正时，就需要接收一个备货量，以弥补净需求。计划接收备货量取决于备货批量的考虑，如果采用逐批订货的方式，则计划接收备货量就是净需求量。

(6) 计划发出备货量 $R_{(t)}$。计划发出备货量与计划接收备货量相等，但时间上提前一个时间段即备货提前期。备货日期=计划接收备货日期-备货提前期。

经过 MRP 程序的处理，将产品出产计划转化为外购件需求计划和自制件投入产出计划。外购件需求计划规定了每种外购零部件和原材料的需要时间及数量；自制件投入产出计划是一种生产作业计划，它规定了构成产品的每个零件的投入和产出的时间及数量，使各生产阶段互相衔接，以确保生产在减少库存的前提下准时进行。

MRP 运算中所需要知道的公式如下。

已知总需求量 $G(t)$，计划到货量 $S(t)$，现有库存量 $H(t)$，净需求量 $N(t)$，计划接收备货量 $P(t)$，计划发出备货量 $R(t)$，t 为周次。

公式一：$H(t)= H(t-1)+S(t)+ P(t)-G(t)$

公式二：$N(t)= G(t)-H(t-1)-S(t)$

$$\begin{cases} 当 N(t)>0 时，P(t)= N(t) \\ 当 N(t)\leq 0 时，P(t)=0 \end{cases}$$

MRP 运算 A 与 B

其中，公式二只适用于 MRP 的运算，因为 MRP 不考虑企业的现金流、人力资源、设备的最大生产能力，只要是有净需求，就计划接受订货。但是在 MRP Ⅱ 中需要考虑企业的很多实际情况，所以有一个最大值，一般被企业的现金流约束或者被企业的最大生产能力约束。当 $N(t)$ 数值过大时，企业无法接受全部订货，此时企业的产品出现供不应求的情况。

MRP 运算 C 与 D

运用以上两个公式，对本任务的三个输入性条件进行运算得到表 3-21。

表 3-21 特种烟 A 的 MRP 运算

特种烟 A	0	1	2	3	4	5	6	7	8
$G_{(t)}$		25	15	20	0	60	0	15	0
$S_{(t)}$		10	0	15	0	40	0	50	0
$H_{(t)}$	20	5	0	0	0	0	0	35	35
$N_{(t)}$		−5	10	5	0	20	0	−35	−35
$P_{(t)}$		0	10	5	0	20	0	0	0
$R_{(t)}$		10	5	0	20	0	0	0	—
单支烟 B	0	1	2	3	4	5	6	7	8
$G_{(t)}$		20	10	0	40	0	0	0	—

续表

		1	2	3	4	5	6	7	8
	$S_{(t)}$		10	0	0	0	0	0	0	—
	$H_{(t)}$	10	0	0	0	0	0	0	0	—
	$N_{(t)}$		0	10	0	40	0	0	0	—
	$P_{(t)}$		0	10	0	40	0	0	0	—
	$R_{(t)}$		10	0	40	0	0	0	—	
纸 C		0	1	2	3	4	5	6	7	8
	$G_{(t)}$		20	5	40	20	0	0	—	—
	$S_{(t)}$		70	0	0	0	0	0	—	—
	$H_{(t)}$	0	50	45	5	0	0	0	—	—
	$N_{(t)}$		−50	−45	−5	15	0	0	—	—
	$P_{(t)}$		0	0	0	15	0	0	—	—
	$R_{(t)}$		0	15	0	0	0	—	—	—
烟草 D		0	1	2	3	4	5	6	7	8
	$G_{(t)}$		10	0	40	0	0	—	—	—
	$S_{(t)}$		10	0	0	0	0	—	—	—
	$H_{(t)}$	5	5	5	0	0	0	—	—	—
	$N_{(t)}$		−5	−5	35	0	0	—	—	—
	$P_{(t)}$		0	0	35	0	0	—	—	—
	$R_{(t)}$		0	35	0	0	—	—	—	—

通过表 3-21，可帮助安徽 Z 烟工业有限公司安排后 8 周的产品生产和原材料采购或生产。

下面，再来看一个 MRP 人工计算实例。

【例 3-5】图 3-6 中，A、B、C、D、E、F 为产品名，括号内的数字表示一个上级产品中所包含的本产品的件数，而 LT 表示提前期，单位为天。双线框表示外购件，单线框表示自制件。

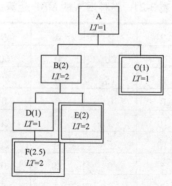

图 3-6 A 产品物料组成清单

根据 A 产品物料组成清单,可以得到主产品 A 零部件一览表,如表 3-22 所示。

表 3-22 主产品 A 零部件一览

零部件名	数量	自制	外购	提前期(天)
B	2A	+		2
C	1A		+	1
D	B 或 2A	+		1
E	2B 或 4A		+	2
F	2.5D 或 5A		+	2

进而得到下月各周主产品需求计划和零部件外购计划,分别如表 3-23 和表 3-24 所示。

表 3-23 主产品需求计划和零部件外购一览

时期(周)	第 1 周	第 2 周	第 3 周	第 4 周	月合计
A 出产(件/周)	25	15	20	15	75
C 外购(件/周)	15		15		30
E 外购(件/周)		20		20	40

表 3-24 采购零部件一览

单位:件

零部件名	下月需要数量
C	75×1+30=105
E	75×4+40=340
F	5×75=375

当然,任何一个系统都有其缺陷,MRP 系统也会受到一些因素影响造成准确性不足,比如计划提前期、批量大小规则和安全库存等,在实际生产中需要更为细致的考虑。

四、从 MRP 到 ERP

目前,许多生产企业都采用了 ERP 系统,实现优化配置企业资源并合理安排生产计划以适应不断变化的、竞争激烈的环境。从 ERP 的发展历程来看,它的发展经历了 20 世纪 60 年代末 70 年代初的 MRP、20 世纪 80 年代的 MRPⅡ、20 世纪 90 年代末的 ERP 三个阶段。

MRP 仅仅解决了企业物料供需信息的集成,闭环 MRP 在生产物料需求计划后,还会融入财务会计信息,生成 MRPⅡ,实现了物料信息与资金信息的集成。

ERP 是包括 MRP 和 MRPⅡ所有信息集成功能的面向供应链管理的信息集成系统,是一个高度集成的信息系统。简单来说,MRP 是 ERP 的核心功能,MRPⅡ是 ERP 的重要组成。

(一)MRP 和闭环 MRP

最初的 MRP 是开环的,即将产品产出计划转化为自制件的投入—产出计划和外购件需求计划后,未与企业生产能力相联系,这些计划可能会落空。因此,MRP 应首先发展为闭环。

1. 基本 MRP

基本 MRP 即为开环 MRP,是以物料计划人员或存货管理人员为核心的物料需求计划体系,它仅仅涵盖物料管理这一块,主要用于非独立性需求(相关性需求)性质的库存控制。基本 MRP 是在计算机系统支持下的生产与库存计划管理系统,其管理方法主要用于单件小批量或多品种小批量生产的制造企业。这种企业生产许多产品,每种产品经过一系列加工步骤完成。

从前文讨论基本 MRP 的原理中可以看出,基本 MRP 是建立在假定已有主生产计划,且是在可行的前提之下。这也意味着在考虑了生产能力可能实现的情况下,有足够的生产设备和人力来保障生产计划的实现;另外,它也假定物料采购计划是可行的,即认为有足够的供货能力和运输能力来保证完成物料采购计划的实现。因此,用 MRP 方法计算出的物料需求的日期有可能因设备和工时的不足而没有能力生产,或者因原材料的不足而无法生产。

因此,利用基本 MRP 原理制订的生产计划与采购计划往往容易造成计划不可行。因为信息是单向的,与管理思想不一致,管理信息必须是闭环的信息流,由输入到输出再循环影响至输入端,从而形成信息回路。因此,随着市场的发展及基本 MRP 的应用与实践,20 世纪 70 年代在此基础上发展形成了闭环 MRP 理论。

2. 闭环 MRP

闭环 MRP 是在基本 MRP 的基础上,增加对投入与产出的控制,也就是对企业的能力进行校检、执行和控制。闭环 MRP 理论认为,只有在考虑能力的约束,或者对能力提出需求计划,满足能力需求的前提下,MRP 才能保证物料需求的执行和实现。在这种思想要求下,企业必须对投入与产出进行控制,即对企业的能力进行校检和执行控制。闭环 MRP 不仅考虑物料的需求,同时还考虑企业自身的生产能力等,从而从企业外部到企业内部形成闭环;而且在计划制订、实施、修改、控制方面实行信息反馈,也形成闭环。

闭环 MRP 和 MRP 的计算过程是一样的,只不过闭环 MRP 在生产物料需求计划后,还会依据生产工艺,推算出生产这些物料所需的生产能力,然后与现有的生产能力进行对比,检查该计划的可行性。若计划不可行,则返回修改物料需求计划或主生产计划,直至达到满意平衡。从闭环 MRP 的管理思想来看,它在生产计划的领域中确实比较先进和实用,生产计划的控制也比较完善。闭环 MRP 的运行过程主要是物流的过程(也有部分信息流),但生产的运作过程,产品从原材料的投入到成品的产出都伴随着企业资金的流通过程,对于这一点,闭环 MRP 无法反映出来。并且资金的运作会影响生产的运作,如采购计划制订后,由于企业的资金短缺而无法按时完成,这样就影响整个生产计划的执行。因为在企业的管理中,生产管理只是一个方面,它所涉及的仅仅是物流,而与物流密切相关的还有资金流。这在许多企业中是由财会人员另行管理的,这就造成了数据的重复录入与存储,甚至导致数据不一致。

(二)从闭环 MRP 到 MRPII

20 世纪 80 年代，当管理人员意识到除了生产运营部门之外，闭环 MRP 系统中的信息对其他职能部门也很有用时，就把生产、财务、销售、工程技术、采购等各子系统集成为一个一体化的系统。因此，闭环 MRP 就逐渐发展为 MRPⅡ。

MRPⅡ将公司高层管理与中层管理结合在一起，以制造资源计划为活动核心，促使企业管理循环的动作，实现最有效的企业经营。其涵盖范围包含了企业的整个生产经营体系，包括经营目标、销售策划、财务策划、生产策划、物料需求计划、采购管理、现场管理、运输管理、绩效评价等各方面，如图 3-7 所示。

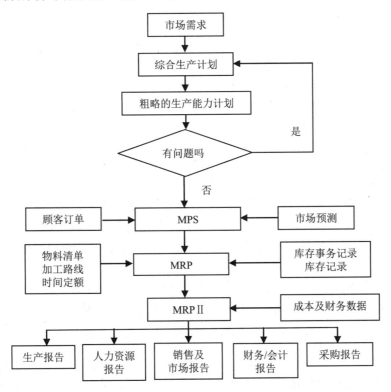

图 3-7 MRPⅡ的结构示意

(三)从 MRPII 到 ERP

MRPⅡ融入了财务会计信息，实现了物料信息同资金信息的集成，ERP 在 MRPⅡ的基础上扩大了管理范围，它把客户需求和企业内部的制造活动以及供应商的制造资源整合在一起，形成一个完整的企业供应链，并对供应链上的所有环节进行有效管理。

1. ERP 的概念

ERP 是指建立在信息技术基础上，以系统化的管理思想，为企业决策层及员工提供决策运行手段的管理平台。

ERP 系统是随着信息技术的发展而形成的，通过 ERP 系统企业能对其全部或部分资源进行掌握、跟踪、调查，进而达到合理配置企业资源，实现企业成长的目标。ERP 系统的结构如图 3-8 所示。

随着全球科技的飞速发展，尤其是 Internet 的发展与应用，企业与客户、企业与供应商、企业与用户之间，甚至是竞争对手之间都要求对市场信息快速响应、信息共享。越来越多的企业的业务在互联网上进行，这些都对企业的信息化提出了新的要求。

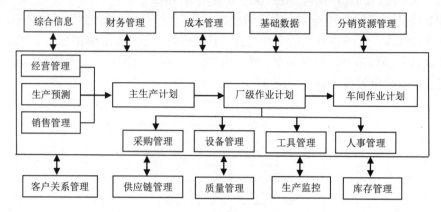

图 3-8　ERP 系统的结构

2. ERP 的特点

(1) 在功能上，新增加了工作流、电子数据交换、决策支持系统(DSS)等功能。

(2) 管理的深度从原先的生产计划与控制的联机事务处理向下扩展到覆盖办公自动化、无纸化处理，向上扩展到决策支持的联机分析处理，横向扩展到设计和工程领域。

(3) ERP 的计算机环境从传统 C/S 环境过渡到以 Web 和 Internet/Extranet/Intranet 的网络计算环境为支撑。

(4) 在软件结构上，不再追求大而全，而是更趋于灵活、实际和面向具体用户。

(5) ERP 软件应用范围拓宽，将覆盖制造业以外的许多领域。

3. ERP 的缺点

(1) 系统配置复杂，系统维护需要维护人员有一定的经验。

(2) 不能满足某些个性化需求。

MRPⅡ 的局限性

五、精益生产与准时制生产

(一)精益生产与准时制生产的含义

精益生产(lean production，LP)是美国麻省理工学院国际汽车计划组织(IMVP)的专家对日本丰田准时化生产方式的赞誉。其核心思想是丰田公司的准时制生产。精益生产方式的基本思想可以概括为"在需要的时候，按需要的量，生产所需的产品"。因此，有些管理专家也称精益生产方式为 JIT 生产方式、准时制生产方式、适时生产方式或看板生产方式。

准时制生产是日本丰田汽车公司从 20 世纪 60 年代开始推行的，它是一种以多品种、小批量为特征的均衡化生产方式，旨在消除生产过程中的各种浪费。这些浪费，既包括人们早已司空见惯的废品、返工、机器故障、交叉往返运输等，也包括传统观念下认为的"合理现象"，如过量生产、不按计划准时生产、生产周期过长、投料批量过大引起的在制品积压等问题。

精益生产方式降低成本的同时使质量显著提高；增加生产系统柔性的同时，也使人们增加对工作的兴趣和热情。与资源消耗型的大量生产方式相比，这是一种资源节约型、劳动节约型的生产方式(见表3-25)。与准时生产方式相比，这是一种并不局限于生产系统和生产管理技术，而是涉及企业整体的供需协调的生产经营模式。所谓供需协调，就是供方完全按照需方的要求提供产品和服务，供方在需方指定的地点、指定的时间，把需方指定数量和质量的产品或服务交付需方。

精益生产

表3-25　大量生产方式与精益生产方式的比较

比较项目	大量生产方式	精益生产方式
产品特点	标准化、品种单一	品种规格多样、系列化
工艺装备	专用、高效、昂贵	柔性高、效率高
劳动分工	细致、简单、重复	多技能而丰富
操作工人	不需要专门技能	多技能
库存水平	高	低
制造成本	低	更低
产品质量	高	更高
权责分配	集中	分散

案例 3-1

ZARA 的快速时装和精益思想

ZARA 为男士、女士和儿童提供时尚服饰的最新潮流。它的店铺遍布欧洲、美洲和亚洲很多城市的主要商业区(64个国家，超过1 000家店铺)。在过去的几年里，ZARA 非常成功地在与对手的竞争中脱颖而出。它成功的一个主要原因是将一个设计从画板上变成店铺里实实在在的衣服只需要两个星期。ZARA 成功的秘密——将精益思想应用到零售环境中。

通过一个设在西班牙拉科鲁尼亚(La Coruna)的设计团队，以及一个严格控制的工厂和分销网络，公司每周都会引进很多新的款式，这使很多顾客频频光顾，来找寻最新款式的服装。即便至少有一半的 ZARA 工厂设在欧洲，那里的工资也远比亚洲和非洲高很多，但 ZARA 还是凭借拉式生产系统的应用而获得丰厚利润，而它的竞争对手则还在采用推式生产方式。

快速响应技术也降低了 ZARA 在面对快速变换的时尚潮流时的各种风险。ZARA 的快节奏意味着一些流行的款式将会在一周之内出现和消失，这种形象上的新颖性(避免撞衫)对很多买家都极具诱惑力。因此，ZARA 的产品会忽略传统季节性市场日历。并且，通常是零售商店经理而不是公司高管，决定着每家店铺的产品组合。

ZARA 的精益思想策略意味着它可以摆脱很多传统推式生产的局限，以小批量生产快速地响应变化的市场需求。大批量很难快速通过系统，例如，一个传统的零售商根据季节周期发布产品，而衣服则会在数月之前就提前生产。因此，这些零售商对于新的时尚潮流的响应就不会那么迅速。

随着丰田的产品开始获得一定的市场份额，丰田生产方式和日本制造方法，比如 JIT、看板、持续改善，引起了美国制造商越来越浓厚的兴趣。自此，很多学者和业界人士开始撰写精益生产方面的书籍和文章。例如，在《改变世界的机器》中，沃迈克(Womack)、琼斯(Jones)和鲁斯(Ross)详细阐述了精益生产系统的原则和组成部分。

他们描述了精益生产的五个核心部分。

精益原则1：应该在生产系统中从客户的角度出发为每一个产品定义价值。

精益原则2：应该评估每一个生产步骤对产品价值增加的贡献。不能够增加价值的活动应该删除。

精益原则3：能够创造价值的步骤序列应该按照紧凑、集成的方式来组织，以实现产品从生产到顾客的顺畅流动。

精益原则4：由顾客需求拉动的产品应该成为进行上游生产活动计划、组织和进度安排的驱动因素，而不是通过将最终产品推向客户的方式组织生产。

精益原则5：组织中所有成员都应该在持续改进的过程中追求完美。

以上五个精益原则共同构成了精益生产的核心内容，如图3-9所示。

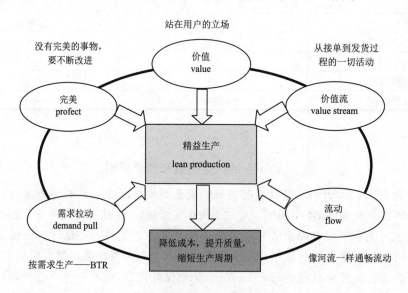

图3-9 精益生产的五个核心内容

(二)精益生产与准时制生产的目标与生产系统中容易出现的浪费

精益生产与准时制生产的目标都是"彻底降低成本"。在精益思想框架内，所有的生产活动都应该被谨慎地评估，以保证它们能够真正地为客户提供价值。这个原则也被认为不能增加价值的活动应该被删除或者最小化。

根据丰田生产方式，生产系统中浪费的类型可以归纳为三大类。

浪费：指的是存在浪费的，不能为产品或者服务实现增值的活动。"价值"应该是从客户的角度定义的。如果一项活动能够实现增值，那么顾客会乐意为此项活动支出而购买。

不均衡：目前生产系统中的第二种浪费指的是过程的不均衡。所谓的准时制生产库存管理系统，就是用来减少生产过程中的不确定和不均衡的一种技术。

超负荷：过量生产或者不合理作业的浪费。这种浪费的减少可以通过优化生产过程的标准化来实现。

这三大类型的浪费有着不同的形式，在制造和服务系统中都可以观察到。关于浪费的主要类型主要有以下几个方面：过量生产的浪费、生产准备时间的浪费、加工过程中的浪费、等待的浪费、运输的浪费、装卸搬运的浪费、库存的浪费、低质量的浪费。

(三)精益生产与准时制生产的典型管理方法

目前，常见的精益生产与准时制生产的管理方法如下所示。

1. 小批量生产

精益生产系统采用尽可能小的批量规模。批量指的是同时生产的产品数量。小批量生产相对于大批量生产来说，在减少平均库存水平方面占有优势。而且，正如 ZARA 案例中提到的，小批量生产比大批量生产能够更快地通过系统。小批量生产使我们能够相对较早地发现质量问题。对于大批量生产来说，如果发现了残次品，就会导致更长的延误，因为整个批量都需要检查，以确定其他的产品是否有质量问题。小批量生产也能够实现系统工作负荷的均衡。大批量生产耗费大量的产能，因此就需要复杂的排程。而小批量生产可以更有效地实现移动，使计划者能够更高效地利用产能。

2. 缩短生产准备时间

生产准备是指在相继产品批次之间，一系列的过程改变或者调整活动。按照传统观点，生产者根据最优经济方案选择批量生产规模。一个与经济订货批量(economical order quantity，EOQ)库存模型相似的公式常用来求解最优批量规模。

为了便于阐释，将 EOQ 公式简化为如下公式。假设产品需求量为 D，生产准备时间为 S，过程时间为 h(S 和 h 都可以用成本单位代替时间单位)，最优经济批量规模可以通过下式得到

$$\text{生产线上最优经济批量规模} = \sqrt{\frac{2 \times D \times S}{h}}$$

虽然此公式有用，但是它只考虑了一个过程或者一台设备的生产准备时间的影响。一个更大的批量经常会产生很高的库存和生产过程中的搬运成本，导致若干其他类型的浪费和低效。因此，在一个精益组织中，关注点需要从寻找最优生产批量转移到故障诊断和缩短生产准备时间上。如果生产准备时间减少，那么最优经济批量规模会自动减少。

丰田和其他日本制造商发明了专门的词汇"快速换模"(single minute exchange of dies，SMED)来强调更短的生产准备时间的价值。这种方法使汽车制造商用于换模的生产准备时间从几小时转变为几分钟。生产准备时间的减少使在制品库存大量减少，显著降低了成本。虽然 SMED 最初来源于制造安装，但是，减少非价值增值活动的生产准备时间和换模时间的原则同样适用于任何商品生产和服务流程。

【例 3-6】某著名计算机公司使用同一生产线生产高端笔记本电脑和台式计算机。每种类型的计算机初始化生产准备时间一般是 20 分钟。生产准备完成后，每 6 分钟完成一台笔记本电脑的组装，每 4 分钟完成一台台式计算机的组装。笔记本电脑每天的需求量是 250 台，而台式计算机每天的需求量是 200 台。请回答以下两个问题。

准时制生产
例题解析

(1) 对于每种类型的计算机，最优的经济批量各是多少？

(2) 该计算机公司想通过精益生产，从减少生产批量中获利。如果台式机和笔记本电脑的批量生产减少到 10 台，生产准备时间将各减少多少？这样的准备时间是否科学、合理？

解析：

首先，分析第一个问题。

台式计算机，需求量 D = 200 台，生产准备时间 S = 20 分钟，工艺时间 h = 4 分钟。

生产线上最优经济批量 = $\sqrt{\dfrac{2 \times D \times S}{h}} = \sqrt{\dfrac{2 \times 200 \times 20}{4}}$ = 44.7(分钟) ≈ 45(分钟)。

笔记本电脑，需求量 D = 250 台，生产准备时间 S = 20 分钟，工艺时间 h = 6 分钟。

生产线上最优经济批量 = $\sqrt{\dfrac{2 \times D \times S}{h}} = \sqrt{\dfrac{2 \times 250 \times 20}{6}}$ = 40.8(分钟) ≈ 41(分钟)。

因此，台式计算机应该按照批量 45 台进行制造，而笔记本电脑应该按照批量 41 台进行制造。(注：对计算结果应进位取整)

其次，分析第二个问题。为了计算生产准备时间，这个公式可以转换成以下形式

$$(生产线上最优经济批量)^2 = \dfrac{2 \times D \times S}{h}$$

因此，$S = \dfrac{h \times (生产线最优经济批量)^2}{2 \times D}$，根据现有的生产安排计划，生产线的最优经济批量被人为设定为 10 台，那么此时台式计算机的生产准备时间为

$$S = \dfrac{h \times (生产线最优经济批量)^2}{2 \times D} = \dfrac{4 \times 10 \times 10}{2 \times 200} = 1(分钟)$$

同理，可以算出当最优经济批量为 10 台时，笔记本电脑的生产准备时间为 1.2 分钟。对于一个大型企业，1 分钟左右的准备时间可能连原材料都难以安排上生产线的每个工位，所以这样的最优经济批量是不科学的。但是我们可以从中看出经济批量对生产线准备时间的影响。

3. 准时库存管理与看板管理

JIT 库存管理方法由丰田公司发明，基于拉式生产系统。JIT 的目标是"在适当的时间保持适当数量的可用库存"。现在 JIT 广泛应用在很多公司，比如，除了丰田外，哈雷-戴维森公司(Harley-Davidson)和惠普公司(Hewlett-Packard)也都实施了 JIT。

在丰田生产方式中，实行 JIT 的方法被称为看板系统。在大部分基本看板系统中，每一个放置原材料、零部件或在制品库存的容器上都附有一张看板。容器中装有预定规格数量的物品。当零部件的使用者把容器取空时，看板就会从这个容器上取下，并放置到看板放置点。然后空容器被放回到存储区，于是该看板就代表着需要再生产一容器该零件。当容器被重新装满时，看板又被放回到容器中，进而被带到存储区。当零部件使用者使用附有该看板容器的零件时，下一个循环开始。

实施看板管理是有条件的，如生产的均衡化、作业的标准化、设备布置的合理化等。如果这些先决条件不具备，看板管理就无法发挥应有的作用，也就难以实现准时化生产。

4. 均衡生产

一个精益生产系统在生产状况稳定时能够更有效地发挥作用。需求的高度波动性或者需要更高的库存量，或者需要具有快速改变产能和排程的能力，因此我们要非常谨慎地保持精益系统中生产负荷的稳定性。

零部件的通用性使公司能够从一种产品的生产快速地转换为另一种产品的生产，因此减少了提前期和库存需求。不仅是零部件的标准化，精益生产方法也提倡工作单元的标准化。标准化的部件和工作方法能够帮助企业实现精益系统高生产率、低库存率的目标。

例如，许多电脑公司生产的电脑，虽然型号不一样，但是可能都使用同一类主板，那么这类主板就具有通用性，它既可以安装在A型号的电脑上，也可以安装在B型号的电脑上；许多汽车制造企业生产的汽车，虽然名称不一样，但是可能都使用同一种底盘和悬挂系统。最为典型的案例就是不同型号电脑上的USB接口大部分都相同，这个USB接口具有典型的零件通用性。

5. 持续改进或改善

持续改进或改善，是基于顾客期望生产产品或提供服务，是精益系统的很重要的一个特征。它的基本理念就是在生产流程中构建质量而不是在产成品中发现缺陷。能够达到这个目标的一个方法是按照"源头质量"的实践去开展工作，即每个员工都是自己工作的质量检验员。其目标是避免将有缺陷的产品从一个工作地离开而转移到下一个流程。

6. 密切的供应商关系

为了保证原材料和零部件的供应不中断，精益生产商需要同供应商建立长期合作的关系。这意味着精益生产商不能够单独用价格作为供应商选择的衡量标准，他们需要将供应商作为供应链中的合作者和共同价值创造者来考虑。

因此，与不实行精益生产的生产商相比，精益生产系统中的供应商数量会少很多。而且，供应商通常会分布在离生产设施比较近的地方，以最小化运输浪费，并且保证他们可以高频次的间隔来运送原材料和零部件。虽然这种方式给供应商及时提供高质量的零部件施加了很大的压力，但是供应商也能从与精益生产商的长期客户关系中受益良多。生产商经常给予供应商进入自己信息系统的权限，这样，供应商就可以提前计划他们的生产。此外，精益生产商为了避免投入生产后产生的问题，通常会在产品开发的早期阶段就将其供应商纳入进来(也就是并行工程)。他们还与供应商的供应商一起工作，努力实现整个供应链中的同步库存。公司和供应商之间的紧密合作可以产生双赢的效果。

基 础 检 测

一、单选题

1. 以下不属于供应链生产计划系统特点的是(　　)。
   A. 决策信息多元化　　B. 集中式决策　　C. 计划的柔性　　D. 计划的敏感性
2. (　　)信息是企业检查生产计划执行状况的重要依据。

A. 生产能力　　　　B. 生产设备　　　C. 生产进度　　　D. 产品种类
3. 在供应链管理下生产计划的信息流跨越了企业，以下未能体现的是(　　)。
　　　A. 主生产计划—粗能力平衡—主生产计划。
　　　B. 主生产计划—供应链企业粗能力平衡—主生产计划。
　　　C. 主生产计划—外包工程计划—外包工程进度—主生产计划。
　　　D. 外包工程计划—主生产计划—供应链企业生产能力平衡—外包工程计划。
4. MRP首先在(　　)提出。
　　　A. 日本　　　　　　B. 英国　　　　　C. 美国　　　　　D. 德国
5. 以下关于MRP、MRPⅡ和ERP按出现时间先后排序正确的是(　　)。
　　　A. 闭环MRP、开环MRP、MRPⅡ、ERP
　　　B. MRPⅡ、开环MRP、闭环MRP、ERP
　　　C. ERP、开环MRP、MRPⅡ、闭环MRP
　　　D. 开环MRP、MRPⅡ、ERP、闭环MRP

二、多选题

1. 供应链生产计划面临的问题主要有(　　)。
　　　A. 柔性约束　　　　B. 生产进度　　　C. 生产能力
　　　D. 生产系统改进　　E. 产量大小
2. 以下属于供应链生产计划系统特点的是(　　)。
　　　A. 决策信息多元化　　B. 集中式决策　　　C. 并行、网络反馈信息机制
　　　D. 计划的柔性和敏感性　E. 决策信息来源于企业内外
3. 目前，常见的精益生产与准时制生产的管理方法有(　　)。
　　　A. 小批量生产　　　B. 缩短生产准备时间
　　　C. 准时库存管理　　D. 看板管理　　　　E. 均衡生产
4. 一般来说，MRP的输入有(　　)。
　　　A. 主生产计划　　　B. 物料清单　　　　C. 库存文件
　　　D. 采购订单　　　　E. 生产订单
5. 根据丰田生产方式，生产系统中浪费的类型可以被归纳为(　　)等三大类。
　　　A. 浪费　　　　　　B. 不均衡　　　　　C. 柔性
　　　D. 低质量　　　　　E. 超负荷

三、判断题

1. 外包决策和外包生产进度分析是集中体现供应链横向集成的环节。　　　　(　　)
2. 能力平衡是进行外包决策和零部件(原材料)急件外购的决策依据。　　　　(　　)
3. MRP是ERP的核心功能，MRPⅡ是ERP的重要组成。　　　　　　　　　　(　　)
4. 最初的MRP是闭环的，因此MRP应首先发展为开环MRP。　　　　　　　(　　)
5. 精益生产与准时制生产的目标都是"彻底降低成本"。　　　　　　　　　　(　　)

任 务 实 施

实训 1：MRP 演算

菲莺制衣公司近期收到一批订单，要求 2021 年 9 月 8 日和 9 月 10 日分别交货 800 件和 1 000 件牛仔成衣，与该成衣有关的物料库存信息及备货提前期如表 3-26 所示。已知 1 件牛仔成衣需耗用 1.5 米的牛仔布(幅宽 3 尺)、2 个纽扣、1 条拉链、5 米尼龙线、1 个吊牌。

要求：绘制成衣的 BOM 图，并据此编制 MRP 运算表，将相关信息填写在表 3-27 中。

表 3-26　菲莺制衣公司牛仔成衣物料库存数据

序号	物料名称	现有库存量	备货提前期/天	安全库存量/单位	最小备货量/单位
1	成衣	100 件	4	0 件	0 件
2	牛仔布(幅宽 3 尺)	2500 米	3	0 米	3 000 米
3	纽扣	200 个	3	24 个	320 个
4	拉链	360 条	4	227 条	160 条
5	尼龙线	1000 米	2	0 米	0 米
6	吊牌	460 个	3	296 个	500 个

提示：确定计划接收备货量时，最小备货量与净需求量相比，取较大者。

表 3-27　菲莺制衣公司牛仔裤的 MRP 运算

(1) 确定菲莺制衣公司的主生产计划。											
主生产计划											
日期(9 月 L 日)	1	2	3	4	5	6	7	8	9	10	
牛仔成衣需要量/件											
(2) 确定成衣的物料清单，画出 BOM 图。											
(3) 分阶层编制 MRP 计划表。											

续表

阶层0：牛仔成衣	(提前期___天)			$S=$___			最小备货批量=___				
时间段(第 L 日)	0	1	2	3	4	5	6	7	8	9	10
毛需求量											
现有库存量(预计)											
净需求量											
计划接收备货量											
计划发出备货量											
阶层1：牛仔布	(提前期___天)			$S=$___			最小备货批量=___				
时间段(第 L 日)	0	1	2	3	4	5	6	7	8	9	10
毛需求量											
现有库存量(预计)											
净需求量											
计划接收备货量											
计划发出备货量											
阶层1：纽扣	(提前期___天)			$S=$___			最小备货批量=___				
时间段(第 L 日)	0	1	2	3	4	5	6	7	8	9	10
毛需求量											
现有库存量(预计)											
净需求量											
计划接收备货量											
计划发出备货量											
阶层1：拉链	(提前期___天)			$S=$___			最小备货批量=___				
时间段(第 L 日)	0	1	2	3	4	5	6	7	8	9	10
毛需求量											
现有库存量(预计)											
净需求量											
计划接收备货量											
计划发出备货量											
阶层1：尼龙线	(提前期___天)			$S=$___			最小备货批量=___				
时间段(第 L 日)	0	1	2	3	4	5	6	7	8	9	10
毛需求量											
现有库存量(预计)											
净需求量											
计划接收备货量											
计划发出备货量											
阶层1：吊牌	(提前期___天)			$S=$___			最小备货批量=___				
时间段(第 L 日)	0	1	2	3	4	5	6	7	8	9	10
毛需求量											
现有库存量(预计)											
净需求量											
计划接收备货量											
计划发出备货量											

实训 2：准时制生产

服装制作要经过纸样、排料、裁剪、黏补、车缝、钮门、整烫、包装等多个部门，而每个部门的工作，都由少则几个多则上百个的操作工序组成，生产中把这些工序组合成多个制程，并将制程联合成一条条的生产线。从总体来看，每个关联部门的链接就是一条整体的生产线。菲莺制衣公司自从整合了流水生产线后，不同品类、不同款式、不同颜色、不同码数的服装都可在同一条流水线上生产。现有两种幅宽的布料完成裁剪环节所需时间及每天裁剪需求量统计，如表 3-28 所示。

表 3-28　裁剪环节用时及每天裁剪量统计

幅宽/cm	操作准备时间/分钟	画样时间/分钟	铺料时间/分钟	裁剪时间/分钟	每天裁剪量/件
140	12	120	164	98	100
142	37	120	94	68	130

要求：请回答以下两个问题。并将相关信息填写到表 3-29 中。

(1) 对于每种幅宽的布料，最优的经济批量规模各是多少？

(2) 该公司想通过精益生产，从减少生产批量规模中获利。如果两种幅宽的布料裁剪的批量规模减少到 20 件，生产准备时间将各减少多少？这样的准备时间是否科学、合理？是否体现了生产的柔性？

提示：裁剪准备时间 S=操作准备时间+画样时间+铺料时间

表 3-29　菲莺制衣公司采购订单

(1) 分析第一个问题。
(2) 分析第二个问题。

(资料来源：作者编写)

能 力 提 升

案例1：烟草生产的MRP

仍用例3-5，假设特种烟A、单支烟B、纸C和烟草D的最初库存量(H_0)分别是20、100、50和30，其他条件不变，请独立运算出安徽Z烟工业有限责任公司生产特种烟A的原材料采购或者生产安排（一包香烟内含两支烟）。

要求：完成特种烟A的原材料采购或生产安排，并将有关信息填写在表3-30中。

表3-30 特种烟A的MRP演算

特种烟A	0	1	2	3	4	5	6	7	8
$G_{(t)}$									
$S_{(t)}$									
$H_{(t)}$									
$N_{(t)}$									
$P_{(t)}$									
$R_{(t)}$									
单支烟B	0	1	2	3	4	5	6	7	8
$G_{(t)}$									
$S_{(t)}$									
$H_{(t)}$									
$N_{(t)}$									
$P_{(t)}$									
$R_{(t)}$									
纸C	0	1	2	3	4	5	6	7	8
$G_{(t)}$									
$S_{(t)}$									
$H_{(t)}$									
$N_{(t)}$									
$P_{(t)}$									
$R_{(t)}$									
烟草D	0	1	2	3	4	5	6	7	8
$G_{(t)}$									
$S_{(t)}$									
$H_{(t)}$									
$N_{(t)}$									
$P_{(t)}$									
$R_{(t)}$									

案例 2：A 产品的 MRP

现有产品 A 由 2 种部件(2 个 X，4 个 Y)组装而成，某客户对 A 产品 1~10 周的需求数据如表 3-31 所示，A、X、Y 的当前库存数据分别为 100 个、60 个和 150 个，备货周期分别为 3 周、1 周和 2 周，备货的最小批量分别为 20 个、45 个和 100 个，安全库存量分别为 15 个、25 个、40 个。

要求：为确保不缺货，请制订 A 产品采购(或生产)与库存计划，完成表 3-31。

表 3-31 A 产品的 MRP 计划

阶层 0：产品 A(提前期____周)，最小备货批量=____ 安全库存 S=____

时间段(第 L 周)	0	1	2	3	4	5	6	7	8	9	10
毛需求量		10	15	25	25	30	45	20	30	70	60
当前库存量											
净需求量											
计划到货量											
计划备货量											

阶层 1：部件 X(提前期____周)，最小备货批量=____ 安全库存 S=____

时间段(第 L 周)	0	1	2	3	4	5	6	7	8	9	10
毛需求量											
当前库存量											
净需求量											
计划到货量											
计划备货量											

阶层 1：部件 Y(提前期____周)，最小备货批量=____ 安全库存 S=____

时间段(第 L 周)	0	1	2	3	4	5	6	7	8	9	10
毛需求量											
当前库存量											
净需求量											
计划到货量											
计划备货量											

(资料来源：作者编写)

随 堂 笔 记

任务 3.3		供应链生产运作		
姓名		班级	学号	
课程环节	学习关键点	完成情况	备注	
知识准备	重点与难点	总结学习重点与难点	是否掌握	
	学习重点：			
	学习难点：			
基础检测	题型	错题原因分析(每种题型各有 5 小题)	得分	小计
	单选题(1 分/题)			
	多选题(1 分/题)			
	判断题(1 分/题)			
任务实施	实训任务	掌握了何种知识或技能	难易程度	
	1. MRP 演算			
	2. 准时制生产			
能力提升	案例分析	掌握了何种知识或技能	难易程度	
	1. 烟草生产的 MRP			
	2. A 产品的 MRP			

项 目 评 价

项目 3			供应链运营管理		
姓名		班级		学号	
评价内容及标准				学生自评	教师评价
序号	知识点评价(45 分)		评价标准	得分	得分
1	任务一 基础检测		全部正确，满分 15 分		
2	任务二 基础检测		全部正确，满分 15 分		
3	任务三 基础检测		全部正确，满分 15 分		
序号	技能点评价(50 分)		评价标准	得分	得分
1	预测采购需求量		能够正确运用恰当的预测模型进行采购需求预测。满分 10 分		
2	需求预测监控		能够对预测结果进行精度测量与监控，进而修正预测方法。满分 5 分		
3	执行采购业务流程		能严格按照采购业务流程执行采购任务。满分 5 分		
4	签订采购合同		能够准确拟定采购合同主要条款内容。满分 5 分		
5	签发采购订单		能够熟练签发采购订单，内容填写正确。满分 5 分		
6	采购订单跟踪		能进行订单跟踪，并及时处理常见问题。满分 5 分		
7	MRP 演算		能够借助 Excel 熟练进行企业 MRP 演算。满分 10 分		
8	准时制生产		能够运用精益生产理念安排准时制生产。满分 5 分		
序号	素质点评价(5 分)		评价标准	得分	得分
1	精益生产理念		在供应链运营时，能将精益生产理念贯穿到供应链的各环节。满分 3 分		
2	成本节约意识		在供应链联盟时，能够始终注重成本理念，降低供应链运作成本。满分 2 分		
合计(100 分)					
项目评价成绩=学生自评×40%+教师评价×60%					

供应链管理实务(微课版)

行而知之

提升航空航天产业链竞争力 让优质企业扎根"链"上

航空航天产业作为国家战略性新兴产业,是国防现代化和制造强国建设的重要支撑。

在天津市滨海高新区,成立于2009年的航天神舟飞行器有限公司,既是一家专业从事无人机及相关配套系统设计、研发、生产及服务的企业,也是知名品牌彩虹无人机的制造商。扎根天津多年,公司逐渐成长为全球重要的无人机供应商,具备大中型无人机100架和小型无人机500架的生产和交付能力,生产的产品已出口10多个国家,在复合材料成型、无人机制造领域处于国内领先水平。良好的产业链环境是企业实现可持续发展的关键。"作为产业链中游企业,我们需要优质的上游技术条件,比如数控加工能力、原材料供货能力、核心技术集成应用能力等,市场需要快速的响应机制,没有这些上游条件是无法支撑企业健康发展的。"公司总经理助理安斌斌表示。随着天津航空航天产业链的不断完备,目前天津的合作供应商已达40多家,无须大范围地调动资源,这降低了物流成本和时间成本。同时积极联合各级高校、科研院所完成技术对接及攻关,大幅缩短了研发生产周期。

作为国内航天器单机产品的主要研制单位之一,位于滨海新区的天津航天机电设备研究所(以下简称518所)研制的产品广泛应用于载人航天、探月工程、北斗导航等航天系统及航空、铁路、中核集团等领域。此次神舟十二号任务,天和核心舱搭载的人系统研究机柜,就是518所项目团队研制的,这是在中国空间站中首次应用的、航天医学实验领域的主要设施。除此之外,"祝融号"火星车成功落火的背后,也有518所为其贡献力量。执行落火任务的"天问一号"火星探测器和"祝融号"火星车由众多分系统组成,而518所承制的任务覆盖了火星环绕器、着陆器和火星车上的7个分系统,共计13项单机,6项总装测试类项目,涵盖产品研制、整机总装、性能测试、环境试验、器上总装等多项工作。

为进一步形成具有国际先进研发和制造水平的航空航天产业集群,目前,《天津市航空航天产业链工作方案》编制完成,确定了空客飞机、直升机、无人机、运载火箭、卫星及超大型航天器等5条子链条,紧盯产业链规模、项目、人才、创新四大发展目标。力争到2023年,航空航天产业链规模收入达到150亿元,年均增速10%;引进、培育专业高级技术人才2 000名;全产业研究与开发(R&D)投入强度超过5%。推动航空航天产业链建设,核心在于"服务"二字,要在布局重大项目、打造产业集群、延伸产业链条、引育新动能等各项工作中做好服务。

(资料来源:根据津云网相关资料整理。)

想一想:供应链上的节点企业需要同节奏运作,那么,产业链又该如何同频呢?

项目四　供应链库存管理

【思维导图】

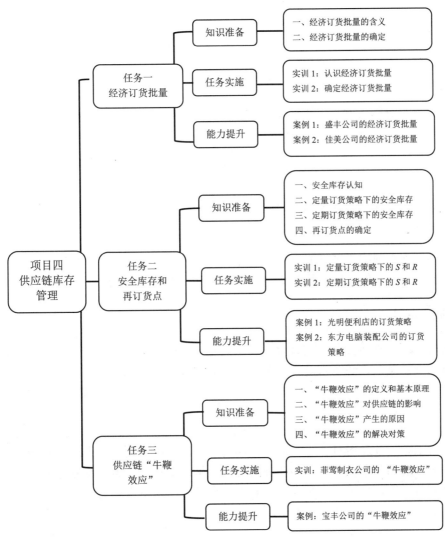

我们通过项目二和项目三的知识准备和任务实训,较为深入地认识了如何构建供应链联盟、供应链网络优化和运营管理。在此基础上,本项目主要侧重于供应链库存管理活动,解决供应链中的库存问题。

本项目有以下3个任务。

任务一　经济订货批量

任务二　安全库存和再订货点

任务三　供应链"牛鞭效应"

任务一 经济订货批量

【任务目标】

知识目标：

(1) 了解经济订货批量在供应链库存管理中应用的条件和意义；
(2) 理解经济订货批量的基本原理。

能力目标：

(1) 掌握经济订货批量的计算方法；
(2) 掌握经济订货批量在供应链库存管理中的具体应用。

素养目标：

(1) 具有经济节约的成本意识；
(2) 具有统筹谋划、合理库存的意识。

课程思政：

(1) 能够深刻理解"精打细算""经济合理"的含义，合理使用资源；
(2) 能够体会到做任何事都需要用心筹谋，精益求精，科学施行。

【案例导入】

在传统上，口罩的生命周期通常是指从制造日期到客户的使用持续时间。随着对口罩储存问题的日益关注，许多人越来越关注口罩的储存条件和保质期。口罩的保质期根据存储方式的不同，从 12 个月到 5 年不等，其中，一次性医用口罩一般是 3 年左右；KN95 口罩一般是 5 年左右。

从当初的"一罩难求"到现在的触手可及，口罩的价格也经历了"过山车"式的起伏，对于供应链上各环节原材料、半成品和产品的储存，也一度使人们出现了判断上的失误，导致库存成本居高不下。特别是那些临时转产口罩的企业，在国内新冠肺炎疫情趋稳，口罩价格也更为亲民的情况下，再考虑是否继续生产。而很多中间商和零售商，也在为如何组织进货来降低成本进行决策与考量。

(资料来源：作者编写)

> **想一想：**
>
> 1. 曾经有一个共识是：口罩紧缺问题实质上是供需不平衡导致的，而产能管理的控制目标是使可用资源与需求水平保持平衡。而那些在口罩紧缺时大量囤积的人，在因产能提升而口罩降价后，又要面对快速出售相对高价囤积的口罩的问题。这说明了什么？
>
> 2. 口罩是有保质期的，能否适当地增加存储期，做好库存周转和库存管理？

【知识准备】

为了保证顾客需要时有充足的物品供应,供应链中的节点企业往往持有一定数量的库存。库存持有和管理的成本在供应链成本中所占的比例较高,为了补充库存而发生的费用居高不下一直是供应链中企业亟待解决的问题。在本任务中,我们将针对需求确定的情况,讨论经济订货批量的确定方法及应用。

一、经济订货批量的含义

如何在保证供应和降低成本之间取得平衡,是供应链条件下库存管理的目标之一。然而要确定一个最优的库存水平并非易事,必须在不同的影响因素下综合考虑订货量和库存量,其中保证总的库存成本最小而产生的订货量需要单独计算和确定。

经济订货批量(EOQ)是指在一定时期内(通常指一年,下同)库存维持与订货处理相结合而使库存总成本最低的补给订货批量。

为了进一步理解经济订货批量的含义,可把库存总成本分为以下四个部分。

经济订货批量在供应链中的作用

(1) 采购成本,即由于采购商品而发生的总支出额。库存采购成本在物价变动和有采购数量折扣的条件下是库存决策的相关成本,反之则是库存决策的无关成本。

(2) 订购成本,即由于组织订货工作而产生的费用。在一定时期进货总量既定的条件下,增加每次进货数量,会减少进货次数,从而降低订货成本。

(3) 储存成本,即企业为持有库存而发生的费用。对于每次批量进货,可能不会马上全部投入生产或销售,总会产生库存。企业要降低储存成本,就要减少库存的进货数量。

(4) 缺货成本,即由于库存供应中断而造成的损失。如果企业允许缺货,则缺货成本与库存数量负相关。企业要降低缺货成本,就要增加库存数量。

因此,如何既能满足生产、销售的需要,又能使库存所耗费的总成本达到最低水平,已成为供应链中库存管理的基本目标。

为简明起见,暂不考虑价格折扣(此时,商品单价与订货批量无关,因而年采购成本不影响经济订货批量)和缺货(年库存总成本中不含缺货成本)。此时,影响经济订货批量的年库存总成本实际上就是年订购成本和年储存成本的总和。

【例4-1】设某种物资的年需求量$D=3\,600$件/年,订购费率$C_0=10$元/次,储存费率$C_H=0.8$元/(件·年)。则不同的订货批量Q_i和年订购次数N_i的年订购成本$(TC_p)_i$、年储存成本$(TC_H)_i$和年库存总成本TC_i如表4-1所示。

表4-1 不同订货批量和年订购次数的年库存(订购、储存)总成本

订货批量(件) Q_i	订购次数 N_i(次/年)	平均周转储备量(件)	年储存成本 TC_H(元/年)	年订购成本 TC_p(元/年)	年库存总成本 TC_i(元/年)
1 200	3	600	480	30	510
900	4	450	360	40	400
720	5	360	288	50	338
600	6	300	240	60	300

续表

订货批量(件) Q_i	订购次数 N_i(次/年)	平均周转储备量(件)	年储存成本 TC_H(元/年)	年订购成本 TC_p(元/年)	年库存总成本 TC_i(元/年)
450	8	225	180	80	260
400	9	200	160	90	250
360	10	180	144	100	244
300*	12*	150	120	120	240*
240	15	120	96	150	246
200	18	100	80	180	260
180	20	90	72	200	272
150	24	75	60	240	300
120	30	60	48	300	348
100	36	50	40	360	400

根据表 4-1 的资料，可将订货批量 Q 或年订购次数 N 与年库存总成本 TC、年订购成本 TC_p 和年储存成本 TC_H 的关系用图 4-1 和图 4-2 来描述。

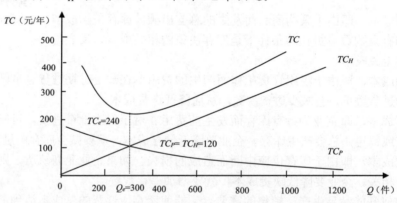

图 4-1 订货批量与年库存(订购、储存)总成本的关系

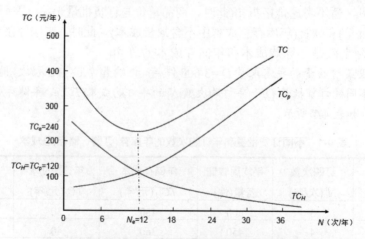

图 4-2 年订购次数与年库存(订购、储存)总成本的关系

从表 4-1 和图 4-1、图 4-2 得出以下结论。

(1) 年储存成本 TC_H 与年订购成本 TC_p，随订货批量 Q(或年订购次数 N)而反向变化，且当年储存成本 TC_H(120 元/年)与年订购成本 TC_p(120 元/年)相等时，有最低年库存总成本 TC_e(240 元/年)，TC_e 所对应的订货批量即为经济订货批量 Q_e(300 件)，TC_e 所对应的年订购次数即为经济(最佳)订购次数 N_e(12 次/年)。

(2) 当 $Q_e > Q_i$ 时，TC_p 下降的速率大于 TC_H 增长的速率，$(dTC_p \div dQ) > (dTC_H \div dQ)$(边际订购成本>边际储存成本)；当 $Q_e < Q_i$ 时，TC_p 下降的速率小于 TC_H 增长的速率，$(dTC_p \div dQ) < (dTC_H \div dQ)$(边际订购成本<边际储存成本)；当两者的变化速率相等，$(dTC_P \div dQ) = (dTC_H \div dQ)$(边际订购成本=边际储存成本)时，年库存总成本最小。

(3) 在 Q_e 和 N_e 附近，当 Q 和 N 变化较大时，它们所对应的 TC 变化却很小，即 TC 在此相当数量范围内，对 Q 和 N 的变化反应并不敏感，这就使我们可以合理地组织供应和便于管理，对理论计算的 Q_e 或 N_e 进行适当的调整，仍能获得与按 Q_e 或 N_e 订货时相差不大的年库存总成本。我们将此现象称为 EOQ 的强壮性。

经济订货批量的强壮性

二、经济订货批量的确定

(一)经济订货批量方法应用的前提假设

在理想的 EOQ 模型中需要做出的主要假设包括以下七个方面。
(1) 已知全部需求的满足数，即一定时期内的总需求是确定的。
(2) 已知连续不变的需求速率，即需求速率是确定的。
(3) 已知不变的补给完成周期时间，即订货提前期是确定的。
(4) 购买数量或运输价格不存在折扣，即购买价格是确定的。
(5) 多种库存项目之间不存在交互作用，即只考虑单一品种订货。
(6) 没有在途库存。
(7) 不限制可得资本等。

不过，通过计算上的延伸，可以克服这些假设强加的限制。

(二)经济订货批量的确定

1. 瞬时供货，不允许缺货的经济订货批量的确定

这种情况的假设为：供货速率为无穷大，不允许缺货，提前期固定，每次订货手续费 C_0 不变，单位货物的年储存费不变。需求速率 d 为均匀、连续的，每次订货量不变，以周期 T 循环订货。先考虑当存量降至零时，可以立即得到订货量 Q 的情形。

最优存储策略是：求使总库存成本最低的订货批量 Q_e 及订货周期 T_e。

将一年看作一个计划期，设在计划期内分 n 次订货，订货周期为 T，在每个周期内的订货量相同。由于周期长度一样，故计划期内的总费用等于一个周期内的总费用乘以 n。

在一个计划期内，库存量不断变化，当库存量降到零时，应立即补充至整个补货周期内的需求量 Q，因此订货量为 $Q = dT$，最大存量为 Q，一个计划期内的存储费是以平均库存来计算的，一个计划期内的总存量(累计存量)为 D。

周期内的平均库存量为 $\frac{1}{2}Q$，也是单位时间内的平均库存量。C_H 是单位货物在计划期内的存储费，h 为单位时间单位货物库存持有成本比率，P 为单位货物成本，因此 $H=hP$，故在单位时间内的总存储费的表达式为

$$TC_H = C_H \times \frac{1}{2}Q \quad \text{或} \quad TC_H = hP \times \frac{1}{2}Q \tag{4.1}$$

在一个周期内的订货固定手续费为 C_0，计划期内分 n 次订货，因此总订货费用的表达式为

$$TC_P = C_0 \times \frac{D}{Q} \tag{4.2}$$

计划期内的库存总成本为

$$TC = C_0 \times \frac{D}{Q} + C_H \times \frac{1}{2}Q \quad \text{或} \quad TC = C_0 \times \frac{D}{Q} + hP \times \frac{1}{2}Q \tag{4.3}$$

若要实现库存总成本最小，则

$$Q_e = \sqrt{\frac{2DC_0}{C_H}} \quad \text{或} \quad Q_e = \sqrt{\frac{2DC_0}{hP}} \tag{4.4}$$

代入公式(4.3)，得

$$TC_e = \sqrt{2DC_0C_H} \quad \text{或} \quad \sqrt{2DC_0hP} \tag{4.5}$$

最优订货次数为

$$n_e = \sqrt{\frac{C_H D}{2C_0}} \quad \text{或} \quad \sqrt{\frac{hPD}{2C_0}} \tag{4.6}$$

此模型是求库存总成本最小的订货批量，通常称为经典经济订货批量。

【例 4-2】北方机械公司是一家专业从事机械制造的公司，库存物料 30002(钢板)执行经济订货批量库存计划，该物料以固定速率消耗，且不允许缺货，有关信息如表 4-2 所示。随着生产和销售的进行，库存量逐渐减少，当减少到设定的订货点时，仓库管理员通过执行经济订货批量库存计划进行补货。

表 4-2 北方机械公司库存管理数据资料

物料编码	计划方法	年需求量(件)	订货提前期(天)	订购成本(元/次)	储存成本(元/件·年)	产品单价(元/件)
30002	经济批量订货计划	100 000	5	25	1.25	12.50

要求：请计算经济订货批量，将计算结果填入表 4-3 的相应位置，并填制采购申请单，如表 4-4 所示。

解析：经济订货批量为

$$Q_e = \sqrt{\frac{2DC_0}{C_H}} = \sqrt{\frac{2 \times 100\,000 \times 25}{1.25}} = 2\,000(\text{件})$$

订货次数为

$$n_e = \frac{D}{Q_e} = \frac{100\,000}{2\,000} = 50(\text{次})$$

最优库存总成本为

$$TC_e = \sqrt{2 \times 100\,000 \times 25 \times 1.25} = 2\,500(元)$$

表 4-3　库存控制单

商品名称		钢板		编号		KCKZD001	
材料编号		30002		单位		件	
规格				经济订货批量		2 000	
订货次数		50		最优库存成本		2 500	
日期	凭单号码	摘要		入库量	出库量	结存量	备注
2021年10月7日		车间领料			278	1 667	
2021年10月8日		车间领料			278	1 389	

表 4-4　采购申请单

编号：__CG001__　　　　　　　　　　　　　　　　　　　　　　填表日期：2021 年 10 月 13 日

名称	规格	适用产品	生产单号	用量	订货量
钢板			SHCH001	100 000	2 000

2. 瞬时供货，允许缺货的经济订货批量的确定

这种情况的假设为：当库存量降到零时，不一定要立即补充，允许一段时间缺货，但到货后应立即将缺货数量全部补齐，即缺货预约，其他特征与情况 1 相同，如图 4-3 所示。暂时缺货现象在实际中是存在的，允许缺货的存储策略有得有失。一方面，因缺货而耽误需求会造成缺货损失；另一方面，允许缺货可减少存储量和订货次数，因而会节省存储费和订货费。因此当企业除支付缺货费外没有其他损失时，在每个周期内有缺货现象对企业有利。

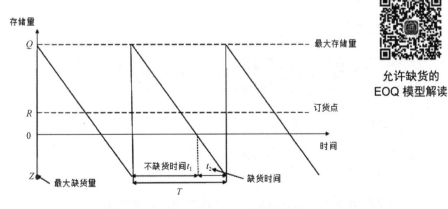

允许缺货的 EOQ 模型解读

图 4-3　瞬时供货、允许缺货的经济订货批量模型

除了情况 1 中的参数外，还假设 Z 为在周期 T 内的最大缺货量；Q 为周期 T 内的最大库存量；t_1 为存储量为非负的时间周期，t_1 为 T 的 $(Q-Z)/Q$；t_2 为缺货周期(存储量为负数的时间周期)，t_2 为 T 的 Z/Q，$T=t_1+t_2$；B 为单位缺货成本；由于采取预约存储策略，所以一个周期内的订货量仍为 Q，t_1 内有存量，t_2 内缺货。不难看出模型 2 与模型 1 的推导类似，

在一个周期内的平均存量为 $\dfrac{(Q-Z)^2}{2Q}$，平均缺货量为 $\dfrac{Z^2}{2Q}$。相应地，存储费为 $C_H \times \dfrac{(Q-Z)^2}{2Q}$，缺货费为 $B \times \dfrac{Z^2}{2Q}$。则在计划期内总存储费用模型如下

$$TC = C_0 \times \dfrac{D}{Q} + C_H \times \dfrac{(Q-Z)^2}{2Q} + B \times \dfrac{Z^2}{2Q} \tag{4.7}$$

当 TC 最优时，得到

$$\text{经济订货批量} \quad Q_e = \sqrt{\dfrac{2DC_0(C_H+B)}{BC_H}} \tag{4.8}$$

$$\text{库存总成本} \quad TC_e = \sqrt{\dfrac{2DC_0C_HB}{C_H+B}} \tag{4.9}$$

$$\text{允许的最大缺货量为} \quad Z_e = \sqrt{\dfrac{2DC_0C_H}{B(C_H+B)}} \tag{4.10}$$

与模型1比较，模型2有下列特点。
(1) 订货周期延长，订货次数减少。
(2) 订货量增加。
(3) 库存总成本减少。
(4) 将模型1中不允许缺货看作 $B \to +\infty$ 时，$B/C_H+B \to 1$，则模型2的最优解与模型1的解一致。

【例4-3】某企业每年需要购买某种原材料10 000吨，每吨价格为350元，其单位储存成本是10元/(吨·年)，每次订货成本为30元。假定批量订货，一次到货，且允许缺货，单位缺货损失费为2元/(吨·年)。请确定最佳订货批量、允许的最大缺货量和库存总成本。

解析：已知 D = 10 000 吨/年，P = 350 元/吨，C_H = 10 元/(吨·年)，C_0 = 30 元，B = 2 元/(吨·年)，则

$$Q_e = \sqrt{\dfrac{2DC_0(C_H+B)}{BC_H}} = \sqrt{\dfrac{2 \times 10\,000 \times 30 \times (10+2)}{2 \times 10}} = 600(\text{吨})$$

$$Z_e = \sqrt{\dfrac{2DC_0C_H}{B(C_H+B)}} = \sqrt{\dfrac{2 \times 10\,000 \times 30 \times 10}{2 \times (10+2)}} = 500(\text{吨})$$

$$TC_e = PD + \sqrt{\dfrac{2DC_0C_HB}{C_H+B}}$$

$$= 350 \times 10\,000 + \sqrt{\dfrac{2 \times 10\,000 \times 30 \times 10 \times 2}{10+2}} = 3\,500\,000 + 1\,000 = 3\,501\,000(\text{元})$$

3. 边供应边需求，不允许缺货的经济订货批量的确定

这种模型的特征是：物资的供应不是成批的，而是以速率 d 均匀、连续地供应，存储量逐渐补充，不允许缺货。生产过程中的在制品流动就属于这种订货类型，这种模型也称为生产批量模型。设 d_1 为生产过程中每天生产的数量，d_2 为生产过程中每天消耗的数量；生产所需的时间为 $t_1 = Q/d_1$，在生产过程中所消耗货物数量为 $(Q/d_1)d_2$。显然，当存量为零时

开始生产，存量以速率 d_1 增加，当产量达到 Q 时停止生产，然后存量以速率 d_2 减少，直到存量为零时再次开始生产。周期 t 内的最高存储量为 $Q-(Qd_2/d_1)$，平均存储量为 $Q(1-d_2/d_1)/2$，应该注意的是 $d_1>d_2$。

因此计划期内总存储费用模型为

$$TC = C_0 \times \frac{D}{Q} + C_H \times Q \times \frac{1-\frac{d_2}{d_1}}{2} \quad (4.11)$$

则

$$Q_e = \sqrt{\frac{2DC_0}{C_H}} \times \sqrt{\frac{d_1}{d_1-d_2}} \quad (4.12)$$

将模型 1 中的瞬时供货理解为生产速率很大，则当 $d_1 \to +\infty$ 时，$d_2/d_1 \to 0$，模型 3 的最优解与模型 1 的最优解相同。

【例 4-4】 某企业仓库 H 型零件年需求量为 60 000 个，一次订货费为 100 元，H 型零件的单价为 50 元，单位零件的保管费率为单价的 20%，进货速度为 6 000 个/月。试计算该零件在分批连续进货条件下的经济批量、每年的库存总成本、每年的订货次数和订货间隔周期。

解析： 已知 $D=60\,000$ 个/年，则出货速度 $d_2=5\,000$ 个/月，$P=50$ 元/个，$F=20\%$，$C_0=100$ 元/次，进货速度 $d_1=6\,000$ 个/月

$$Q_e = \sqrt{\frac{2C_0 D}{C_H}} \times \sqrt{\frac{d_1}{d_1-d_2}} = \sqrt{\frac{2\times 100 \times 60\,000}{50 \times 20\%}} \times \sqrt{\frac{6\,000}{6\,000-5\,000}} = 1\,200\sqrt{5} \approx 2\,683(\text{个})$$

$$n_e = \frac{D}{Q_e} = \frac{60\,000}{1\,200\sqrt{5}} = 10\sqrt{5} = 10 \times 2.236 = 22.36(\text{次})$$

$$T_e = \frac{360}{n_e} = \frac{360}{10\sqrt{5}} = \frac{360}{10 \times 2.236} \approx 16(\text{天})$$

最低的库存总成本为：
$TC = PD + C_H \times Q_e$
　　$= 50 \times 60\,000 + 50 \times 20\% \times 2\,683$
　　$= 3\,026\,830(\text{元})$

(三)经济订货批量确定的一般分析

以上不同补货策略下经济订货批量的确定，就是分析是否允许缺货以及补货是否连续，在订货期、订货点、需求消耗速率等已知条件下，得出使库存总成本最小的订货量即为经济订货批量。

(1) 如不允许缺货且瞬时供货，则在没有缺货成本的前提下，得出使订购成本与储存成本之和最低的订货量即为该情况下的经济订货批量。

(2) 如允许缺货且瞬时供货，则应考虑缺货带来的各种影响，将补货周期分成有货和缺货两个时间段，考虑缺货成本，进而得出此情况下使订购成本与储存成本之和最低的订货量即为该情况下的经济订货批量。

(3) 如边供应边需求，且不允许缺货，则应考虑供求变化对平均库存量的影响，进而得出此情况下使订购成本与储存成本之和最低的订货量即为依情况下的经济订货批量。

基 础 检 测

一、单选题

1. 由于组织订货工作而产生的费用称作( )。
   A. 采购成本　　　B. 订货成本　　　C. 库存成本　　　D. 缺货成本
2. 企业要降低缺货成本,就要增加( )。
   A. 仓库数量　　　B. 库容　　　　　C. 库存数量　　　D. 销售量
3. 瞬时供货,允许缺货的经济订货批量的条件下,总费用( )。
   A. 减少　　　　　B. 增加　　　　　C. 不变　　　　　D. 波动变化
4. 在 Q_e 点,储存成本( )订货成本。
   A. 大于　　　　　B. 小于　　　　　C. 等于　　　　　D. 不确定
5. 边供应边需求,且不允许缺货,则应考虑( )对平均库存量的影响。
   A. 订货量　　　　B. 订货时间　　　C. 订货价格　　　D. 供求变化

二、多选题

1. 库存总成本分为( )四部分。
   A. 采购成本　　　　　　　　B. 订购成本　　　　　　　　C. 储存成本
   D. 缺货成本　　　　　　　　E. 销售成本
2. 以下属于理想的 EOQ 模型假设条件的是( )。
   A. 需求速率均匀且为常量　　B. 订货提前期不变　　　　　C. 允许缺货
   D. 没有数量折扣　　　　　　E. 资金可用性无限制
3. 瞬时供货,允许缺货的经济订货批量的条件下( )。
   A. 订货量减少　　　　　　　B. 订货周期延长　　　　　　C. 订货次数减少
   D. 订货量增加　　　　　　　E. 总费用增加
4. 供应链企业频繁地进行小批量采购时,会出现( )。
   A. 降低库存的持有成本　　　B. 生产调整费用的增加　　　C. 采购费用的增加
   D. 失去数量折扣　　　　　　E. 运费的增加
5. 边供应边需求,不允许缺货的经济订货批量的特征是( )。
   A. 批量供应　　　　　　　　B. 匀速、连续供应　　　　　C. 存储量逐渐补充
   D. 存储量瞬时补充　　　　　E. 允许缺货

三、判断题

1. 采购成本在物价变动和有采购数量折扣的条件下是库存决策的无关成本。　　　　( )
2. 在某时期进货总量既定的条件下,增加每次进货量,则会降低订货成本。　　　　( )
3. 理想的 EOQ,可以同时考虑多个品种的联合进货。　　　　　　　　　　　　　　( )
4. EOQ 的强壮性使我们可以合理地组织供应和便于管理。　　　　　　　　　　　 ( )
5. 一次采购量较大时,单位运输成本降低,但会增加储存成本。　　　　　　　　　( )

任 务 实 施

实训 1：认识经济订货批量

在项目三任务二的实训中，菲莺制衣公司采购部杭州采购科的采购员李萍曾通过物资平衡表确定了 34#藏青色款丝绸面料的采购量，与供应商签订了采购合同，并签发了采购订单，圆满完成了此次采购任务。紧接着，李萍又接到了加工 FEI-NU 款牛仔裤所需原材料的采购任务。

加工牛仔裤需购进大量的牛仔布、纽扣、拉链、包装袋等物料。已知 1 条牛仔裤需耗用 1.5 米的牛仔布(幅宽 3 尺)、2 个纽扣、1 条拉链、5 米尼龙线、1 个吊牌。其中牛仔布的价格是 100 元/米，每次订货成本为 75.2 元，库存保管费率为 10%。现有多家客户的年需求订单总量为 56 400 件。

要求：

(1) 帮助李萍确定牛仔布的最佳订货批量 Q_e 和库存总成本 TC_e(含货款)。

(2) 帮助李萍验证 Q_e 是否为最佳的订货批量。

提示：取距离 Q_e 较近的数 $Q_1(Q_1<Q_e)$ 和 $Q_2(Q_2>Q_e)$ 分别计算对应的 TC_1 和 TC_2，如取 $Q_1=1\ 120$ 和 $Q_2=1\ 130$ 进行试算，其结果均大于 TC_e。

(3) 帮助李萍验证在 Q_e 时，订货成本是否等于储存成本。

(4) 必须严格按照 Q_e 订货吗？能否对 Q_e 进行手动调整？为什么？

完成以上分析任务，并将相关内容填写在表 4-5 中。

表 4-5 菲莺制衣公司经济订货批量的认知

(1) 确定牛仔布的最佳订货批量 Q_e 和库存总成本 TC_e(含货款)。
解析： 已知 $D=$ _____ 米，$C_0=$ _____ 元/次，$P=$ _____ 元/米，$F=$ ____
(2) 验证 Q_e 是否为最佳的订货批量。
解析： 分别取 $Q_1=1\ 120$ 和 $Q_2=1\ 130$，均距离 Q_e 较近，计算对应的 TC_1 和 TC_2，看其结果是否都大于 TC_e。

续表

结论：
(3) 验证在 Q_e 时，订货成本是否等于储存成本。
解析：
结论：
(4) 必须严格按照 Q_e 订货吗？能否对 Q_e 进行手动调整？为什么？
解析：

实训2：确定经济订货批量

菲莺制衣公司对 FEI-NU 款牛仔裤专用彩色丝线(货号：150D3；规格：常规)进行外协订购，由于量大且谈判价格较为便宜，决定进行一次性采购。李萍认为不妥，希望根据科学测算，再确定进货批量。已知每个常规规格的丝线大约可以用于 20 件牛仔裤的缝纫所需，单价为 14.1 元/个，年保管费率为 0.2%，每次订货费为 20 元。

要求：

(1) 计算彩色丝线的经济订货批量 Q_e 和此时的库存总成本 TC_e(含货款)。

(2) 若允许缺货，且年缺货费为 1 元/个。若其他条件不变，允许缺货的经济批量是多少？允许的最大缺货量和库存总成本(含货款)又是多少？

完成以上分析任务，并将相关内容填写在表 4-6 中。

表 4-6 菲莺制衣公司经济订货批量的确定

(1) 确定彩色丝线的最佳订货批量 Q_e 和库存总成本 TC_e(含货款)。
解析：   已知 $D =$ _____ 个，$C_0=$ _____ 元/次，$P=$ _____ 元/个，$F=$ _____
(2) 确定允许缺货条件下，彩色丝线的最佳订货批量 Q_e、允许的最大缺货量和库存总成本 TC_e(含货款)。
解析：已知 $D =$ _____ 个，$C_0=$ ___ 元/次，$P=$ ____ 元/个，$F=$ ___，$B=$ __ 元/个

(资料来源：作者编写)

能 力 提 升

案例 1：盛丰公司的经济订货批量

盛丰公司 F003 零件的某计划期 1—12 周的净需求如表 4-7 所示。每次订购费用为 45 元，储存成本为 1.5 元/周。试确定平均每周净需求和经济订货批量，并将有关信息资料填写在表 4-8 中，根据计算结果，把表 4-9 填写完整。

表 4-7 盛丰公司订货计划净需求

周数	1	2	3	4	5	6	7	8	9	10	11	12	合计
净需求		10	10		14		7	12	28	7	15	5	

表 4-8 盛丰公司经济订货批量的确定

(1) 确定平均每周净需求和经济订货批量。
解析：
(2) 填写表 4-9，补全信息资料。

表 4-9 盛丰公司订货计划

周数	1	2	3	4	5	6	7	8	9	10	11	12	合计
净需求		10	10		14		7	12	28	7	15	5	
计划订购													

案例 2：佳美公司的经济订货批量

佳美公司每月需购进某种物资 500 件，每次订货成本 40 元，每件每月储存费 4 元。由于企业资金条件限制，希望减少订购数量，以新增的总存储成本和订货成本不超过最佳订购量时总存储成本和订货成本的 10% 为订购策略，求最佳订货批量，并将有关信息资料填写在表 4-10 中。

表 4-10　佳美公司经济订货批量的确定

(1) 先确定佳美公司最初的经济订货批量。
解析：已知 $D=$ ＿＿＿＿件/月，$H=$ ＿＿＿元/(件·月)，$C_0=$ ＿＿＿＿元，则
(2) 再分析改变订货策略后的经济订货批量。
解析：

(资料来源：作者编写)

供应链管理实务(微课版)

随 堂 笔 记

任务 4.1		经济订货批量		
姓名		班级		学号
课程环节	学习关键点	完成情况		备注
知识准备	重点与难点	总结学习重点与难点		是否掌握
	学习重点:			
	学习难点:			
基础检测	题型	错题原因分析(每种题型各有 5 小题)	得分	小计
	单选题(1 分/题)			
	多选题(1 分/题)			
	判断题(1 分/题)			
任务实施	实训任务	掌握了何种知识或技能		难易程度
	1. 认知经济订货批量			
	2. 确定经济订货批量			
能力提升	案例分析	掌握了何种知识或技能		难易程度
	1. 盛丰公司的经济订货批量			
	2. 佳美公司的经济订货批量			

任务二　安全库存和再订货点

【任务目标】

知识目标：

(1) 了解安全库存在企业供应链体系中的作用及意义；
(2) 了解再订货点在企业供应链体系中的作用及意义。

能力目标：

(1) 掌握安全库存和再订货点的计算方法；
(2) 掌握安全库存和再订货点相关的业务操作。

素养目标：

(1) 具有经济节约的成本意识；
(2) 具有统筹谋划、合理库存的意识。

课程思政：

(1) 能够深刻理解"精打细算""经济合理"的含义，合理使用资源；
(2) 能够体会到做任何事都需要用心筹谋，精益求精，科学施行。

【案例导入】

清风药店 2021 年 8 月初安排了口罩进货，其中普通医用口罩和 KN95 口罩各进货 50 包(20 个/包)，月底盘点发现，两种口罩分别剩余 6 包和 10 包，与前几个月相比，月底的库存明显增多，因此，其决定在 9 月重新制订两种口罩的补货进货计划。

(资料来源：作者编写)

> 想一想：
> 1. 从曾经的"一罩难求"到现在的月月有余，说明了什么问题？
> 2. 该药店该怎样制订补货进货计划？

【知识准备】

本任务中，我们将针对供给和需求变化的情况，讨论安全库存在提高供应链产品供给能力方面的作用和安全库存的确定方法与再订货点的确定方法及应用。

一、安全库存认知

库存管理的首要目标之一，就是保障一定时期内期望数量的需求物品有现货供应。然而要确定一个期望的库存水平并非易事，必须在不同的影响因素下综合考虑库存量，其中安全库存作为库存量的组成部分,需要单独计算和确定。

(一)安全库存的概念

安全库存是指在给定时期,为了满足顾客需求而保有的超过预测数量的库存量。采用安全库存有两个原因:一是需求量预测不确定;二是如果产品的实际需求量超过预测值,就会导致产品短缺。

为了进一步理解安全库存,可把库存分为两部分:一部分是用于满足正常需求而准备的经常性库存;另一部分就是用于防止不确定需求或补货提前期变化而准备的安全库存。如果未来需求是确定的,企业则无须准备安全库存,只需按照确定的数据准备经常性库存就能够满足需求。而在现实中,绝大部分需求是不确定的,这就要求两部分库存都要准备。

为了更直观地理解,假定某企业库存如图4-4所示的历史数据和周期分布。

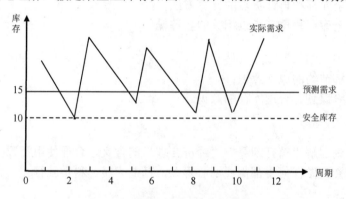

图4-4 库存历史数据和周期分布

如图4-4所示,按照预测需求15进行补充订货,在没有安全库存10的情况下,第1月、3月、4月、6月、7月、9月、11月、12月会造成缺货。

另外,安全库存将在几种情形下发挥作用,如图4-5所示的随机需求下的安全库存。

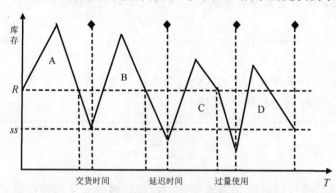

图4-5 随机需求下的安全库存

(1) 在批量订货方式中,每当库存量降至订货点R时,即按一定批量Q订货补充。使用频率相同,如图4-5所示斜率相同。

(2) 如果订货后交货,并在交货期间无过量使用,就属于正常情况,则不需要动用安全库存量,它是多余的库存量,如图4-5中A、D所示。

(3) 如果订货后不按时交货，提前期延长，即出现延误时间，将要动用安全库存量，以应对延误时间内的用量，如图 4-5 中 B 所示。

(4) 如果在订货至交货期间，出现过量使用，库存量下降速率增加，则也要动用安全库存量，以应对缺货情况，使用时间缩短，如图 4-5 中 C 所示。

供应链管理者制订安全库存计划时必须权衡利弊。一方面，提高安全库存水平会增加产品供给能力，使公司从顾客购买中获利；另一方面，提高安全库存水平会增加供应链的库存成本。后者在高技术产业中的影响尤为显著，因为高技术产业的产品生命周期短，并且产品市场需求极不稳定。库存过多可以满足需求旺势，但如果新产品投放市场，那么库存旧产品的市场需求就会萎缩，公司的利益就会受到损害。

供应链管理模式下的库存管理的最高理想是实现供应链企业的无缝连接，消除供应链的高库存现象，乃至实现零库存。但从实践来看，由于供应链中存在库存的原因多种多样，尤其是供应链中普遍存在的不确定性，它的产生涉及供应链内部、供应链之间及供应链外部的各方面，所以实现供应链零库存还是需要经历一个很长的企业发展和经济及科学技术的发展过程，在以供应链集成思想对库存管理的方法论上，我们更多地要立足于供应链及库存发展的实际。在不损害产品供给水平的情况下，找到降低安全库存水平的有效途径，是供应链运作成功的关键因素之一。

(二)安全库存的计算原理

1. 正态分布

正态分布(normal distribution)是概率论中最重要的一种分布，也是自然界最常见的一种分布。该分布由两个参数——平均值(μ)和方差(σ^2)决定。平均值是一组数据的简单平均后的值，方差是对这一组数据变异程度的一种度量。概率密度函数曲线以平均值为对称中线，方差越小，分布越集中在平均值附近。轴与正态曲线之间的面积恒等于 1。正态分布如图 4-6 所示。

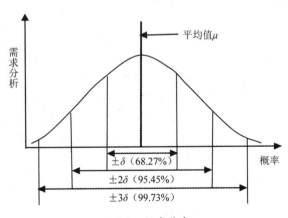

图 4-6　正态分布

标准差(standard deviation)，也称均方差，是各数据偏离平均数的距离的平均数，用 δ 表示。标准差是方差的正平方根，其计算步骤如下。

(1) 算出一组数据的平均值 μ。

(2) 计算该组每个数据与第一步得到的平均值之间的差值(离差)。
(3) 将第二步得到的差值进行平方。
(4) 计算由第三步得到的所有平方值的平均值(即方差 σ^2)。
(5) 将第四步计算得到的平均值再开平方,即得到标准差 δ。

在 Excel 中,可以使用 STDEVPA 函数计算一组数据的标准差。

在正态分布中,全部事件的 68.27%发生在均值附近的正、负各 1 个标准差(2δ)的范围内,全部事件的 95.45%发生在正、负各 2 个标准差(4δ)的范围内,全部事件的 99.73%发生在正、负各 3 个标准差(6δ)的范围内,如图 4-6 所示。

在计算安全库存时,可以利用未来一段时间内的需求预测数据来确定标准差。

【例 4-5】某饮料在过去 3 周内的需求量分别为 110 件、150 件和 127 件,可见在这 3 周内需求并不稳定。试计算其需求变动的标准差。

解:平均周需求量 $\mu = \dfrac{110+150+127}{3} = 129$(件)

需求变动标准差 $\delta = \sqrt{\dfrac{(110-129)^2 + (150-129)^2 + (127-129)^2}{3}} \approx 16.39$(件)

2. 顾客服务水平

安全库存量的大小,主要由顾客服务水平(或订货满足率)来决定。所谓顾客服务水平,是指对顾客需求情况的满足程度,用公式表示为

$$顾客服务水平(\%) = \left(1 - \dfrac{年缺货次数}{年订货次数}\right) \times 100\%$$

安全库存的计算,一般需要借助统计学方面的知识,对顾客需求量的变化和提前期的变化做出一些基本的假设,从而在顾客需求发生变化、提前期发生变化以及两者同时发生变化的情况下,分别求出各自的安全库存量。

假设顾客的需求服从正态分布,通过设定的显著性水平来估算需求的最大值,从而确定合理的库存。统计学中的显著性水平 α,在物流系统中叫作缺货率,与物流活动中的顾客服务水平($1-\alpha$,订单满足率)是对应的,即显著性水平=缺货率=1-顾客服务水平。例如,统计学上的显著性水平一般取 $\alpha = 0.05$,即顾客服务水平为 0.95,缺货率为 0.05。

显著性水平为 α,顾客服务水平为 $1-\alpha$ 的情况下所对应的服务水平系数,是基于统计学中的标准正态分布的原理来计算的。它们之间的关系非常复杂,但一般可以通过正态分布表查得。顾客服务水平($1-\alpha$)越大,订单满足率就越高,发生缺货的概率就越小,但需要设置的安全库存就会越高。因而需要综合考虑顾客的服务水平、缺货成本和库存持有成本三者之间的关系,最后确定一个合理的安全库存。

明白了安全库存的计算原理,接着就介绍实际工作中的安全库存是如何运用的。

二、定量订货策略下的安全库存

(一)定量订货策略的原理

定量订货策略是一种基于数量的订货方法,主要靠控制订货点和订货批量两个参数来控制订货。预先确定一个订货点,在出货过程中随时检查库存,当库存下降到订货点时,

就发出一个订货批量,这个订货批量一般以经济订货批量为标准。其模型如图4-7所示。定量订货法要随时检查库存,当库存下降到给定的订货点时,就发出订货,每次订货均为给定的订货批量 Q^*。

定量订货法模型解读

图4-7中是一般情况下的例子。在第一阶段,库存以一定的速率下降,当库存下降到 R (A'点)时,就发出一个订货批量 Q^*,"名义库存"升高了 Q^*,达到 $Q_{max}=R+Q^*$。进入第一个订货提前期 T_1,在 T_1 内库存继续下降,到 A 点(在 Q_s 线上)时,新订货物到达,T_1 结束,实际库存由 Q_s 上升到 Q_s+Q^*,增加了 Q^*,到达 B 点,进入第二阶段。在第二阶段内,库存以一定的速率下降(与第一阶段的速率不同),如图4-7所示,库存的消耗周期比第一阶段长些。当库存下降到 R 时(C'点),又发出一个订货批量 Q^*,"名义库存"升高了 Q^*,到达 $Q_{max}=R+Q^*$,进入 T_2,库存下降到 C 点,第二批货物 Q^* 到达,T_2 结束,实际库存升高了 Q^*,到达 D 点。接着进入第三阶段,库存以一定的速率下降(与第一、二阶段的速率均不同),库存消耗快,周期短,到 R 时(E'点)又发出一个订货批量 Q^*,进入 T_3,在 T_3 内,库存下降较快,动用了安全库存(此时的库存量低于 Q_s)。新订货物到达后,实际库存升高了 Q^*,到达 F 点,接着进入下一阶段。库存量就是这样周而复始地循环着。

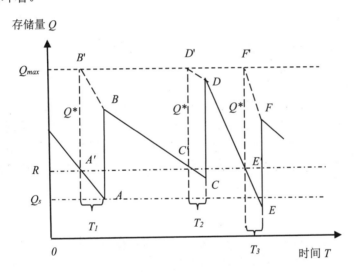

图4-7 定量订货法模型

如图4-7所示,整个过程控制了订货点 R 和订货批量 EOQ,使整个系统的库存水平得到了控制,其中,最高库存量 Q_{max} 不超过 $R+$EOQ。

可见,定量订货法要解决三个关键问题。
(1) 确定订货点,即解决什么时候订货的问题。
(2) 确定订货批量,即解决一次订货多少的问题。
(3) 确定订货如何具体实施,以及库存系统的安全库存问题。

(二)定量订货策略的控制参数

由前文可知,定量订货策略需要控制的参数主要有两个:一个是订货点,即订货时的库存量;另一个是订货数量,一般为经济订货批量。

1. 订货点的确定

在定量订货策略中，当库存水平降到某一水平时就发出订货信息，我们将发出订货信息时的库存水平称为订货点。影响订货点确定的主要因素：①需求速率；②订货提前期；③安全库存。

(1) 需求确定，订货提前期不变，可以不设置安全库存 S。

$$\text{订货点} = \text{每个订货提前期内的需求量}$$
$$= \text{平均日需求量} \times \text{订货提前期}$$
$$= \frac{\text{全年需求量}}{360} \times \text{订货提前期(一年按 360 天算)}$$

(2) 需求不确定，订货提前期不确定，设置安全库存 S 很有必要。

$$\text{订货点} = \text{订货提前期内的平均需求量} + \text{安全库存}$$
$$= \text{平均日需求量} \times \text{最大订货提前期} + \text{安全库存}$$

2. 订货批量的确定

在定量订货策略中，对每一种具体的货物而言，每次订货批量都是相同的，通常是以 EOQ 作为订货批量。EOQ 方法，在本项目的任务一中已详细介绍，在此不再赘述。

(三)定量订货策略下安全库存确定的几种情况

1. 需求量和提前期都固定

在需求量和提前期都固定的情况下，可人为指定某段时间的供应量作为安全库存量。因为每月没有足够的时间去检查每种物料的安全库存指标，这种按某段时间供应量计算的安全库存量往往需要足够大的安全库存，结果导致库存量增加。例如，某种零件每天的使用量均为 10 个，假如按 5 天的供应量作为安全库存时，那么该零件的安全库存为 50 个。

2. 需求量变化，提前期固定

先假设需求的变化情况符合正态分布，由于提前期是固定的数值，因而我们得出在提前期需求分布的平均值和标准差。或者可以通过直接期望预测，以过去提前期内的需求情况为依据，从而确定需求的期望均值和标准差。这种方法的优点是容易被人理解。

假设需求的变化服从正态分布(需求平均值和标准差明确或可求出)，则安全库存 S 的表达式为

$$S = zQ_d\sqrt{L} \tag{4.13}$$

式中：Q_d——提前期内的需求量的标准差；

L——提前期的时间；

z——一定客户服务水平下需求量变化的安全系数，由正态分布表查出。

【例 4-6】某超市的某种饮料平均日需求量为 10 000 瓶，并且饮料需求情况服从标准差为 30 瓶/天的正态分布，如果提前期是固定常数为 9 天，该超市确定的客户服务水平不低于 99%，请结合所提供的客户服务水平与安全系数对应关系的常用数据(见表 4-11)，确定该种饮料的安全库存量是多少？

表4-11 客户服务水平与安全系数对应关系的常用数据

客户服务水平	0.60	0.65	0.70	0.75	0.80	0.85	0.90	0.95	0.96
安全系数(z)	0.26	0.39	0.54	0.68	0.84	1.04	1.28	1.65	1.75
客户服务水平	0.97	0.977	0.98	0.99	0.992	0.998 7	0.999 8	0.999 9	1.00
安全系数(z)	1.88	2.00	2.05	2.33	2.40	3.00	3.05	3.07	3.09

分析：由于超市饮料的平均日需求量为10 000瓶，且其需求情况服从标准差为30瓶/天的正态分布，即$D \sim N(10\,000, 30)$瓶/天，即$Q_d=30$瓶/天。同时，$L=9$天。由于客户服务水平不低于99%，查表4-11得$z=2.33$，所以$S = zQ_d\sqrt{L} = 2.33 \times 30 \times \sqrt{9} \approx 210$(瓶)。

3. 需求量固定，提前期变化

假设提前期的变化服从正态分布(需求平均值和标准差明确或可求出)，则安全库存S的表达式为

$$S = zR_dQ_t \tag{4.14}$$

式中：R_d——提前期内的日需求量；

Q_t——提前期的标准差；

z——一定客户服务水平下需求变化的安全系数，由正态分布表查出。

【例4-7】 某超市的某种饮料平均日需求量为1 000罐，提前期随机变化且服从均值为5天、标准差为2天的正态分布。如果该超市确定的客户服务水平要达到95%，请结合表4-11，计算该种饮料的安全库存量。

分析：由于超市饮料的平均日需求量为1 000罐，即$R_d=1\,000$罐/天，但提前期变化，且其变化情况服从均值为5天、标准差为2天的正态分布，即$D \sim N(5,2)$天，即$Q_t=2$天。由于客户服务水平要达到95%，查表4-11得$z=1.65$，所以

$$S = zR_dQ_t = 1.65 \times 1\,000 \times 2 = 3\,300(罐)$$

4. 需求量和提前期都变化

在多数情况下，需求量和提前期都是随机变化的，假设二者是相互独立的，则安全库存S表达式为

$$S = z\sqrt{Q_d^2\overline{L} + \overline{R_d}^2Q_t^2} \tag{4.15}$$

式中：Q_d、Q_t、z的含义同上；

$\overline{R_d}$——提前期内的平均日需求量；

$\overline{L}$——平均提前期。

【例4-8】 如果例4-7中这种饮料的需求量和提前期都随机变化并服从正态分布，且二者相互独立，日需求量为1 000罐，标准差为20罐/天，平均提前期为5天，标准差为1天，为了保障这种饮料在夏季的客户服务水平达到95%，需要设置的安全库存量为多少？

解：

已知：$Q_d=20$罐/天，$Q_t=1$天，$\overline{R_d}=1\,000$罐/天，$\overline{L}=5$天，$F(z)=95\%$，查表4-11得$z=1.65$，

所以：$S = z\sqrt{Q_d^2\overline{L} + \overline{R_d}^2Q_t^2} = 1.65 \times \sqrt{20^2 \times 5 + 1\,000^2 \times 1^2} \approx 1625$(罐)

总之，定量订货法的做法是，当实际库存水平(加上已订货库存)下降到预定再订货水平

时，按照既定批量进行再订货。

三、定期订货策略下的安全库存

随着库存的减少，企业要采取措施来补充库存，其中一种补充库存的办法是规定订货时间。一般是确定两次订货的时间间隔，只要第一次订货时间明确，以后每次订货时间也就确定下来了，这种订货方式称为定期订货策略。

(一)定期订货策略的原理

定期订货策略的原理为，预先设定一个订货周期 T 和一个最高库存量 $I_{\max}$，周期性地检查库存，得出当时的实际库存量 Q_0、已订货还没有到达的物资量 Q_1，以及已经售出但还没有发货的物资数量 Q_2，然后发出一个订货批量 Q。此次的订货量 Q 的大小，应使订货后的"名义库存"升高到 $I_{\max}$。

其模型如图4-8所示。在第一阶段，库存以一定的速率下降。因为订货周期是事先确定的，所以订货时间也就确定了。到了订货时间，不论库存量有多少，都要发出订货。所以到了第一次订货时间(A 点)时，就检查库存，得到当时的库存量 Q_{k1}，并发出一个订货批量 Q_{R1}，使"名义库存"上升到 $I_{\max}$。然后进入第二阶段，当经过 T 时间到了第二次订货时间(B 点)时再次检查库存，得到此时的库存量 Q_{k2}，并发出一个订货批量 Q_{R2}，使"名义库存"上升到 $I_{\max}$，如此循环往复。

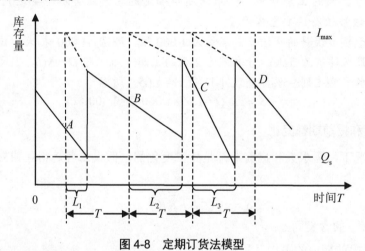

定期订货法模型解读

图4-8 定期订货法模型

(二)定期订货策略的控制参数

根据原理可知，定期订货策略需要确定三个参数，订货周期 T、最高库存量 $I_{\max}$ 和每次订货量 Q。订货周期用来控制库存的订货时机，最高库存量用来控制库存的给定库存水平。每隔一个订货周期 T，就检查库存发出一个订货量 Q。

1. 订货周期 T 的确定

在定期订货法里，两次订货的时间间隔 T 是固定的，它的确定可以分为以下三种情况。

(1) 如果订货周期可以由储存系统自行决定，则可按 $EOQ=\sqrt{\dfrac{2C_0D}{H}}$ 计算求得经济订货批量的理论值，接着再按 $T=\dfrac{EOQ}{D}$ 计算求得订货周期，最后适当调整即可。

(2) 如果订货周期需要储存系统和供货厂商共同商定，可以根据上述情况求得 T，协调企业的具体情况，合理确定。

(3) 订货周期还可以根据物资供应情况的历史统计资料，求得平均供货周期。

在实际中，很多企业还把用上述方法确定的订货周期与日历时间单元(日、周、旬、月、季度、年)结合起来，统筹考虑以确定合适的订货周期。

2. 最高库存量 I_{max} 的确定

在定量订货法中，我们把订货提前期内的需求量作为制定订货点的依据。而在定期订货法中，我们则是把订货周期 T 和其后的一个订货提前期 L 合起来组成时间单元($T+L$)内的需求量 $Q[Q=R_d\times(T+L)]$ 作为制定订货点的依据。若考虑安全库存量 S，则最高库存量 I_{max} 的表达式为

$$I_{max}=R_d\times(T+L)+S \tag{4.16}$$

【例 4-9】 某种物料的订购提前期为 10 天，每日需要量为 20 吨，保险储备定额为 200 吨。每 30 天订购一次，订购当日的现有库存量为 450 吨，已订购但尚未到货的数量为 125 吨，求最大库存量。

解：

已知：$R_d=20$ 吨/天，$T=30$ 天，$L=10$ 天，$S=200$ 吨，则

$$\begin{aligned}I_{max}&=R_d\times(T+L)+S\\&=20\times(30+10)+200\\&=1\,000(吨)\end{aligned}$$

3. 每次订货量 Q 的确定

在定期订货法中，每次订货量不一定，它与当时的实际库存量 Q_0、已订货而还没有到达的物资量 Q_1，以及已经售出但还没有发货的物资量 Q_2 均有关系。在一般情况下，每次的订货量由下式确定

$$\begin{aligned}Q&=I_{max}-(Q_0+Q_1-Q_2)\\&=R_d\times(T+L)+S-(Q_0+Q_1-Q_2)\\&=R_d\times(T+L)+S-Q_0-Q_1+Q_2\end{aligned}$$

【例 4-10】 求解例 4-9 中的本次订购量。

解： 已知：$I_{max}=1\,000$ 吨，$Q_0=450$ 吨，$Q_1=125$ 吨，$Q_2=0$，则

$$\begin{aligned}Q&=I_{max}-(Q_0+Q_1-Q_2)\\&=1\,000-(450+125-0)\\&=425(吨)\end{aligned}$$

(三)定期订货策略下安全库存量的确定

1. 需求量变化，提前期固定

假设需求的变化服从正态分布(需求平均值和标准差明确或可求出)，则安全库存 S 的表

达式为

$$S = zQ_d\sqrt{L+T} \tag{4.17}$$

式中：Q_d——提前期内的需求量的标准差；

T——订货周期；

L——提前期的时间；

z——一定客户服务水平下需求量变化的安全系数，由正态分布表查出。

2. 需求量固定，提前期变化

假设提前期的变化服从正态分布(需求平均值和标准差明确或可求出)，则安全库存 S 的表达式为

$$S = zR_dQ_t \tag{4.18}$$

式中：R_d——提前期内的日需求量；

Q_t——提前期的标准差；

z——一定客户服务水平下需求量变化的安全系数，由正态分布表查出。

3. 需求量和提前期都变化

多数情况下，需求量和提前期都是随机变化的，假设二者是相互独立的，则安全库存 S 的表达式为

$$S = z\sqrt{Q_d^2(\overline{L}+T) + \overline{R}_d^2 Q_t^2} \tag{4.19}$$

式中：Q_d、Q_t、z 的含义同前；

$\overline{R}_d$——提前期内的平均日需求量；

$\overline{L}$——平均提前期；

T——订货周期。

四、再订货点的确定

上述两种补货策略下安全库存量的确定和再订货点有关，再订货点是用来明确启动补给订货策略时的货品单位数。一旦存货量低于再订货点即补给订货。当需求率(R_d)和提前期(L)固定不变时，再订货点(R)可以很容易地计算出来，其表达式为

$$R = R_dL \tag{4.20}$$

但是 d 和 L 很少固定不变，所以我们需要考虑需求率和提前期的变化。当需求率和提前期中有一个因素变动或者二者同时变动时，将再订货点设为高于 $R = R_dL$ 的一个数值，其表达式为

$$R = R_dL + S \tag{4.21}$$

式中，S 为安全库存，是提前期内满足平均需求量后超出的数量。安全库存加上原来的再订货点库存，可以应对需求水平和提前期的变化。安全库存提高了再订货点，这使企业不得不将再订货的时间提前，这样有助于企业保障新的订货在现有存货用完之前到达。

在安全库存确定以后，再订货点即可计算出来。

基 础 检 测

一、单选题

1. 定量订货策略是一种基于( )的订货方法。
   A. 时间　　　　　B. 数量　　　　　C. 地点　　　　　D. 距离
2. 定期订货策略是一种基于( )的订货方法。
   A. 时间　　　　　B. 数量　　　　　C. 地点　　　　　D. 距离
3. 企业为了防止缺货，就要设置( )。
   A. 最大库存量　　B. 最低库存量　　C. 安全库存　　D. 最大订货量
4. 在定期订货策略下的补货问题，最终变为如何确定( )的问题。
   A. 最大库存量　　B. 最低库存量　　C. 安全库存　　D. 最大订货量
5. 顾客服务水平 $1-\alpha$ ( )，订单满足率就( )，发生缺货的概率就( )，但需要设置的安全库存 S 就会( )。下面选项正确的是( )。
   A. 越大　越低　越小　越高　　　　B. 越大　越高　越小　越低
   C. 越大　越高　越小　越高　　　　D. 越小　越高　越小　越高

二、多选题

1. 正态分布由两个参数( )决定。
   A. 平均值　　　　B. 标准差　　　　C. 离差
   D. 方差　　　　　E. 概率
2. 定量订货策略需要控制的参数主要有两个，分别是( )。
   A. 订货周期　　　B. 订货点　　　　C. 订货量
   D. 订货提前期　　E. 资金可用性
3. 在定量订货策略中，影响订货点确定的主要因素包括( )。
   A. 需求速率　　　B. 订货周期　　　C. 订货提前期
   D. 订货量　　　　E. 安全库存
4. 定期订货策略需要确定三个参数，包括( )。
   A. 订货周期　　　B. 最高库存量　　C. 需求速率
   D. 每次订货量　　E. 订货提前期
5. 定期订货法中，每次订货量不一定，它与( )均直接有关。
   A. 订货时实际库存量　　B. 在途物资量　　C. 已售未发出物资量
   D. 最高库存量　　　　　E. 供应商

三、判断题

1. 安全库存是为了保障库存满足不确定需求和防止补货提前期发生意外而设置的。
   (　　)
2. 再订货点是用来明确启动补给订货策略时的货品单位数，一旦存量低于再订货点即补给订货。
   (　　)

3. 定量订货策略需要随时掌握库存和控制存货。（　　）
4. 定期订货策略的安全库存量比定量订货法要低。（　　）
5. 与定量订货策略相比，定期订货策略不必严格跟踪库存水平，减少了库存登记费用和盘点次数。（　　）

任 务 实 施

实训 1：定量订货策略的 S 和 R

在本项目任务一的实训中，已知菲莺制衣公司 1 条牛仔裤需耗用 1.5 米的牛仔布(幅宽 3 尺)、2 个纽扣、1 条拉链、5 米尼龙线、1 个吊牌。

李萍除了对彩色丝线做了采购决策外，还要对其他物料逐一制定订货策略。如公司近 5 天纽扣的使用量分别为 320 个、306 个、308 个、314 个、317 个，订货的提前期是固定常数 7 天，每次订货量均为 4 盒(80 个/盒)。又知，拉链近 5 天的使用量分别为 200 条、156 条、150 条、140 条、134 条，最近 3 次订货的提前期分别是 5 天、4 天、6 天，每次订货量均为 160 条。

如果顾客服务水平不低于 95%，那么，运用定量订货策略，该如何确定纽扣和拉链的安全库存量和再订货点。

要求：

(1) 帮助李萍确定纽扣的安全库存量和再订货点。
(2) 帮助李萍确定拉链的安全库存量和再订货点。

完成以上任务，并将相关内容填写在表 4-12 中。

表 4-12 定量订货策略的安全库存和再订货点

(1) 确定纽扣的安全库存量和再订货点。
解析： 此为_____订货策略安全库存量的确定(需求量_____，提前期_____)。 平均日需求量 =   需求量标准差 =   安全库存 =   再订货点 =

续表

(2) 确定拉链的安全库存量和再订货点。

解析：

此为_____订货策略安全库存量的确定(需求量_____，提前期_____)。

平均日需求量 =

需求量标准差 =

平均提前期 =

提前期标准差 =

安全库存 =

再订货点 =

实训 2：定期订货策略的 S 和 R

李萍又对该公司 2021 年每个月的吊牌需求量做了统计，分别为 4 700 个、4 800 个、4 600 个、4 750 个、4 650 个、4 700 个、4 710 个、4 690 个、4 740 个、4 660 个、4 800 个、4 600 个，价格为 5 元/袋(100 个/袋)，每次订货费为 2.82 元，库存保管费率为 10%。每次订货的提前期平均为 3 天，标准差为 1 天。日需求量的标准差为 10 个。现在，库房货架上还剩 1 袋，已订货但尚未到货 10 袋。假设顾客服务水平不低于 95%。

要求：
(1) 帮助李萍确定吊牌的最佳订货周期(1 年按 360 天计)。
(2) 帮助李萍确定吊牌的安全库存量、再订货点、最大库存量和本次订货量。
完成以上任务，并将相关内容填写在表 4-13 中。

表 4-13　定期订货策略的安全库存和再订货点

(1) 确定吊牌的最佳订货周期(1 年按 360 天计)。
解析：已知：$C_0=$_____元/次，$P=$____元/袋(个)，$F=$____
$D=$
经济订货批量 $Q_e=$
最佳订货周期 $T_e=$
(2) 确定吊牌的安全库存量、再订货点、最大库存量和本次订货量。
解析：
此为_____订货策略安全库存量的确定(需求量_____，提前期_____)。
安全库存量=
再订货点=
最大库存量=
本次订货量=

(资料来源：作者编写)

能力提升

案例 1：光明便利店的订货策略

光明便利店某品牌食用盐近 5 天的销售量分别为 20 袋、16 袋、10 袋、14 袋、10 袋，最近 3 次订货补货的提前期分别是 5 天、4 天、3 天，每次订货量均为 50 袋。如果顾客服务水平不低于 95%，那么，该食用盐的安全库存量是多少？

又知玫瑰牌绵白糖 2020 年每个月的需求量分别为 11 袋、13 袋、10 袋、12 袋、14 袋、15 袋、11 袋、9 袋、13 袋、12 袋、13 袋、11 袋，价格为 5 元/袋，每次订货费为 2 元，库存保管费率为 20%。每次订货的提前期平均为 3 天，标准差为 1 天，日需求量的标准差为 0.1 袋。现在，店面货架上还剩 5 袋，已订货但尚未到货 30 袋。假设顾客服务水平不低于 95%。

要求：

(1) 确定食用盐的安全库存量、再订货点、最大库存量和本次订货量。
(2) 确定玫瑰牌绵白糖的最佳订货周期(1 年按 360 天计)。
(3) 确定玫瑰牌绵白糖的安全库存量、再订货点、最大库存量和本次订货量。

完成以上任务，并将相关内容填写在表 4-14 中。

表 4-14　光明便利店订货策略的安全库存和再订货点

(1) 确定食用盐的安全库存量、再订货点、最大库存量和本次订货量。
解析： 此为定量订货法安全库存量的确定(_____变化，_____也变化)。 $F(Z) = 95\% \rightarrow z =$ 平均日需求量 $\overline{R_d} =$ 需求量标准差 $Q_d =$ 提前期标准差 $Q_t =$ 安全库存量 $S = z \cdot \sqrt{Q_d^2 \overline{L} + \overline{R_d}^2 Q_t^2} =$

续表

(2) 确定玫瑰牌绵白糖的最佳订货周期(1年按360天计)。

解析：

已知：$C_0=$_____元/次，$P=$_____元/袋，$F=$_____

$D=$ _____

经济订货批量 $Q_e=$

最佳订货周期 $T_e=$

(3) 确定玫瑰牌绵白糖的安全库存量、再订货点、最大库存量和本次订货量。

解析：

此为_____订货法安全库存量的确定(需求量_____，提前期_____)。

安全库存量=

再订货点=

最大库存量=

本次订货量=

案例2：东方电脑装配公司的订货策略

东方电脑装配公司是一家专业从事电脑装配的公司，库存物料4001(主板)执行再订货点库存计划法。随着生产和销售的进行，库存量逐渐减少，当降低到设定的再订货点时，仓库管理员通过执行再订货点库存计划和最大库存计划进行补货。该公司订货资料数据如表4-15所示。

表4-15 东方电脑装配公司订货资料数据

物料编码	计划方法				服务水平			库存结存量			最大库存量		
4001	再订货点计划				95%			500			5000		
历史需求量													
周	1	2	3	4	5	6	7	8	9	10	11	12	13	14	15
需求/件	362	455	262	277	384	197	264	208	374	343	330	479	502	393	335
历史订货提前期															
订货批次	1	2	3	4	5	6	7	8	9	10	11	12	13	14	15
提前期/天	9	11	8	7	9	10	12	7	6	8	4	7	9	7	8

要求：

(1) 确定定量订货策略下主板的安全库存和再订货点。

(2) 执行最大库存计划，将计算结果填入库存控制单的相应位置，并填制采购申请单。完成以上任务，并将相关内容填写在表4-16中。

表4-16 东方电脑装配公司主板订货策略的安全库存和再订货点

(1) 确定主板的安全库存和再订货点。
解析：
此为_____订货法安全库存量的确定(需求量_____，提前期_____)。
平均日需求=
日需求的方差=
平均提前期=
提前期的方差=
安全库存=

续表

再订货点=

由于现结存量为_____，_____再订货点，_____进行补货，执行最大库存计划时，补货入库量为最大库存量与现存量的差值，

本次订货量=

(2) 填制库存控制单和采购申请单。

库存控制单

商品名称			编号		KCKZ001	
材料编号			单位			
规格		×××	最大库存量			
安全库存			再订货点			

日期	凭单号码	摘要	入库量	出库量	结存量	备注
×月×日	×××	×××		500		

采购申请单

编号：__CGDD001__   　　　　　　　　　　　填表日期　×年×月×日

名称	规格	适用产品	生产单号	用量	库存量	订货量
	×××		××			

(资料来源：作者编写)

随 堂 笔 记

任务 4.2		安全库存和再订货点		
姓名		班级		学号
课程环节	学习关键点	完成情况		备注
知识准备	重点与难点	总结学习重点与难点		是否掌握
	学习重点：			
	学习难点：			
基础检测	题型	错题原因分析(每种题型各有 5 小题)	得分	小计
	单选题(1 分/题)			
	多选题(1 分/题)			
	判断题(1 分/题)			
任务实施	实训任务	掌握了何种知识或技能		难易程度
	1. 定量订货策略的 S 和 R			
	2. 定期订货策略的 S 和 R			
能力提升	案例分析	掌握了何种知识或技能		难易程度
	1. 光明便利店的订货策略			
	2. 东方电脑装配公司的订货策略			

任务三　供应链"牛鞭效应"

【任务目标】

知识目标：

(1) 理解"牛鞭效应"的含义；
(2) 掌握"牛鞭效应"的产生原因。

能力目标：

(1) 掌握"牛鞭效应"的解决方案；
(2) 运用"牛鞭效应"原理分析解决实际案例。

素养目标：

(1) 具有经济节约的成本意识；
(2) 具有统筹谋划、合理库存的意识。

课程思政：

(1) 能够深刻理解"精打细算""经济合理"的含义，合理使用资源；
(2) 能够体会到做任何事都需要用心筹谋，精益求精，科学施行。

【案例导入】

新冠肺炎疫情期间，我国民众大量购买口罩、消毒水等抗疫物品，且这些需求在零售商那里得到反映。很长一段时间，零售商大量地购入口罩、消毒水这些抗疫物品，而生产商则紧急上马生产线来生产这些物品。但当疫情防控成为常态时，这些物品大量地囤积，以至于零售商和生产商不得不花精力来处理这些物品以免库存大量增加。而对于上游供应商而言，因为受到零售商和生产商利好消息的影响，也大量地购入生产原料，最终疫情逐渐平稳，导致口罩、消毒水这些抗疫物品库存大大增加。为了降低此类抗疫物品的库存，许多零售商不得不进行折价甩卖。

(资料来源：根据百度文库的资料整理。)

> **想一想：**
> 1. 这一案例充分说明，预测不准确、信息不共享导致需求放大，造成产品积压，资金占用，使整个供应链运作效率低下。这表现出什么问题？
> 2. 如何解决这一问题？

【知识准备】

一、"牛鞭效应"的定义和基本原理

"牛鞭效应"(bullwhip effect)是经济学上的一个术语，又称"需求变异加速放大原理"，是美国著名供应链管理专家 Hau L. Lee 教授对需求信息在供应链中扭曲传递的一种形象描述。因为这种形象与我们在挥动鞭子时手腕轻微用力，鞭梢就会出现大幅摆动的现象类似，故形象地称为"牛鞭效应"。

我国国家标准《供应链管理》(GB/T 26337.2—2011)将"牛鞭效应"定义为：由供应链下游需求的小变动引发的供应链上游需求的剧烈变动。

其基本原理是：当供应链上的各节点企业只根据来自其相邻的下级企业的需求信息进行生产或者供应决策时，需求信息的不真实性会沿着供应链逆流而上，产生逐级放大的现象。当信息传递到最源头的供应商时，其所获得的需求信息和实际消费市场中的顾客需求信息发生了很大的偏差，需求变异系数比分销商和零售商的需求变异系数大得多。

受这种需求放大效应的影响，上游供应商往往要维持比下游供应商更高的库存水平。"牛鞭效应"反映了供应链上需求的不同步现象，图4-9显示了"牛鞭效应"的原理和需求变异加速放大过程。

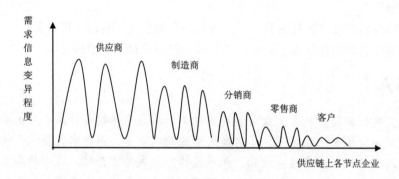

图 4-9 供应链的"牛鞭效应"

二、"牛鞭效应"对供应链的影响

"牛鞭效应"反映了供应链上需求的不同步现象，它揭示了供应链库存管理的一个普遍现象："看到的是非实际的。"这种效应导致需求信息失真，扭曲的需求信息使供应链中的成员对市场和顾客的需求预测出现偏差，造成批发商、零售商的订单和制造商产量峰值远远高于实际客户需求量，如果"牛鞭效应"不能缓解，很可能导致企业领导者决策失误。可以说，"牛鞭效应"所带来的危害程度要超过一般管理者的预期：不仅增加了供应链管理的成本，降低了供应链反应能力，而且不利于在供应链内部建立合作伙伴关系，从而导致整个供应链利润减少。

以汽车供应链为例，终端客户是车主，经销商是我们所熟知的4S店，制造商是生产汽车的整车厂，比如上海大众、通用，而供应商就更多了，比如直接给整车厂供货的被称为

一级供应商，最著名的有德国博世(Robert Bosch GmbH)、美国李尔(Lear)集团等企业，还有众多的二级供应商。因此，忽视汽车供应链的"牛鞭效应"，对汽车供应链管理是极其不利的，对供应链的运营业绩有较大的负面影响，并且随着供应链运作的企业越来越多，这种效应愈加明显，致使整个供应链的管理变得复杂、困难。

"牛鞭效应"这里有三个关键词。

(1) 需求信息，包括了订单和预测。
(2) 传递过程，经过了多个经销商和供应商的传递节点。
(3) 逐级放大，供应链条尾部的振幅最大。

供应链的"牛鞭效应之痛"

三、"牛鞭效应"产生的原因

通过前面的分析可知，"牛鞭效应"产生的主要原因是需求信息在沿着供应链向上传递的过程中被不断曲解。由于零售商夸大了最终消费者的消费需求，分销企业对于零售商产品的配送需求进一步加大，分销企业由于自身产品配送需求的加大对于供应商订单的需求又进行了夸大。需求放大现象产生的主要原因可归结为以下七个方面。

1. 需求预测的调整

为了制订生产进度计划，制定产量目标，控制库存和计划物料需求，供应链中的企业通常都会预测产品需求。而预测通常是在企业直接接触的下游顾客购买历史数据的基础上进行的。当下游企业订购时，上游企业的决策层就会把这条信息作为将来产品需求的信号来处理。基于这个信号，上游企业决策层会调整本企业的需求预测，同时上游企业也会向供应商增加采购，使其做出相应的需求预测调整。因此，这种需求信号的处理是"牛鞭效应"产生的主要原因。

2. 批量订购的策略

在供应链中，每个企业都会向上游企业订货，通常下游企业并不是有一个订单就向上游供应商订一次货，而是在考虑库存和运输费用的基础上，达到一个周期或者汇总到一定的订单数量后再向供应商订货；为了减小订货频率，降低成本和规避断货风险，下游企业往往会按照最佳经济规模批量订货。同时频繁的订货也会增加供应商的工作量和成本，供应商往往也要求下游企业在一定数量或一定周期条件下订货，此时下游企业为了尽早得到货物或全额得到货物，或者以备不时之需，往往会人为增加订货量，这样，企业的订货策略导致了"牛鞭效应"。

3. 节点企业间缺少沟通

供应链中的各节点企业为了自己的利益，不愿共享一些有意义的信息，为了维护自身的利益从而夸大需求信息，使制造商无法真正掌握下游的需求信息和上游的销售能力，所以只能各自保有高库存。而且在供应链运作中企业彼此缺少良好的沟通，顾客的信息也就无法及时地反馈到供应链中，这种缺乏沟通的情况累积到一定程度，"牛鞭效应"自然也就产生了。

4. 价格波动

价格波动是促销手段或者经济环境突变造成的，如价格折扣、数量折扣、赠票、与竞争对手的恶性竞争和供不应求、通货膨胀、自然灾害、社会动荡等。比如，制造商的价格优惠会使分销商提前购买日后所需的产品，因为这种情况下库存成本小于由价格折扣所获得的利益，这样订货并没有真实反映最终顾客需求的变化。当制造商的价格恢复正常水平时，分销商由于有足够库存，因此其库存消耗完之前，不会再购买。结果，分销商的购买模式并不能反映他们的消耗模式，并且使其购买数量的波动较其消耗量波动大，从而产生"牛鞭效应"。

5. 订货的提前期

在供应链运作中，订货到收货这个过程中存在延迟，因此就使订货量的信息得不到及时的修正，对于上游企业来说，为了避免中断供货，必须考虑延迟阶段的需求量，自然也就会提高安全库存。也就是说，各个节点企业都在预计库存时计入了提前期，提前期越长，微小变动引发的库存变化也就越大。

6. 限量供应和短缺博弈

当产品供不应求时，制造商常根据顾客订购的数量按照一定的比例进行限量供应，客户会在订购时夸大实际的需求量；当供不应求的情况得到缓和时，订购量便会突然减少，同时大批客户会取消他们的订单。对潜在的限量供应进行博弈，会使顾客产生过度反应。这种博弈的结果是供应商无法区分这些增长中有多少是由于市场真实需求而增加的，有多少是下游企业由于害怕限量供应而虚增的，因而无法从下游企业的订单中得到有关产品需求情况的真实信息。

7. 独立运作的库存管理策略

供应链中的大多数企业将库存管理当作自己独立决策的事情，而忽略了各成员企业库存之间的关联性，尤其是供应链中相邻的节点企业之间相同的物料库存重复性的存在是一种常态，也是一种浪费。因此，供应链节点企业库存管理各自独立运作的过程也是"牛鞭效应"产生的一个动因。

四、"牛鞭效应"的解决对策

从供应商的角度来看，"牛鞭效应"是供应链各层级销售商（总经销商、批发商、零售商）转嫁风险和进行投机的结果，"牛鞭效应"的存在使供应链中冗余库存积压，成员企业生产计划盲目扩大，给企业带来了严重的负面影响。从供应链"牛鞭效应"的存在和影响出发，深入分析其成因，应从以下七个方面入手，削弱"牛鞭效应"的影响。

1. 提高预测的精确度

为了避免重复处理供应链的有关数据，供应链各节点企业之间就需要保持良好的沟通，有些数据掌握在其他企业手中，因此及时获得这些数据并考虑历史资料、定价、季节，采取上下游间分享预测数据并使用相似的预测方法进行协作预测，可以增强预测的准确性。

现在国际商业机器公司(IBM)、惠普和苹果等公司在合同中都会要求其零售商将这些数据反馈回去。

2. 改变批量订购模式

批量订购会产生"牛鞭效应",因此,企业应调整其订购模式,实行小批量、多频率订购的采购或供应模式。企业偏好大批量、低频率采购策略的原因是采购成本、运输成本高昂。而事实上,即使通过 EDI 使订购成本大大下降,但订购的效率仍会受满负荷与否的限制。现在很多制造商都鼓励其下游企业同时订购多种不同的产品,这样货车一次就可从同一制造商那里满载多品种的产品,而不是满载同一品种。这样对每一种产品来说,其订购的频率高了,发送的频率不变,但仍可获得运输的规模经济性。例如,宝洁公司对愿意进行混合订购的顾客给予折扣优惠。

3. 稳定价格

制定相应的价格策略,鼓励零售商进行小批量订购并减少提前购买行为以弱化"牛鞭效应"。例如,采取累计的数量折扣替代单次的数量折扣,即在特定时期内(如一年内),按总的采购量来制定折扣策略,使每次的批量减少;实行天天平价策略和限制促销时采购量等方法,使价格稳定,减少预先购买行动,从而弱化"牛鞭效应"。

4. 加强敏捷管理,缩短提前期,实行外包服务

在供应链中,既要注意在供应链上减少中间环节,又要积极开展敏捷管理,缩短提前期。一般来说,订货提前期越短,订货量越准确,因此鼓励缩短订货期是破解"牛鞭效应"的一个好办法。若将提前期细分为订货前置时间(到货和交货时间)和信息前置时间(订货时间),采用货物交互式驳运的方法,可以显著减少到货和交货时间。若进一步采用电子数据交换技术,则可以大大减少订货时间。而使用外包服务,如第三方物流也可以缩短提前期和使小批量订货实现规模经营,这样销售商就无须从同一供应商那里一次性大批量订货。虽然这样会增加额外的处理费用和管理费用,但只要所节省的费用比额外的费用大,这种方法还是值得应用的。

5. 规避短缺情况下的博弈行为

供应不足时,供应商可以根据顾客以前的销售记录进行限额供应,而不是根据订购的数量,这样就可以杜绝下游企业为了拥有更大的配给数量来夸大订单的心理。通用汽车公司长期以来都是如此,现在很多公司,如惠普等也采用这种方法。

6. 建立战略合作伙伴关系,实现信息共享

在供应链中,各成员之间的相互信任是至关重要的,只有相互信任才能实现信息共享。建立战略合作伙伴关系可以使供应链的成员企业相互更加信任,为信息共享打下稳固的关系基础。若是信息透明度提高,上下游节点企业都可以根据顾客的信息进行预测,保障供应链信息畅通,不仅可以减少供应链的不确定性,而且可以加强各个节点企业之间的协作,从而提高整个供应链的效率。

当然信息的共享还需要采用一定的信息技术,如 POS、EDI、ERP、Internet 等。这是因为应用信息技术后需求信息的传递由原来的线形结构变为网状结构,即供应链中的每个

成员不仅接受其直接下游传来的订单信息,还接受来自最终顾客的需求信息,每个成员利用流向自己的各种信息来预测实际需求和向上游企业的订货量,能够有效地避免由多头预测引起的信息失真。

7. 采用供应商管理库存方式或者联合库存管理方式

供应商管理库存(VMI)的思想打破了传统的各自独立的库存管理模式,体现了供应链的集成化管理思想。作为供应链上第一个环节的生产商,可以利用 EDI 和电子商务技术,从他们的零售商那里实时获得销售端的数据,并调取零售商的库存文档,及时补充存货,并按市场需求安排生产和财务计划。生产制造商与零售商的紧密合作大大改善了整个流程,减少了不必要的系统成本、库存和固定资产,共同着眼于最终消费者的需求,制造商不再依赖零售商的订货而组织生产和供货,从而降低了整个供应链的库存。这也从本质上缓解了"牛鞭效应"。

联合库存管理(JMI)方式集中体现了通过加强供应链管理模式下的库存控制来增强供应链的系统性和集成性,增强企业的敏捷度和客户响应能力。JMI 强调供应链上的节点企业共同参与库存管理,共同制订库存控制计划,从各成员相互间的协调性考虑,使供应链相邻的两个节点企业之间的库存管理者对需求的预测水平保持一致,从而减弱或消除"牛鞭效应"。

总之,"牛鞭效应"是供应链中不可避免的问题,是供应链上库存管理的新特点,传统的库存管理方法不能很好地解决这类问题,只有从供应链的整体出发,采取上述的缓解对策。也可以使用其他方法,如电子商务等,缓解"牛鞭效应",减少供应链中需求的变动性,解决供应链中的生产和需求的同步问题,避免需求放大问题,使供应链上的企业实现共赢,提高供应链的整体竞争力。

【例 4-11】喜乐家超市是东南沿海地区的一家连锁超市,在该地区共拥有连锁店 15 家。10 月 10—17 日喜乐家超市将会迎来它的 20 周年店庆,预计店庆期间由于促销力度较大,各种商品的销售量将会猛增,于是该超市各连锁店统一将进货量在平时最高月销量的基础上增加 10%。以旗舰店为例,选择其几种畅销产品,最高月销量和订货提前期数据如表 4-17 所示。

"牛鞭效应"
例题解析

表 4-17 旗舰店畅销品最高月销量和订货提前期数据

畅销品最高月销量				
×××酱油	×××矿泉水	×××保健醋	×××香皂	×××啤酒
10 箱	100 箱	50 箱	4000 块	500 箱
历史订货提前期(过去的 12 个月)				
订货批次	1	2	3	4	5	6	7	8	9	10	11	12
提前期/天	9	11	8	7	9	10	12	7	9	8	4	7

要求:根据喜乐家超市预计的需求情况,为 5 种商品的供应商制订供货计划,包括供货量调整的比例和方式。

解析:

在本例中,批发商在喜乐家超市需求预测的基础上会以销量最大的旗舰店的需求量为基础调整供货比例,设调整比例为 15%,以×××矿泉水为例,调整后的供货量为:

项目四 供应链库存管理

$$100×15×(1+10\%)×(1+15\%) ≈ 1898(箱)$$

供应商则在批发商需求预测的基础上以不少于1898箱的矿泉水安排生产和供应。

当然也有一种情况,就是喜乐家超市直接从供应商处进货,在这种情况下,供应商预测的情况与批发商相似。

最后,据此设计批发商和供应商预计的供货量如表4-18所示。

表4-18 批发商和供应商预计的供货量

批发商预计的供货量				
×××酱油	×××矿泉水	×××保健醋	×××香皂	×××啤酒
190箱	1898箱	949箱	75 900块	9 488箱
供应商预计的供货量				
×××酱油	×××矿泉水	×××保健醋	×××香皂	×××啤酒
200箱	2 000箱	1 000箱	80 000块	10 000箱

当然,这是受"牛鞭效应"影响的结果。如果能够采取供应商管理库存或者联合库存管理的方式管理库存,则批发商和供应商预计的供货量与喜乐家超市预计的结果应一致。

基 础 检 测

一、单选题

1. ( )不会在供应链上造成"牛鞭效应"。
   A. 精确的需求预测 B. 价格波动 C. 订单批量化 D. 供应链配给制
2. "牛鞭效应"基本思想是需求信息的不真实性( )。
   A. 会随着供应商对零配件的需求不确定性沿供应链向下顺流逐级放大
   B. 会随着制造商对零配件的需求不确定性沿供应链向上逆流逐级放大
   C. 会随着分销商对商品的需求不确定性沿供应链向上逆流逐级放大
   D. 会随着顾客对商品的需求不确定性沿供应链向上逆流逐级放大
3. 供应链"牛鞭效应"中的存货状况为( )。
   A. 缺货 B. 过剩 C. 适中 D. 低水平
4. "牛鞭效应"危害极大,直接后果不包括( )。
   A. 成本增加 B. 降低服务水平
   C. 库存不足 D. 破坏供应链成员间的关系
5. "牛鞭效应"的缓解措施不包括( )。
   A. 减少需求预测可变性 B. 信息共享
   C. 优化供应链结构 D. 实施批量订购

二、多选题

1. 供应链的"牛鞭效应"有( )等三个关键词。
   A. 需求信息 B. 传递过程 C. 逐级放大
   D. 库存数据 E. 供应商

2. "牛鞭效应之痛"分别体现在(   )。
   A. 费用   B. 计划   C. 客户
   D. 库存   E. 预测   F. 产能
3. "牛鞭效应"产生的原因主要有(   )。
   A. 调整需求预测   B. 批量订货策略   C. 订货提前期
   D. 价格波动   E. 限量供应   F. 短缺博弈
4. "牛鞭效应"的解决对策，可以采用(   )。
   A. 提高预测准确度   B. 打破批量订购   C. 稳定价格
   D. 规避博弈行为   E. 信息共享
5. 下列关于"牛鞭效应"说法不正确的是(   )。
   A. "牛鞭效应"所研究的信息传递方向是原始供应商向末端消费者逐级传递
   B. 可能会导致超量库存，降低了供应链的敏捷性
   C. 因库存不足无法满足市场需求，导致供应延迟
   D. 引起客户不满或使客户转移到竞争者那里购物而失去市场份额

三、判断题

1. "牛鞭效应"主要是信息扭曲导致的。   (   )
2. 短缺博弈导致的需求信息的扭曲一般不会导致"牛鞭效应"。   (   )
3. 联合库存管理是为了解决"牛鞭效应"，提高供应链的同步化程度而提出来的。
                                                              (   )
4. "牛鞭效应"可能会导致超量库存，降低了供应链的敏捷性。   (   )
5. "牛鞭效应"是指零售商订货量的波动大大高于制造商订货量的波动。   (   )

任 务 实 施

实训：菲莺制衣公司的"牛鞭效应"

菲莺制衣公司决定调研"牛鞭效应"对公司效益的影响。假设在菲莺制衣公司的供应链中，每个专卖店都存放着1周所需的某款服装，即每个专卖店从其上游配送中心那里都能满足订货需求，对某款服装的需求一直稳定在每周100件。如果某一周专卖店的需求比平时多5件，假设配送非常迅速，来看一下是否存在"牛鞭效应"，且对整个供应链有何影响。

内容解析

假设需要的前提条件：每周供应链的需求为100件；需求=下一环节提货的数量；每周开始时的周初库存=上周的周末库存；每周的周末库存=本周的需求；订货的单位数=需求+库存中的任何变化；订货量=净需求+(周末库存-周初库存)。

要求：完成相关计算，并将相关数据填写在表4-19中。

表4-19 菲莺制衣公司供应链"牛鞭效应"分析

(1) 计算配送中心和制衣公司的需求、存货、订货和生产数据。

序号	节点	周次	第一周	第二周	第三周	第四周	第五周	第六周
1	消费者	需求	100	105	100	100	100	100
2	专卖店	需求	100	105	100	100	100	100
3		周初存货	100	100	105	100	100	100
4		周末存货	100	105	100	100	100	100
5		订货	100	110	95	100	100	100
6	配送中心	需求						
7		周初存货						
8		周末存货						
9		订货						
10	菲莺制衣公司	需求						
11		周初存货						
12		周末存货						
13		生产						

(2) "牛鞭效应"分析及解决对策。

如表4-19所示，在第二周消费者的需求增加___件时，"牛鞭效应"导致制衣公司的产量提高到了___件，而当第三周消费者的需求恢复正常时，制衣公司的产量变为___件；当第三周消费者的需求恢复正常时，要使制衣公司恢复到100件的产量，一直要持续到第___周，"牛鞭效应"才会消失，可见其影响非同一般。

该"牛鞭效应"是由_____引起的。可以通过_____、_____或_____解决"牛鞭效应"问题。

续表

如果从消费者到制衣公司之间的环节增多，信息的扭曲变形就会更严重。即使仍旧在第二周消费者的需求有些微调整，仍会使制衣公司的产量有更大变动，甚至有可能降到 0，而且，当第三周消费者的需求恢复正常时，要使制衣工厂恢复到 100 件的产量，会持续更长时间，"牛鞭效应"才会消失。

(3) 如果该件服装需用 4 个纽扣，请推算纽扣生产商的需求、存货和生产数据。

序号	节点	周次	第一周	第二周	第三周	第四周	第五周	第六周	第七周
14	纽扣生产商	需求							
15		周初存货							
16		周末存货							
17		生产							

当第三周消费者的需求恢复正常时，要使纽扣生产商恢复到 100 件的产量，要持续到第_____周时，"牛鞭效应"才会消失。而且，在第三周时，纽扣生产商因有大量库存，假设没有其他客户订单，则该纽扣生产线可能会_____。可见"牛鞭效应"的影响非同一般。

(资料来源：根据道客巴巴网相关资料整理。)

能力提升

案例：宝丰公司的"牛鞭效应"

宝丰公司生产汽车配件，通过两个区域中心送往四个仓库，其中，区域中心 X 服务覆盖仓库 A 和仓库 B，区域中心 Y 服务覆盖仓库 C 和仓库 D，有关数据如表4-20所示。

表4-20 宝丰公司仓库和区域中心的需求数据

仓库的周需求量和订购量/托盘		1	2	3	4	5	6	有特定要求的经济订购批量
仓库	A	10	10	10	10	10	10	50
	B	60	60	60	60	60	60	150
	C	30	30	30	30	30	30	100
	D	70	70	70	70	70	70	250
区域中心	X							250
	Y							500

要求：编制仓库、区域中心和工厂的订货或备货计划，并将有关数据填写在表4-21中。

表4-21 宝丰公司仓库和区域中心的需求数据

(1) 根据表4-20中的数据信息编制各节点企业的相关数据。

		1	2	3	4	5	6	小计	合计
仓库 周需求量	A	10	10	10	10	10	10		
	B	60	60	60	60	60	60		
	C	30	30	30	30	30	30		
	D	70	70	70	70	70	70		
仓库 集中订货量	A	50			50			100	
	B								
	C								
	D								
区域中心 集中需求量	X								
	Y								
区域中心 订货量	X								
	Y								
公司集中需求量									

(2) "牛鞭效应"分析及解决对策。

由此可以看出，四个仓库对某汽车零件最初的需求总量为_____托盘，最终公司接收到的订货信息是_____托盘，需求只经过了区域中心一个环节就被放大了(_____)托盘。可见，在某汽车配件的供应链中也存在"牛鞭效应"，该"牛鞭效应"是由_____和_____引起的。可以通过_____或_____解决"牛鞭效应"问题。

(资料来源：作者编写)

随 堂 笔 记

任务 4.3		供应链"牛鞭效应"		
姓名		班级	学号	
课程环节	学习关键点	完成情况	备注	
知识准备	重点与难点	总结学习重点与难点	是否掌握	
	学习重点：			
	学习难点：			
基础检测	题型	错题原因分析(每种题型各有5小题)	得分	小计
	单选题(1分/题)			
	多选题(1分/题)			
	判断题(1分/题)			
任务实施	实训任务	掌握了何种知识或技能	难易程度	
	菲莺制衣公司的"牛鞭效应"			
能力提升	案例分析	掌握了何种知识或技能	难易程度	
	宝丰公司的"牛鞭效应"			

项 目 评 价

项目 4				供应链库存管理		
姓名		班级			学号	
	评价内容及标准				学生自评	教师评价
序号	知识点评价(45 分)		评价标准		得分	得分
1	任务一 基础检测		全部正确，满分 15 分			
2	任务二 基础检测		全部正确，满分 15 分			
3	任务三 基础检测		全部正确，满分 15 分			
序号	技能点评价(50 分)		评价标准		得分	得分
1	认知经济订货批量		能够正确认知经济订货批量的含义和原理。满分 10 分			
2	确定经济订货批量		能够正确运用经济订货批量原理确定不同情况下的 EOQ。满分 10 分			
3	定量订货策略的 S 和 R		能够正确计算定量订货策略下的安全库存、再订货点和订货量。满分 10 分			
4	定期订货策略的 S 和 R		能够正确计算定期订货策略下的安全库存、再订货点和订货量。满分 10 分			
5	菲莺制衣公司的"牛鞭效应"		能够准确分析不同供应链中的"牛鞭效应"问题，提出解决对策。满分 10 分			
序号	素质点评价(5 分)		评价标准		得分	得分
1	精益生产理念		在供应链库存管理中，能将精益生产理念贯穿到供应链的各个环节。满分 3 分			
2	成本节约意识		在供应链库存管理中，能够始终注重成本理念，降低供应链成本。满分 2 分			
合计(100 分)						
项目评价成绩=学生自评×40%+教师评价×60%						

行而知之

海尔集团供应链库存管理

供应链管理的实施,使海尔集团通过整合内部的资源获得更好的外部资源,用3个JIT达到了以时间消灭空间的目的。

第一,采购JIT。将集团所有事业部的物资集中采购。通过以ERP为后台的企业对企业(B2B)网上采购、网上支付、网上招标,实施客户关系管理,实现了集团内部与外部供应商的信息共享与共同计划、共同开发,所有供应商均在网上接收订单,并通过网上查询计划与库存,及时补货,实现JIT采购。这最大限度地缩短了采购周期,使采购周期由原来的平均10天减少到3天。实现总供应链成本最优。

第二,送料JIT。配送整合后,物流部门可根据次日的生产计划利用ERP信息系统进行配料,同时根据看板管理实施4小时(4H)送料到工位制度,实现JIT送料。这一方面使工厂现场整洁明亮;另一方面使库存水平大幅降低,库存面积减少了2/3,库存资金减少了一半。

第三,配送JIT。在储运方面,统一运输,建立起全国的配送网络,目前已建立42个配送中心、1 550个海尔专卖店和9 000多个营销点,在中心城市实现8小时配送到位,区域内24小时配送到位,全国4天以内到位。同时,海尔与邮政强强联手,开辟了B2C销售全新模式。生产部门按照商对客电子商务模式(B2C)、B2B订单的需求完成以后,满足用户个性化需求的定制产品通过海尔全球配送网络送达到用户手中。这样,以海尔集团为核心企业,与供应商、分销商用户形成的供应链网络,通过实施供应链管理,在缩短提前期、降低库存、加快资金周转、提高市场应变能力方面,发挥了巨大的作用。资料显示,通过有效的供应链管理,海尔集团的库存资金降低了67%,仓库面积减少了50%,加上成品配送时间,海尔集团现在完成客户化定制订单只用10天时间。海尔集团用JIT的流程速度消灭了库存空间,传统意义上的仓库变成了配送中心。

海尔集团实现了以非同一般的产品、非同一般的服务、最好的质量和最快的速度满足世界各地消费者的要求。

党的二十大报告提出,"深入实施科教兴国战略、人才强国战略、创新驱动发展战略,开辟发展新领域新赛道,不断塑造发展新动能新优势。"海尔集团认真学习贯彻党的二十大精神,致力于以科技创新为全球用户定制个性化智慧生活,助推企业实现数字化转型,助力经济社会高质量发展、可持续发展。

海尔集团与用户、合作伙伴联合共创现代供应链,不断迭代价值体验,在打造全新品牌的道路上,一直上演着共赢共生,为社会创造价值的故事。

想一想:海尔集团的供应链管理在我国家电业和物流界有口皆碑,多年来,海尔集团大刀阔斧进行改革的原动力是什么?助推力又是什么?

(资料来源:根据"世商管理"相关资料整理。)

项目五　供应链风险管控和绩效评价

【思维导图】

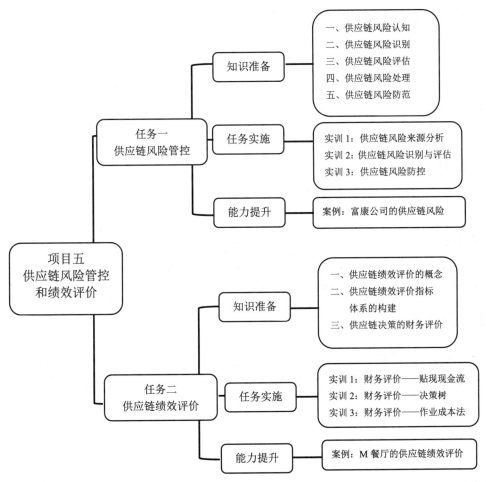

供应链管理作为一种新的管理模式与方法，在新的竞争环境下，在给企业带来价值与竞争力的同时，各种不确定因素的存在也增加了供应链企业的风险。本项目主要是在供应链运营过程中识别并规避供应链风险，进而对供应链的运营绩效进行考评管理，指导供应链能够良性、有序地健康发展。

本项目有以下两个学习任务。

任务一　供应链风险管控

任务二　供应链绩效评价

任务一　供应链风险管控

【任务目标】

知识目标：

(1) 了解供应链风险的含义、来源与特点；
(2) 理解供应链风险识别、评估、处理与防范。

能力目标：

(1) 能够进行供应链风险的来源分析与识别；
(2) 能够提出供应链风险防范建议。

素养目标：

(1) 培养创新意识和创新精神，不固守旧的经营模式；
(2) 培养分析并解决问题的能力。

课程思政：

(1) 树立居安思危、未雨绸缪意识，关注供应链健康发展；
(2) 树立精益求精、向管理要效益的良好理念。

【案例导入】

正如很多人担心的一样，国内新冠肺炎疫情被有效控制后，防疫物资的供应已非常充足，大众对防疫物品的需求已趋于理性，不再大量囤积购买，这是不是也会使需求信息扭曲变形传递给上游各节点企业？那些曾快速转产口罩的企业怎样了？是否意识到可能停产的风险？

(资料来源：作者编写)

想一想：
1. 由于大众的理性购买而减少了口罩购买量，口罩供应链是否也会具有"牛鞭效应"？
2. 如何识别并规避这些风险？

【知识准备】

供应链是一个由供应商、供应商的供应商、核心企业、客户、客户的客户组成的动态网络。在当今高速运转的全球化经济时代，全球供应链已成为发展趋势。全球供应链是核心企业构建的一个跨企业、跨部门、跨文化的合作动态网络，不确定因素可能会使供应链变得脆弱,带来全球供应链管理风险。因此,专门、有效、系统的供应链风险管理是非常必要的。

一、供应链风险认知

(一)供应链风险的含义

供应链风险是由于物资经由供应链经众多的生产与流通企业到终端用户,产生资金流、物流、信息流,涉及运输、配送、仓储、装卸、搬运、包装、流通加工、信息处理等诸多过程,其中任何一个过程出现问题,都会造成供应链风险,影响其正常运作。供应链上的企业是环环相扣的,它们彼此依赖,相互影响,其中任何一个环节出现问题,都会波及其他环节,影响整个供应链的正常运作。如同企业一样,供应链系统有时候同样很脆弱,供应链风险是一种潜在的威胁,它会利用供应链系统的脆弱性,对供应链系统造成破坏,给上下游企业及整个供应链带来危害。

供应链风险包括所有影响和破坏供应链安全运行,使之无法达到供应链管理预期目标,造成供应链效率下降、成本增加,导致供应链合作失败或解体的各项不确定因素和意外事件。

(二)供应链风险的来源

1. 内生风险

(1) 道德风险。道德风险是指由于信息的不对称,供应链契约的一方从另一方得到剩余的收益,使契约破裂,导致供应链的危机。例如,供应商由于自身生产能力上的局限或是为了追求自身利益的最大化而不择手段,偷工减料、以次充好,所提供的物资与合同要求不符,给采购带来风险。

(2) 信息传递风险。信息传递延迟导致上下游企业之间沟通不充分,对产品的生产以及客户的需求在理解上出现分歧,不能真正满足市场的需要。同时会产生"牛鞭效应",导致过量的库存。

(3) 生产组织与采购风险。现代企业生产组织强调集成、效率,这样可能会导致生产过程刚性太强,缺乏柔性。若在生产或采购过程的某个环节出现问题,很容易导致整个生产过程的停顿。

(4) 分销商选择不当的风险。在供应链中,如果分销商选择不当,则会直接导致核心企业市场竞争的失败,也会导致供应链凝聚力涣散,从而使供应链解体。

(5) 物流运作风险。高效运作的物流系统需要供应链各成员之间采取联合措施,实现信息共享与存货统一管理。但在实际运行中很难做到这一点,可能导致在原料供应、原料运输、原料缓存、产品生产、产品缓存和产品销售等过程中出现衔接失误,这些衔接失误都能导致供应链物流不畅通而产生风险。例如,运输障碍使原材料和产品不能及时供应,造成上游企业在承诺的提前期内无法交货,致使下游企业生产和销售的需求得不到满足。

(6) 企业文化差异产生的风险。供应链一般由多家成员企业构成,这些成员企业在经营理念、文化制度、核心价值观和员工职业素养等方面必然存在一定的差异,从而导致对相同问题有不同看法,采取不一致的工作方法,最后输出不同的结果,造成供应链的混乱。

2. 外生风险

(1) 市场需求波动风险。首先，供应链的运作是以市场需求为导向的，供应链中的生产、运输、供给和销售等都建立在对需求准确预测的基础之上。如果不能获得准确的市场信息，供应链就无法反映不断变化的市场趋势和顾客偏好。其次，供应链也会由于不能根据新的需求改变产品和供应物品，而无法进入一个新的细分市场。最后，市场机会会因不能满足顾客快速交货的需求而丧失。

(2) 经济周期风险。宏观经济的周期性变化使供应链的经营风险加大。在经济繁荣时期，供应链在市场需求不断增加的刺激下，会增加固定资产投资，进行扩大再生产，增加存货、补充人力，相应地增加了现金流出量。而在经济衰退时期，供应链销售额下降，现金流入量减少，而未完成的固定资产投资仍需大量资金的继续投入。此时市场筹资环境不理想，筹资成本加大。这种资金流动性差的状况增大了供应链的经营风险。

(3) 政策风险。当国家经济政策发生变化时，往往会对供应链的资金筹集、投资及其他经营管理活动产生很大影响，使供应链的经营风险相应增加。例如，当产业结构调整时，国家往往会出台一系列的产业结构调整政策和措施，对一些产业的鼓励，给供应链投资指明了方向；而对另一些产业的限制，使供应链原有的投资面临遭受损失的风险，供应链需要筹集大量的资金进行产业调整。

(4) 法律风险。意外风险供应链面临的法律环境的变化也会诱发供应链经营风险。每个国家的法律都有一个逐渐完善的过程，法律法规的调整、修订等不确定性，有可能对供应链运转产生负面效应。

(5) 意外风险。意外风险主要表现在水灾、火灾、地震、闪电、雷击、风暴、陨石、冰雪损害、火山、疫情、政治的动荡、意外的战争等其他各种不可抗拒的原因所造成的损失等，这些风险一般都是难以控制和预测的，都会引起非常规性的破坏，影响供应链的某个节点企业，从而影响整个供应链的稳定，使供应链中企业资金运转受阻或中断，使生产经营遭受损失，既定的经营目标、财务目标无法实现等。

(三)供应链风险的特点

1. 复杂性与多样性

供应链风险可能来自企业自身运转造成的问题，也有可能是供应链的内部运营，还可能来自供应链外部环境的变动，因为供应链上成员众多且比较复杂，因此，自企业构建起供应链时，其运营面对的风险就是多种多样的。

2. 传递性

供应链从产品开发、生产到流通过程是由多个节点企业共同参与的，因此风险因素可以通过供应链流程在各个企业间传递和累积，并显著影响整个供应链的风险水平。根据供应链的时间顺序和运作流程，各节点的工作形成了串行或并行的混合网络结构。其中某一项工作既可能由一个企业完成，也可能由多个企业共同完成。供应链整体的效率、成本、质量指标取决于节点指标。由于各节点均存在风险，所以供应链整体风险由各节点风险传递而成。

3. 此消彼长性

供应链风险具有传递性，而且呈现多样性，导致供应链风险此消彼长，即在供应链中一种风险的发生概率减小必然会相应地增加另一种风险发生的概率。因此，对于供应链的某种风险，不要急于盲目消除，而应当进行准确识别和评估该风险的后果，再谨慎选择合适的处理方法，既不能因噎废食，也不能急功近利，造成更大损失。

4. 博弈合作

供应链内部风险主要来自组成供应链系统各环节之间的关系，它由各环节之间潜在的互动博弈与合作造成。供应链中各成员企业作为独立的市场主体有各自不同的利益取向，相互之间因为信息不完全、不对称，又缺乏有效监督机制，因此为了争夺系统资源，追求自身利益最大化而展开激烈博弈。同时，在部分信息公开、资源共享的基础上，又存在一定程度的合作。

5. 牛鞭效应

在实践中，供应链生产源头和终点需求之间总会存在时间上的延迟，这种延迟导致反馈上的曲解。供应链上的企业多依据比邻企业的需求进行决策，而并不探求其他成员信息，造成这种曲解从微小差异最终传递到源头时出现不可思议的放大。供应链越长，中间非价值生产过程越多，"牛鞭效应"越严重，供应链效率越低下。

案例 5-1

日本地震暴露全球供应链风险

2011年，日本大地震暴露了电子、汽车等行业全球供应链的致命弱点。日本提供了全球1/5的硅片、约90%的BT树脂以及高技术产业的大量原材料和零部件。为避免日本零部件出现断供，世界各地企业都在放慢生产速度或寻找新供应商。通用汽车拟关闭路易斯安那州的一家皮卡工厂，原因是一种由日本生产的零部件供应短缺。沃尔沃、丰田、马自达等汽车企业均表示，若不能迅速采购到更多零部件，生产将受到明显冲击。业内人士称，日本厂商采用"零库存"送货体系，因而供应链容易受突发事件影响。面对更高的供应风险，企业应准备好详细的应变计划，通过积累库存、分散供应商来降低供应链风险，尽管这样可能会带来更高的成本。

(资料来源：马莹，姚长佳. 供应链管理实务[M]. 北京：中国石油大学出版社，2016.)

二、供应链风险识别

供应链风险识别是指对企业或供应链面临的各种潜在风险进行归类分析，从而加以认识和辨别。发掘并识别不同形态的风险是供应链风险管理的前提，而设计并运用合理的识别手段是准确掌握供应链风险的重要保障。一个相对完整的风险识别工具组合有助于我们拓展视野，更好地管理企业风险。

风险识别就是发现影响组织的关键风险事件，首先要求对其特征进行定性和定量分析、归类，在此阶段要对不同风险的本质、严重性以及它们对组织的影响特性进行评估和分析。

对于那些可控的风险，企业可以通过战略层面或者运营层面的变化来实现风险转移，或通过引入新业务以及组织控制来实现对其有效掌控。对于那些无法掌控的风险，企业必须明确所能承受的风险程度，并以此调整业务计划或者财务风险管理程序。近年来，供应链风险识别技术发展迅速，这里主要探讨关键事件预警分析法、历史数据分析法以及全景描述三种风险识别方式。

1. 关键事件预警分析法

企业进行从上至下的战略风险评估，需要采用关键事件预警分析法。这种分析方法通常需要通过一系列的头脑风暴法来识别可能对企业业绩产生影响的关键因素，如经济、技术、文化等，然后对这些相关因素的未来状态进行评估，并一一列举出来，综合起来就形成现实和潜在的风险因素组合。关键事件预警分析法在识别战略层面的风险方面较为有效，尤其是由于新技术的出现、经济以及产业结构的变动所产生的风险。除此之外，这种方法同样适用于战术方面，并且在对现存的风险以及各种风险彼此之间的互动效果的分析过程中也经常使用。

2. 历史数据分析法

通过对历史数据的分析法，可以在识别未来风险方面得到一些启示，以便及时发觉可能产生重大负面效应的事件。但历史数据分析法有两个缺陷：一是它只能对曾经发生过的风险因素进行识别，而这可能使未来发生的新型重大风险被忽略；二是重要的风险事件通常并不经常发生，这可能使我们对风险事件的类型认识受到约束。为此，我们需要将在同类型企业中曾经发生的风险事件尽可能地包括在历史数据之中。

3. 全景描述

全景描述是通过创建一个完整的业务流程图，并将不同业务功能单元予以组合，进行可视化的集成展示。全景描述可以综合性地将一个组织或者供应链从头至尾地进行解析与展示，对此过程中的每一个步骤都提供详细的信息，包括目标、如何操作、谁来执行、出现突发事件如何应对等。一个完整的全景图可将需要控制的误差、潜在风险点以及薄弱的环节一一暴露出来，尤其是需要注意在组织以及部门间会相互动态转移的风险，其具有较强的识别能力。另外，全景描述对于识别由于执行不力带来的风险比较有效，与历史数据分析不同，全景描述可以在实际损失产生之前从全程的、整体的角度对可能存在的风险以及它的影响进行分析。

在这三种风险识别方式中，全景描述以及历史数据分析法比较适于识别供应链运营方面的风险。在对市场风险以及事件风险的识别方面历史数据分析法有它独特的优势，但是在识别类似品牌以及口碑方面的不可见风险方面，历史数据分析法通常比较困难。而关键事件预警分析法作为一种极具艺术性的风险识别工具在识别企业或者特殊事件层面的风险方面具有不可替代的作用。

三、供应链风险评估

供应链风险评估是指运用定量分析法对特定风险发生的可能性和损失范围及程度进行估计与度量。

供应链风险评估

在风险评估中有很多不同类型的定量分析方法,都是基于两个因素:一是风险事件发生的可能性;二是风险事件确实发生所造成的后果。这两个因素的重要性在于,可以通过两者计算事件期望值(EV)来评估风险,其表达式为

$$事件期望值=事件发生的概率\times事件造成的结果$$

例如,当交货延迟的可能性为10%,延迟损失成本为20 000元时,则延迟交货事件的期望值为10%×20 000=2 000(元)。

需要说明的是,这里的期望值强调的是风险多次发生的平均结果,而不是风险每次发生的结果。上例中,交货有 90%的概率不会发生延迟,因此就不会造成损失,但还是有很小的可能造成 20 000 元的延迟损失成本,而不是 2 000 元。这说明对很多风险而言,除非相关的风险事件确实发生,否则风险并不会产生影响。仓库确实有水灾或火灾的风险,但如果没有被水淹或不着火,则是没有真实风险的。

四、供应链风险处理

供应链风险处理是指在风险评估的基础上,对各种供应链风险进行有针对性的、合理的处置。供应链风险处理一般分为处理对策、风险处置和控制与反馈等三个过程。

1. 供应链风险处理对策

(1) 规避。规避是较为常用的一种方法,对风险采取躲避、回避、放弃等办法,以降低或消除风险的影响和侵害,减少或避免损失。此方法简单易行,安全可靠,但也容易因消极态度丧失机会,为竞争对手所利用,谨慎有余而创新不足。

(2) 控制。控制是有针对性地采取防范、保全和应急措施,对供应链风险进行控制,最大限度地消除和减少经营风险可能带来的损失。这是一种积极、主动的风险管理方法,可用于经营风险发生之前或发生之时。但经营风险控制受到技术条件、成本费用、管理水平等的限制,并非所有的经营风险都能采用。

(3) 承受。承受是从风险管理全局考虑所做出的局部牺牲,是被动的措施,往往由于对某项经营风险无法回避,或由于盈利的目的而需要冒险,而自愿地承担风险及其损失后果的方法。

(4) 转移。转移是采取各种方法将经营风险全部或部分转嫁、推卸出去,使风险的承受者由一家企业变成多家企业,从而相对消除和减少供应链的风险损失。最常用的风险转移方法是保险,可以通过保险将已辨识出的经营风险予以承保,缴纳保险费,当风险实际发生时,由保险人全部或部分承担赔偿责任。实际上,供应链管理的根本就是以供应链整体去应对风险,共同承担风险,提高抵御风险危害的能力。

(5) 对抗。对抗是对经营风险主动迎击,破坏风险源或改变风险的作用,释放风险因素蕴含的能量,以减少风险对供应链生产经营活动的影响和损失。对抗是供应链风险策略的强硬措施,具有较大的技术难度,其本身也要冒很大的风险,易剑走偏锋。如果失败了,可能会遭受更为严重的损失,而如果成功则会获得较大盈利。

2. 供应链风险处置

在实施风险管理时要体现预防在先、补救在后、控制为主、对抗为辅的原则,力求在

风险管理中取得主动权,避免出现经营风险的连锁反应。其具体步骤如下。

(1) 对已发生的风险进行应急处理,或者对易造成损失的风险进行补救,对自身失误进行反思,同时总结经验教训,制定相应的防范措施。

(2) 对生产经营管理薄弱环节进行整治,对类似的风险隐患进行消除,对未产生破坏力的风险因素进行查堵等。

(3) 对上一步骤所做的风险对策具体化并付诸实施,协调好供应链风险管理各方面的关系,使风险对策在实际中发挥应有的作用,以达到风险管理的基本目标。要将风险对策方案在实践中进行检验,发现其中可能存在的缺陷,及时进行反馈,并对风险对策方案进行补充和调整。

(4) 要对风险对策方案实施的成本费用进行计算,使风险成本最低。

3. 供应链风险控制与反馈

供应链风险管理是一项长期、艰巨的工作,不能一蹴而就,必须定期重复风险管理过程的各个步骤,以使这一过程融入供应链管理运作中。供应链风险反馈机制是一个信息循环机制,供应链将在风险识别、风险分析及分析处理过程中得到经验或新知识,或者是从损失或接近损失中获取有价值的经验教训,将其集中起来加以分析并反馈到供应链相关经营活动中,从而避免再犯同样的错误。

五、供应链风险防范

根据风险管理目标,选择恰当的风险管理工具,对供应链风险进行积极处理,优化组合、规避、转移、降低风险。

(1) 节点风险管理。供应链整体风险是由各节点风险传递而成的,因此,通过对节点企业风险的识别与判断,进行风险调整和优化,将大大加强对整个供应链的风险控制。

(2) 建立应急机制。在供应链管理中,对突发事件的发生要有充分的准备。对于一些偶发但破坏性大的事件,可预先制定应变措施,制定应对突发事件的工作流程,建立应变事件的小组。同时,要建立一整套预警评价指标体系,当其中一项以上的指标偏离正常水平并超过某一临界值时,发出预警信号。在预警系统做出警告后,应急系统及时对紧急、突发的事件进行应急处理,以避免给供应链企业之间带来严重后果。

(3) 信息交流共享。信息技术的应用加强了企业的通信能力,很大程度上推倒了以前阻碍信息在企业内各职能部门之间流动的"厚墙"。供应链企业之间应该通过建立多种信息传递渠道,加强信息交流和沟通,增加供应链透明度,加大信息共享力度来消除信息扭曲,比如共享有关预期需求、订单、生产计划等,从而降低不确定性、降低风险。一般来说,上下游企业间的信息有先进的通信方式、及时的反馈机制、规范化的处理流程,供应链风险就小,反之就大。

(4) 合作伙伴激励。目前我国企业的社会诚信机制还不太完善,供应链企业间出现道德风险是难以避免的。因此,应该尽可能消除信息不对称,积极采用一定的激励手段和机制,使合作伙伴能得到比败德行为更大的利益,来消除对方的道德风险。

(5) 优化合作关系。供应链合作伙伴选择是供应链风险管理的重要一环。一方面,要充分利用各自的互补性以发挥合作竞争优势;另一方面,也要考量伙伴的合作成本与敏捷性。合作伙伴应将供应链看成一个整体，而不是由采购、生产、分销、销售构成的分离的块功能。只有链上伙伴坚持并执行对整条供应链的战略决策，供应链才能真正发挥成本优势，占领更多市场份额。

供应链战略联盟是建立在合同（或协议）基础之上的组织形式，单纯依靠合同规避风险显然不够，供应链企业之间需强化基于合作利益有效分配的信任激励，一方面，要保障在供应链总收益分配中伙伴间的利益共享，即各成员间都"有利可图"，另一方面，必须通过制定严格的标准和要求，约束各厂商的行为。双管齐下的激励措施必将大大降低供应链面临的道德风险，增进伙伴间的感情联络与合作信任，巩固战略合作伙伴关系。

(6) 增加柔性设计。供应链企业在合作过程中，通过在合同设计中互相提供柔性，可以部分消除外界环境不确定性的影响，传递供给和需求的信息。柔性设计是消除由外界环境不确定性引起变动因素的一种重要手段。

(7) 企业文化建设。良好的供应链文化一方面能在系统内形成一股强大的凝聚力，增强成员企业之间的团结协作，减少不必要的矛盾冲突，从而减少内耗，并且形成一种相互信任、相互尊重、共同创造、共同发展、共享成果的双赢关系；另一方面，使供应链的成员与整体有相同的利益要求和共同的价值标准，从而维持供应链的稳定与发展。

基 础 检 测

一、单选题

1. (   )是指对特定风险发生的可能性或者损失的范围与程度进行估计与度量。
   A. 供应链风险识别   B. 供应链风险评估
   C. 供应链风险处理   D. 供应链风险防控

2. 供应链风险管理的主要目标是(   )。
   A. 增加供应链柔性   B. 消除"牛鞭效应"
   C. 消除风险   D. 规避和弱化供应链风险

3. (   )是在风险发生之前运用各种方法系统地认识所面临的各种风险以及风险事件发生的潜在原因。
   A. 供应链风险识别   B. 供应链风险评估
   C. 供应链风险处理   D. 供应链风险防控

4. 由于供应链结构本身原因造成的供应链风险为(   )。
   A. 预测风险   B. 生产风险   C. 延迟风险   D. 系统风险

5. 供应链企业通过购买保险使风险由保险公司承担的风险处理方式为(   )。
   A. 风险承受   B. 风险识别   C. 风险转移   D. 风险控制

二、多选题

1. 以下属于供应链内生风险的是(   )。
   A. 道德风险   B. 信息传递风险   C. 政策风险
   D. 采购风险   E. 意外风险

2. 以下属于供应链外生风险的是(　　)。
    A. 法律风险　　　　B. 信息传递风险　　　C. 政策风险
    D. 采购风险　　　　E. 意外风险
3. 减轻供应链风险的柔性战术规划包括(　　)。
    A. 提供柔性产能　　B. 合理增加柔性库存　C. 增加柔性供应商
    D. 增加柔性提前期　E. 设计稳健的供应链网络
4. 供应链风险的特征包括(　　)。
    A. 复杂性　　　　　B. 多样性　　　　　　C. 传递性
    D. 博弈性　　　　　E. 合作性
5. 供应链风险的处理对策主要有(　　)。
    A. 规避　　　　　　B. 控制　　　　　　　C. 承受
    D. 转移　　　　　　E. 对抗

三、判断题

1. 供应链风险的根源是导致供应链合作失败或解体的各项不确定因素和意外事件。
　　　　　　　　　　　　　　　　　　　　　　　　　　　　　　　　　　　(　　)
2. 供应链市场需求风险可采用延迟策略等方式来减少风险。　　　　　　　(　　)
3. 供应链系统性风险是可以预防的,而自然灾害引发的风险是不可防范的。(　　)
4. 全景描述以及历史数据分析法比较适于识别供应链运营方面的风险。　　(　　)
5. 当供应链风险预警控制系统发出警告后,应该对突发事件进行应急处理。(　　)

任务实施

实训1：供应链风险来源分析

在传统服装行业，菲莺制衣公司把供应链管理提升到战略高度，成效是非常显著的。菲莺制衣公司成立于1998年，一开始奉行"虚拟经营"的品牌商模式，只做品牌和设计这一核心业务环节，将其他非核心的业务外包，如此的轻资产模式要求菲莺制衣公司迅速提升其对供应链的管理能力。

菲莺制衣公司的电子商务渠道主要是自营的莺购网和大众化的M多、T宝。菲莺制衣公司整合、打通了整条供应链上的各节点企业，包括供应商、品牌商、加盟店和门店，实现了一体化的管理。供应链管理效率的提高，使菲莺制衣公司的货品流转率得到提高。

菲莺制衣公司原来供应链的原点在设计中心和企划中心，是以批发商为主的供应链管理，不是以零售商为主的供应链管理，与真正高效的供应链管理的主旨有很大不同。现代的供应链管理应是以门店和消费者为原点，是围绕互联网和零售商结合的供应链。

由于电子商务在诸如物流配送、营销资源和信息系统等方面的资源配置所需投资非常巨大，前期财务风险不可控，盈利难以保障，菲莺制衣公司决定停止进行自有平台莺购网的运营。近日，媒体报道其2020年底库存为19亿元(2018年为6亿元)，过季库存占其净资产的近一半(净资产20亿元)。

菲莺制衣公司到底遭遇了什么？原有的供应链优势不能继续复制了吗？菲莺制衣公司高层经过认真、细致的调研，发现原有的供应链与现实已经格格不入，具体表现如下。

(1) 市场需求预测差异。面向互联网群体与面向门店的消费者群体受众面不同，原有的市场预测模式需要调整，应改为基于服装电子商务模式的市场预测。

(2) 订单差异。电商的订单主要是以面对单个的消费者为主，而传统渠道的订单，则是以单位店面的需求计划为主，这要求订单的处理能力倍增，而且差错率也将随之递增。

(3) 配送能力严重缺陷。菲莺制衣公司原有配送资源能够配送到门店和大区。经营电商后，对原有物流配送网络进行升级，形成了以杭州、沈阳、上海、广州、西安、成都、天津七大配送中心为枢纽，以各销售子公司仓库为节点的完善的物流配送体系。但其致命缺陷是市内配送用的是第三方物流，自己的物流体系不支持宅配。

(4) 快速响应。我国电子商务竞争，唯"快"不破，网上下单到客户收货，J东、D当这样的企业能够满足"211"、次日达等快速响应模式，由于没有市内物流配送，莺购网一时满足不了消费者的需求。

(5) 售后问题。服装必然面临试穿、退货、换货等售后服务问题，莺购网要真正实现配送对于售后的支持，才能成功，这需要建立庞大的"自控式"配送体系。

(6) 业务流程差异。按照菲莺制衣公司原有的信息化升级目标，其现在的供应链体系要同时满足传统渠道和莺购网，而事实上，电商和传统渠道的巨大差异导致必须建立两套业务流程和体系。

(7) 伤不起的成本。一切管理的终点都要回归到财务层面。2020年菲莺制衣公司第一季度财报显示，管理费用较去年同期增加80%，主要是莺购网事业部所带来的管理人员的增加以及本年度薪资有一定幅度上涨；而IT、物流等方面尚需大笔投资；另外是推广费用，有推广才有流量和购买量，特别是受新冠肺炎疫情影响，直播带货的推广模式使推广费用大幅增加。

要求：

认真阅读案例，思考以下问题。

(1) 菲莺制衣公司原来的供应链是推式的还是拉式的？有何问题？

(2) 菲莺制衣公司的供应链遇到的风险主要是哪几种？具体表现是什么？

完成上述任务要求，并将相关内容填写在表5-1中。

表5-1 菲莺制衣公司供应链风险来源分析

(1) 菲莺制衣公司原来的供应链是推式的还是拉式的？有何问题？
答：原来的供应链是_____的，_____在设计中心和企划中心，是以_____为主的供应链管理，不是以_____为主的供应链管理。 这样的供应链_____。
(2) 菲莺制衣公司的供应链遇到的风险主要是哪几种？具体表现是什么？
答：菲莺制衣公司的供应链遇到的风险及其具体表现如下。 (1)_____风险，具体表现为订单差异导致的订单处理能力不足和差错率。 (2)_____风险，具体表现为业务流程差异。 (3)_____风险，具体表现为_____、_____和_____。 (4)_____风险，具体表现为市场需求预测差异。 (5)_____风险，具体表现为市场经济规律下服装行业的激烈竞争。 (6)_____风险，具体表现为_____导致的停产、复工、转型等。

(资料来源：根据天下网商网相关内容整理。)

实训2：供应链风险识别与评估

面对上述诸多问题，菲莺制衣公司专门成立了供应链风控小组，进行专项调研。其除了对从2011年至2020年的年度资产负债表、现金流量表和利润表进行收集、整理和对比，又对其中的关键数据如库存和管理费用也做了对比分析，结合经济形势与政策的变化，对集团供应链进行风险识别与诊断，积极谋划，期望尝试采取多种措施进行风险防控。

要求：

认真阅读案例，思考以下问题。

(1) 菲莺制衣公司运用了何种方法识别上述风险问题？这种方法有何优劣？

(2) 菲莺制衣公司对一些风险问题进行了评估，例如售后服务问题，如果每有一单退货都将带来平均200元的退货成本，发生退货的可能性为0.5%，则退货事件的期望值是多少？如何理解这个期望值？

完成上述任务要求，并将相关内容填写在表5-2中。

表 5-2 菲莺制衣公司供应链风险识别与评估

(1) 菲莺制衣公司运用了何种方法识别上述风险问题？这种方法有何优劣？
答：菲莺制衣公司运用了_____进行了风险识别，主要是通过_____、_____和_____，特别是_____和_____就可以识别出供应链遇到了风险。 优点：_____。 缺点：_____。
(2) 菲莺制衣公司对一些风险问题进行了评估，例如售后服务问题，如果每有一单退货都将带来平均200元的退货成本，发生退货的可能性为0.5%，则退货事件的期望值是多少？如何理解这个期望值？
答：因为事件期望值=事件发生的概率×事件造成的结果 所以：_____

（资料来源：作者编写）

实训3：供应链风险防控

为了降低进货成本，菲莺制衣公司积极向上游供应商拓展，与供应商建立合作伙伴关系，主要是将自己的IT系统一直延伸到供应商终端，把包括入库率、产品检验合格率、产品销售等情况对一些战略合作供应商公开，真正以合作伙伴的关系推动供应商一起发展。以前菲莺制衣公司的采购都是在成衣厂直接下单，对于面料的采购和管理则一概不管。而现在，菲莺制衣公司把面料供应商也纳入自己的管理系统中，仅此项举动，就使其供应环节成本节省了 39%。对此，菲莺制衣公司副总裁说："面料是服装业竞争的重点，抓住面料环节，也就控制住了供应链 70%~80%的关键环节，这些环节包括了质量、成本、拿到订单的生产供应速度等，因此必须将价值链延伸到原料供应领域，提升竞争能力。"

事实上，从供应商到制造商，再到分销商、零售商、物联网以及消费者终端服务，在这条服装行业供应链上，谁能对资源进行强有力的掌控，谁就能获得话语权，决定利益分配的走向。

要求：认真阅读案例，思考以下问题。
(1) 菲莺制衣公司在供应链风险防控方面做了哪些努力？有何收效？
(2) 你还能提出其他合理化建议吗？
注：本题目可另行附纸作答。

（资料来源：作者编写）

能 力 提 升

案例：富康公司的供应链风险

富康股份有限公司是一家集现代生物和医药制品研制、生产、营销于一体的高科技企业。目前已开发研制生产出富康口服液、富康胶囊、富康西洋参胶囊、富康花粉等一系列产品，其在同类产品中享有很高的知名度，在国内市场上占据领先地位。10 多年来，富康口服液一直保持着良好的市场形象，其销售网络遍布全国各地，目前，富康口服液已逐渐进入产品成熟期，但这种产品的问题最大。公司通过中间商网络来销售富康口服液，这些中间商代表公司将产品销售给食品零售连锁店。由于市场竞争激烈，中间商向连锁零售小店提供服务变得压力重重。目前，公司生产部门与销售部门之间存在较大的矛盾，销售部门经常变动订单，使生产部门的生产计划被打乱，而销售部门经常供不上货，但公司的库存却仍然很高。

对此，公司对现行供应链生产系统进行了分析，发现如下问题。

(1) 生产系统的不确定性。由于市场竞争激烈，需求剧烈波动，为抓住市场机遇和维持良好的服务水平，营销部门要求生产部门及时提供产品，导致公司的生产系统承受了巨大的库存水平压力以及生产的不确定性。

(2) "牛鞭效应"严重。公司采用推式供应链进行生产销售，但由于对市场预测不准，导致整个系统出现高库存水平和高缺货水平并存的看似矛盾的现象以及"牛鞭效应"。

(3) 供应链的精益水平比较低。为扩展各地市场，将全国市场划分成八大区域，同时生产厂也分八个生产线生产，每批原材料的投料都是针对具体的区域安排的，即在原材料投入时就已确定该批产品的销售区域，而销往各地的富康口服液本质上没有任何差别，其供应链的精益水平比较低。

(4) 对客户需求的敏捷反应能力较差。为了合理、公平地考核区域的销售业绩，避免各区域之间发生"冲货"现象，借助包装材料进行产品区分，导致无法用某一地区过高的库存来应对另一地区供不应求的局面，对客户需求的敏捷反应能力较差。

(5) 富康口服液的生产周期长。比如，公司有一条大的生产线，生产三类保健品，包括 26 种不同产品。而且成品的生产周期较长，需要发酵、分装、检验和包装四个环节。如果临时下订单，肯定不能满足销售。在分装工段之后需要放置两周时间以作检验，而包装材料的生产只需要五天左右的时间，产品包装需要一天，发出订单的时间需要考虑。与此同时，包装材料供应商提供了八种口服液的包装材料，不仅增加了公司的成本，还带来诸多不便。

(6) 库存检查间隔期长。公司采用定期订货法管理库存，每周检查一次，间隔时期较长，这样会导致对需求的反应速度较慢，不能满足客户需求，对临时生产造成很大压力。

(资料来源：根据写写帮文库资料整理，有改动)

要求：认真阅读案例，明确并分析富康公司存在的问题，指出其面临的供应链风险是哪种原因，并提出规避或解决的方案，将相关内容填写在表 5-3 中。

表 5-3 富康公司供应链风险分析与解决对策

1. 富康公司的供应链遇到的风险主要是哪几种？具体表现是什么？

答：富康公司的供应链遇到的风险主要是_____风险和_____风险。二者的具体表现都是_____和_____，进而连带引出一连串的后果，如_____、_____、_____和_____等问题。

2. 上述风险问题如何解决？请提出优化建议。

(1) 采用_____的供应链模式，解决公司问题(1)～(4)。

　　这种模式减少供应链中的不确定性，加快供应链对市场的反应速度。不同的环节根据需求采用_____或者_____。为了解决生产预测不确定与实际销售矛盾的现象，富康公司生产部门可以对总的原材料进行_____管理，首先根据_____，进行初期的_____生产，这样大大缩短了生产周期。最后的_____是根据_____部门接收到的最终客户_____进行，加快了临时生产的速度，减少了成品的_____，也减轻了_____对生产部门的压力，避免销售的_____现象，解决_____和_____的矛盾。

　　这种模式也解决了整个系统的_____水平和_____水平并存以及"_____"问题。如上所述，生产部门可首先对市场需求做调查，直接生产_____，再根据_____进行成品的生产。避免了一层层预测信息的传递，导致各环节的生产_____一层层地增加，减少了供应链总体的_____，减少了_____。

　　对于市场区域划分和对应的分批包装问题，可以先生产_____，根据各大地区的_____，缺货的地区再_____、_____，这样不仅降低_____，也避免_____造成的损失。

(2) 采用_____策略，解决公司问题(2)～(4)。

　　此策略需要重新设计供应链结构，提高供应链对客户需求的_____能力。把产品的定制活动推移到供应链的下游进行，将区分产品的步骤尽可能地_____。先从生产通用产品开始，当需求确定后再将产品根据客户需求生产成最终不同的产品。对市场区域问题，富康公司需要在生产过程_____，更改产品的生产步骤，将产品的_____的操作步骤尽可能地_____，降低制造过程的复杂程度，减少供应链的不确定性，以及降低成本库存，缩短定制时间。首先将基于预测的_____生产，转向响应_____的按_____生产。对区域包装问题，更改富康公司在每批原材料的投料就针对具体地区安排，导致最初就固定下来的生产过程，最大的_____生产步骤，根据需求再进行_____的具体的生产包装。这样可降低由于_____不当带来的有的地区缺货，有的地区过剩。

(3) 采用_____的方法，解决公司问题(4)和(5)。

　　供应链运营过程中面临的许多问题是_____导致的，生产速度慢，降低了总的运营效率。可以采用并行工艺的方法，充分利用现有的设备技术，将原来_____的工作_____，缩短产品的生产周期。富康公司产品的发酵分装与检验工段，相隔期时间较长，可以分地点分时段错开进行，以提高生产效率，与此同时，生产包装材料，再进行包装的时间周期就减少了，缩短了供应链运营的提前期。与此同时，可以统一生产_____的包装材料，明确地区不同后再标明地区，减少_____过大带来的成本。

(4) 采用_____法管理库存，解决公司问题(6)。缩短检查时间间隔，随时关注库存变化，只要库存下降到了_____，及时发出_____，满足供应和销售。

(5) _____，_____。

　　富康公司应建立一个完善的_____，加强各个部门之间的_____，生产需求供给要紧密地联系起来，加强合作关系，避免_____导致的生产延迟、库存缺失或过剩的现象，提高效率，提高企业的服务水平。

随 堂 笔 记

任务 5.1		供应链风险管控		
姓名		班级		学号	
课程环节	学习关键点	完成情况		备注
知识准备	重点与难点	总结学习重点与难点		是否掌握
	学习重点:			
	学习难点:			
基础检测	题型	错题原因分析(每种题型各有 5 小题)		得分	小计
	单选题(1 分/题)				
	多选题(2 分/题)				
	判断题(1 分/题)				
任务实施	实训任务	掌握了何种知识或技能		难易程度
	1. 供应链风险来源分析			
	2. 供应链风险识别与评估			
	3. 供应链风险防控			
能力提升	案例分析	掌握了何种知识或技能		难易程度
	富康公司的供应链风险			

任务二　供应链绩效评价

【任务目标】

知识目标：

(1) 了解企业供应链绩效评价的作用及意义；
(2) 掌握供应链绩效评价指标体系的构建。

能力目标：

(1) 能够构建供应链评价指标体系；
(2) 能够选择恰当的方法进行供应链绩效评价。

素养目标：

(1) 培养创新意识和进取精神，勇于开拓；
(2) 培养积极面对问题并果敢解决问题的能力。

课程思政：

(1) 培养居安思危和未雨绸缪意识；
(2) 培养民族观和爱国精神。

【案例导入】

口罩分配如何更科学？建议进行事中绩效管理

自新冠肺炎疫情暴发以来，口罩迅速成为短缺物资。虽然在中央的统一指挥下，各部门、各地方奋力恢复原有产能，迅速拓展新增产能，但口罩等抗疫物资紧缺的状况在疫情初期难以改变。因此，要分配好相对有限的口罩等紧缺医疗资源，密切监管相关分配政策的执行情况，做到及时纠偏。这是一个既要体现公平，又要体现效率的重大课题，也是检验各地政府执政能力的考题。口罩分配，既要统得起来，也要细得下去。以结果为导向的绩效管理理念，建立起针对口罩分类政策的全过程绩效管理体系，通过目标管理、事前评估、运行监控、绩效评价及结果应用等手段，加强口罩分配政策的监督与管理，不失为一种解决方案。因此，要充分借助大数据及人工智能算法等先进技术，建立贯穿市、区、街道、居委、楼宇的全覆盖卫生物资分配绩效云监控体系。

(资料来源：根据环京津新闻网的内容整理。)

> **想一想：**
> 1. 什么是绩效管理？什么是绩效评价？
> 2. 我们是否想到过，一个小小的口罩供应链竟掀起如此大的供应波澜？

【知识准备】

只有进行评价才能进行改进。在供应链管理中，为了使供应链健康发展，科学、全面地分析和评价供应链的运营绩效成为一个非常重要的话题。

一、供应链绩效评价的概念

供应链是一个网链结构，由多个参与节点企业共同构成。供应链绩效是包含这个网链结构中的所有参与者共同的行为及最终达到的结果，也是指供应链运行过程中的有效性与效率性的统一。因此，供应链绩效既要考察其投入成本的最终效率如何，也要考察供应链产出的有效性，即是否满足了终端客户的需求，保障供应链总体运行的可靠性、灵活性以及时效性如何。

供应链绩效评价是指运用一定的技术方法，采用特定的供应链评价指标体系，依据统一的评价标准，按照一定的程序，通过定量、定性的对比分析，对供应链上的节点企业和整条供应链的业绩和效益做出客观、标准的综合判断，真实反映供应链的状况，预测其未来发展前景的一套管理控制系统与方法。

供应链管理绩效评价的最终目的，不仅要获得节点企业和供应链的运营状况，还要优化节点企业和供应链的业务流程，为供应链管理体系的优化提供科学依据。

供应链绩效评价的作用和意义

二、供应链绩效评价指标体系的构建

为了客观、全面地评价供应链的运营情况，可从以下两方面来分析和讨论供应链绩效评价指标体系。

(一)反映整个供应链业务流程的绩效评价指标

整个供应链是指从最初供应商开始，直到最终用户为止的整条供应链。

1. 产销率指标

产销率是指在一定时间内已销售出去的产品与已生产的产品数量的比值，计算公式为

$$产销率 = \frac{一定时间内已销售出去的产品数量(S)}{一定时间内已生产的产品数量(P)} \tag{5.1}$$

因为 $S \leq P$，所以产销率小于或等于 1。

产销率又可分成以下三个具体指标。

(1) 供应链节点企业的产销率。该指标反映供应链节点企业在一定时间内的产销经营状况，计算公式为

$$供应链节点企业产销率 = \frac{一定时间内节点企业已销售出去的产品数量}{一定时间内节点企业已生产的产品数量} \tag{5.2}$$

(2) 供应链核心企业的产销率。该指标反映供应链核心企业在一定时间内的产销经营状况，计算公式为

$$\text{供应链核心企业产销率} = \frac{\text{一定时间内核心企业已销售出去的产品数量}}{\text{一定时间内核心企业已生产的产品数量}} \quad (5.3)$$

(3) 供应链产销率。该指标反映供应链在一定时间内的产销经营状况,其时间单位可以是年、月、日,计算公式为

$$\text{供应链产销率} = \frac{\text{一定时间内供应链各节点企业已销售产品数量之和}}{\text{一定时间内供应链各节点企业已生产产品数量之和}} \quad (5.4)$$

随着供应链管理水平的提高,时间单位可以越来越小,甚至可以以天为单位。该指标也反映供应链资源(包括人、财、物和信息等)的有效利用程度,供应链产销率越接近1,说明资源利用程度越高。同时,该指标也反映了供应链库存水平的产品数量,其值越接近1,说明供应链成品库存量就越小。

2. 平均产销绝对偏差指标

该指标反映一定时间内供应链的总体库存水平,其值越大,说明供应链成品库存量越大,库存费用越高。反之,说明供应链成品库存量越小,库存费用越低。其计算公式为

$$\text{平均产销绝对偏差} = \frac{1}{n}\sum_{i=1}^{n}|P_i - S_i| \quad (5.5)$$

式中:n——供应链节点企业的个数;

P_i——第 i 个节点企业一定时间内生产产品的数量;

S_i——第 i 个节点企业一定时间内已生产的产品中销售出去的数量。

3. 产需率指标

产需率是指在一定时间内,节点企业已生产的产品数量与其上层节点企业(或用户)对该产品的需求量的比值。具体有以下两个指标。

(1) 供应链节点企业的产需率。该指标反映供应链上下层节点企业之间的供需关系。产需率越接近1,说明上下层节点企业之间的供需关系越协调,准时交货率越高;反之,则说明下层节点企业的准时交货率或者企业的综合管理水平较低。其计算公式为

$$\text{供应链节点企业产需率} = \frac{\text{一定时间内节点企业已生产的产品数量}}{\text{一定时间内上游节点企业对该产品的需求量}} \quad (5.6)$$

(2) 供应链核心企业的产需率。该指标反映供应链整体生产能力和快速响应能力。若该指标数值大于或等于1,说明供应链整体生产能力较强,能快速响应市场需求,具有较强的市场竞争能力;若该指标数值小于1,则说明供应链生产能力不足,不能快速响应市场需求。其计算公式为

$$\text{供应链核心企业产需率} = \frac{\text{一定时间内核心企业生产产品的数量}}{\text{一定时间内用户对该产品的需求量}} \quad (5.7)$$

4. 供应链产品出产(或投产)循环期或节拍指标

当供应链节点企业生产的产品为单一品种时,供应链产品出产循环期是指产品的出产节拍;当供应链节点企业生产的产品为多品种时,供应链产品出产循环期是指混流生产线上同一产品的出产间隔。

供应链管理是在市场需求多样化经营环境中产生的一种新管理模式,其节点企业(包括

核心企业)生产的产品品种较多，因此，供应链产品出产循环期一般是指节点企业混流生产线上同一种产品的出产间隔期，具体有以下两个指标。

(1) 供应链节点企业(或供应商)零部件出产循环期。该指标反映供应链节点企业库存水平以及对其上层节点企业需求的响应速度。该循环期越短，说明该节点企业对其上层节点企业需求的快速响应性越好。

(2) 供应链核心企业产品出产循环期。该循环期指标不仅反映了整个供应链的在制品库存水平和成品库存水平，也反映了整个供应链对市场或用户需求的快速响应能力。供应链核心企业产品出产循环期决定着各节点企业产品出产循环期，即各节点企业产品出产循环期必须与核心企业产品出产循环期合拍。该循环期越短，说明整个供应链的在制品库存量和成品库存量越小，总的库存费用越低；另外，也说明供应链管理水平比较高，能快速响应市场需求，并具有较强的市场竞争能力。

5. 供应链总运营成本指标

供应链总运营成本包括供应链通信成本、供应链总库存费用及各节点企业外部运输总费用。它反映供应链运营的效率，具体分析如下。

(1) 供应链通信成本。供应链通信成本包括各节点企业之间通信费用，例如，EDI、因特网的建设和使用费用；供应链信息系统开发和维护费；等等。

(2) 供应链总库存费用。供应链总库存费用包括各节点企业在制品库存和成品库存费用、各节点企业之间在途库存费用。

(3) 各节点企业外部运输总费用。各节点企业外部运输总费用等于供应链所有节点企业的运输费用总和。

6. 供应链核心企业产品成本指标

供应链核心企业的产品成本是供应链管理水平的综合体现。根据核心企业产品市场上的价格确定该产品的目标成本，再向上游追溯到各供应商，确定相应的原材料、配套件的目标成本。只有当目标成本小于市场价格时，各企业才能获得利润，供应链才能得到发展。

7. 供应链产品质量指标

供应链产品质量是指供应链各节点企业(包括核心企业)生产的产品或零部件的质量，主要包括合格率、废品率、退货率、破损率、破损物价值等指标。

(二)反映供应链上、下层节点企业之间关系的绩效评价指标

1. 供应链层次结构模型

本书所提出的反映供应链上、下层节点企业之间关系的绩效评价指标是以供应链层次结构模型为基础的。供应链层次结构模型如图 5-1 所示。对每一层供应商进行评价，从而发现问题，解决问题，以优化整个供应链的管理。在该结构模型中，供应链可看成由不同层次供应商组成的递阶层次结构，上层供应商可看成下层供应商的用户。

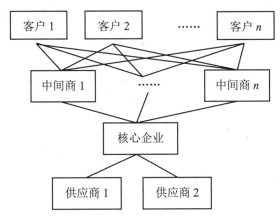

图 5-1 供应链层次结构模型

2. 反映供应链上、下层节点企业之间关系的绩效评价指标

供应链是由若干节点企业组成的一种网络结构，如何选择供应商、如何评价供应商的绩效以及由谁来评价等问题是必须明确的问题。根据供应链层次结构模型，这里提出了相邻层供应商评价法，可以较好地解决这些问题。相邻层供应商评价法的基本原则是通过上层供应商来评价下层供应商。由于上层供应商可以看成下层供应商的用户，因此，通过上层供应商来评价和选择与其业务相关的下层供应商更直接、更客观，如此递推，即可对整个供应链的绩效进行有效评价。为了能综合反映供应链上、下层节点企业之间的关系，本书采用了满意度指标，其内容具体介绍如下。

满意度指标是反映供应链上、下节点企业之间关系的绩效评价指标，即在一定时间内上层供应商 i 对其相邻下层供应商 j 的综合满意程度 C_{ij}。其计算公式为

$C_{ij} = \alpha_j \times$ 供应商j准时交货率 $+ \beta_j \times$ 供应商j成本利润率 $+ \gamma_j \times$ 供应商j产品质量合格率

式中：α_j、β_j、γ_j 为权数，且 $\alpha_j + \beta_j + \gamma_j = 1$。

(1) 准时交货率。准时交货率是指下层供应商在一定时间内准时交货的次数占其总交货次数的百分比。

供应商准时交货率低，说明其协作配套的生产能力低，或者是对生产过程的组织管理达不到供应链运行的要求；供应商准时交货率高，说明其生产能力强，生产管理水平高。

(2) 成本利润率。成本利润率是指单位产品净利润占单位产品总成本的百分比。在市场经济环境下，产品价格是由市场决定的，因此，在市场供需关系基本平衡的情况下，供应商生产的产品价格可以看成一个不变的量。按成本加成定价的基本思想，产品价格等于成本加利润，因此产品成本利润率越高，说明供应商的盈利能力越强，企业的综合管理水平越高。

在这种情况下，供应商在市场价格水平下能获得较大利润，其合作积极性必然增强，也必然对企业的有关设施和或设备进行投资和改造，以提高生产效率。

(3) 产品质量合格率。产品质量合格率是指质量合格的产品数量占产品总产量的百分比，它反映了供应商提供货物的质量水平。供应商必须承担对不合格的产品进行返修或报废的损失，这样就增加了供应商的总成本，降低了其成本利润率。因此，产品质量合格率指标与产品成本利润率指标密切相关。同样，产品质量合格率指标也与准时交货率指标密

切相关，因为产品质量合格率越低，产品的返修工作量就越大，必然会延长产品的交货期，使准时交货率降低。

在满意度指标中，权数的取值可因上层供应商的不同而不同。但是对于同一个上层供应商，在计算与其相邻的所有下层供应商的满意度指标时，其权数均取相同值，这样，通过满意度指标就能评价不同供应商的运营绩效以及这些不同的运营绩效对上层供应商的影响。满意度指标值低，说明该供应商运营绩效差，生产能力和管理水平都比较低，并且影响了其上层供应商的正常运营，从而影响整个供应链的正常运营，因此，将对满意度指标值较低供应商的管理应作为管理的重点，要么进行全面整改，要么重新选择供应商。

在整个供应链中，若每层供应商满意度指标的权数都取相同值，则得出的满意度指标可以反映整个上层供应商对其相邻的整个下层供应商的满意程度。同样地，对于满意度指标值低的供应商就应当进行整改或更换。

供应链最后一层为最终用户层，最终用户对供应链产品的满意度指标是供应链绩效评价的一个最终标准。其计算公式为

$$\text{满意度} = \alpha_j \times \text{零售商准时交货率} + \beta_j \times \text{产品质量合格率} + \lambda \times \frac{\text{实际的产品价格}}{\text{用户期望的产品价格}} \quad (5.8)$$

式中：α_j、β_j、λ 为权数。

三、供应链决策的财务评价

财务管理是企业最重要的管理内容之一，虽然财务管理仅仅作为供应链管理的一项支持活动，但是从财务角度观察企业供应链投入和产出，可以很清楚地得出企业的收益。财务管理是一项以资金周转为对象，利用资金、成本、收入等价值形式组织企业生产经营中的价值形成、实现和分配，并处理在这种价值运动中经济关系的综合性管理活动。

在供应链设计阶段，决策的制定主要考虑的是如何在供应链内进行投资。公司所做出的决策主要包括建多少家工厂、建多大规模的工厂、采购或租用多少辆卡车、建造仓库还是租用仓库等。这些决策一旦做出，短期内往往不能随意更改，一般要持续几年并限制供应链的活动范围。所以，对这些决策必须进行正确的评价，这一点非常重要。

(一)贴现现金流分析

供应链设计决策会执行较长一段时间，因此，应该将其视为这一时期现金流的结果进行评价。所谓现金流的现值是指现金流量用当天的贴现率表示的价值。贴现现金流量(DCF)分析用以评价任何未来现金流量的现值，比较两种现金流量的财务价值。贴现现金流量分析的基本前提是"今天的现金价值高于明天的现金价值"，因为今天的现金可用于投资，在本金之外还可获得回报。这一前提为我们比较未来现金流量的相对价值提供了基本的工具。

现引进贴现因子(贴现率)来计算未来现金流的现值。如果今天的 1 元现金用于投资，其下一时期的投资回报率为 k，那么这 1 元现金在下一时期就变为 $(1+k)$ 元。因此，在下一时期获得 1 元或在本期获得 $\frac{1}{1+k}$ 元对于投资者而言并没有什么区别。所以，计算下一时期单位现金值的贴现公式为

贴现现金流的理解

项目五 供应链风险管控和绩效评价

$$贴现因子 = \frac{1}{1+k} \tag{5.9}$$

回报率 k 也称贴现率、跳栏率或资金的机会成本。给定下一时期的现金流为 $C_0, C_1, \cdots, C_R$，回报率为 k，则现金流的净现值(NPV)计算公式为

$$NPV = C_0 + \sum_{t=1}^{r} \frac{C_t}{(1+k)^t} \tag{5.10}$$

在做供应链决策时，我们应该比较不同投资方案的 NPV。如果 NPV 为负值，说明选择该方案将导致供应链亏损；如果 NPV 最高，说明选择该方案会使供应链获得最高的资本回报。

【例5-1】以美国一家物流公司为例来分析，其是一家提供仓储和其他物流服务的第三方物流公司，总经理现在要进行未来 3 年租赁仓储空间的决策。他预计该公司 3 年中每一年都要管理 100 000 单位的需求。从历史数据来看，该公司每 1 000 单位的需求要占用 1 000 平方米的仓储面积。为了方便讨论，我们假定该公司面临的唯一成本就是仓储成本。

该公司从每单位需求上获得 1.22 美元的收入。总经理必须在签订 3 年租赁合约和每年在即期市场购买这两种方案中进行选择。3 年租赁仓储空间每年每平方米成本为 1 美元，在即期市场购买仓储空间 3 年中每年每平方米成本为 1.20 美元。公司的贴现率为 0.1。

总经理决定对上述两种方案进行 NPV 对比。如果采取第二种方案，公司每单位需求将收入 1.22 美元，每平方米仓储空间将支付 1.20 美元。则该方案的预期年利润为：$100\,000 \times 1.22 - 100\,000 \times 1.20 = 2\,000$(美元)。

即期购买仓储空间预期为公司每年带来的正现金流为 2 000 美元。其 NPV 可由下式求出

$$NPV(购买) = C_0 + \frac{C_1}{1+k} + \frac{C_2}{(1+k)^2} = 2\,000 + \frac{2\,000}{1+0.1} + \frac{2\,000}{(1+0.1)^2} \approx 5\,471(美元)$$

如果总经理采取第一种方案，为未来 3 年租赁 100 000 平方米的仓库，公司每年每平方米将支付 1 美元，公司的预期年利润为

$$100\,000 \times 1.22 - 100\,000 \times 1.00 = 22\,000(美元)$$

签订 3 年期租赁合约预期为公司每年带来的正现金流为 22 000 美元。其 NPV 计算为

$$NPV(租赁) = C_0 + \frac{C_1}{1+k} + \frac{C_2}{(1+k)^2} = 22\,000 + \frac{22\,000}{1+0.1} + \frac{22\,000}{(1+0.1)^2} \approx 60\,182(美元)$$

可见，签订 3 年租赁合约的方案较每年在即期市场购买的 NPV 高 54 711 美元(60 182−5 471)。这样，公司总经理就决定采取签订 3 年期的租赁合约。然而，在实际决策中还会有更多需要考虑的情况，决策中的其他一些因素会促使总经理重新考虑其决策。

(二)决策树法

决策树是一种图谱，它可以用来评估因素不确定的情况下所做出的供应链决策。

【例5-2】某专业运输公司准备开通一条北京到秦皇岛的运输线路，每月可以动用的卡车数量可以是 30 辆、60 辆和 90 辆。经调查，该路线强需求的概率为 0.8，弱需求的概率为 0.2，那么，该路线最后能否盈利取决于卡车车队的规模大小以及与需求有关的可能性事件。如表 5-4 所示，如果车队由 60 辆卡车组成，在强需求的情况下月净收入可达 16 万元，在弱需求的情况下月收入为 5 万元。

表 5-4　车队月净收入　　　　　　　　　　　　　单位：万元

车队方案	强需求	弱需求
30 辆卡车	9	8
60 辆卡车	16	5
90 辆卡车	25	-10

解： 根据以上情况，我们可以得到如图 5-2 所示的决策树。

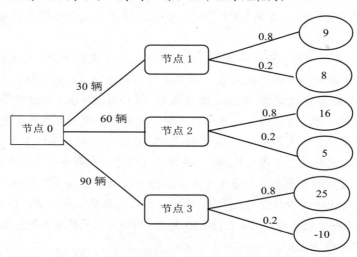

图 5-2　新运输路线的决策树

计算每种车队方案的期望值，可以得到

$$EV(30\ 辆)=0.8\times9+0.2\times8=8.8(万元)$$
$$EV(60\ 辆)=0.8\times16+0.2\times5=13.8(万元)$$
$$EV(90\ 辆)=0.8\times25+0.2\times(-10)=18(万元)$$

运输公司的经理可以选择期望值最大的 90 辆卡车的车队。当然，公司也可以根据行业或季节特点选择乐观法或保守法进行决策。

(三)作业成本法

作业成本法(activity based costing，ABC)是 20 世纪 80 年代末期的一种先进的成本管理方法，由哈佛商学院的罗伯特·S. 卡普兰(Robert S. Kaplan)和宾夕法尼亚大学的罗宾·库珀(Robin Cooper)提出。作业成本法可用于评价供应链绩效，是一种通过对所有作业活动进行追踪动态反映，计量作业和成本对象的成本，评价作业业绩和资源利用情况的成本计算和管理方法。

作业成本法的基本思想是，首先，物流作业成本计算通过物流作业动因将物流资源分配到各物流作业，形成作业成本库；其次，根据物流作业动因，建立物流作业与物流成本对象之间的因果关系，把物流作业成本库中的成本分配给成本对象；最后，计算出成本对象的总成本和单位成本。下面以一个具体的实例来说明。

作业成本法

【**例 5-3**】某集团仓储部同时服务于甲、乙两个客户，月末时其物流总成本、资源成本库、员工总工作时间和甲、乙两客户订单及占用资源、作业动因,分别如表5-5~表5-8所示。

表5-5 物流总成本

支付形态	支付明细	相关费用(元)
维护费	固定资产折旧	80 000
人工费	单证处理人员(3人)	7 500
	货物验收人员(3人)	6 000
	货物进出库作业人员(4人)	10 000
	仓储管理人员(3人)	6 000
材料费	材料费	10 000
一般经费	办公费	5 000
	合计	124 500

表5-6 资源成本库

单位:元

费用	订单处理	货物验收	仓储管理	货物进出库	合计
人工费	7 500	6 000	6 000	10 000	29 500
折旧费	7 000	7 000	29 000	37 000	80 000
材料费	3 000	1 000	3 000	3 000	10 000
办公费	600	600	1 200	2 600	5 000
合计	18 100	14 600	39 200	52 600	124 500

表5-7 员工总工作时间

员工类别	总工作时间(小时/月)
单证处理人员(3人)	500
货物验收人员(3人)	500
货物进出库作业人员(4人)	800
仓储管理人员(3人)	500

表5-8 甲、乙两客户订单及占用资源

项目(单位)	甲客户	乙客户	合计
月订单总数(个)	200	120	320
占用托盘总数(个)	700	300	1 000
货物进出库总工时(小时)	500	300	800
租赁仓库面积(平方米)	10 000	6 000	16 000

解: 作业成本核算法的计算步骤如下。

(1) 确定作业内容。可以确定该案例包括订单处理、货物验收、货物进出库和仓储管理四个作业。

(2) 确定资源成本库。本例已获知资源成本如表5-6所示。

(3) 确定作业动因。提示:作业动因必须是可量化的,如人工工时、时间、距离、次数等。此例的作业动因如表 5-9 所示。

表 5-9 作业动因

作业	成本动因
订单处理	订单数量
货物验收	托盘数量
货物进出库	人工工时
仓储管理	租赁仓库面积

（4）计算作业成本。首先，计算作业分配系数

$$作业分配系数=作业成本\div作业量$$

其次，根据作业分配系数求出计算对象的某一项物流成本，将其，求和即得到计算对象的作业成本

$$作业成本=作业分配系数\times作业动因数$$

最后，求出本例中的作业分配系数，如表 5-10 所示。

表 5-10 作业分配系数

作业	订单处理	货物验收	货物进出库	仓储管理	合计
作业成本（A）	18 100	14 600	52 600	39 200	124 500
作业量（B）	320（订单数）	1 000（托盘数）	800（人工工时）	16 000（仓库面积）	—
作业分配系数（A/B）	56.562 5	14.6	65.75	2.45	—

其中，作业量的确定是根据表 5-7 员工总工作时间、表 5-8 甲、乙两客户订单及占用资源和表 5-9 作业动因共同确定的，如订单处理作业量为 320 个。由表 5-9 可知，订单处理作业量的作业动因是订单数量，因此，只需计算甲、乙两客户的订单总数。

根据表 5-10 所示的作业分配系数，即可求得甲、乙两客户的实际服务成本，如表 5-11 所示。

表 5-11 甲、乙两客户实际服务成本

作业	作业分配系数	实际耗用成本动因数		实际成本（元）	
		甲	乙	甲	乙
订单处理	56.562 5	200	120	11 312.5	6 787.5
货物验收	14.6	700	300	10 220	4 380
货物进出库	65.75	500	300	32 875	19 725
仓储管理	2.45	10 000	6 000	24 500	14 700
合计				78 907.5	45 592.5
总计				124 500	

从作业成本法与传统成本计算方法的比较结果来看，成本计算信息存在巨大差异。产生这一差异的原因主要是这两种成本计算方法在制造费用分配上有较大差别。

（1）传统成本方法计算，制造费用按加工工时分摊。

(2) 作业成本法计算，对制造费用分摊主要进行了以下两个方面的变革：一是改变制造费用的分配步骤，由全厂或全车间改为向若干"作业活动"(activity)分配成本，并通过作业活动分配到产品；二是增加分配标准，由单一标准改为多标准分配，即按照引起制造费用发生的多种作业动因进行分配。

总之，运用多种财务分析方法和模式，对供应链决策进行财务分析，它们在做出某一决策时都起到了很大的作用。然而，每一种方法仅代表经理采取决策的可能结果之一。由于一种方法只能提供一部分决策结果，因此，有必要运用多种分析方法和模式对决策进行研究。不同方法得出不同的决策结果，而采用多种分析方法，不同决策之间的差异就会一清二楚。尤其在供应链决策的财务分析中，仅靠单一的分析模式不利于做出正确的决策。对于那些难以量化的分析，也应该引入其他分析方法予以补充，只有这样，才能为决策的制定提供全方位的分析。

基 础 检 测

一、单选题

1. 供应链绩效评价指标是基于(　　)的绩效评价指标。
   A. 供应业务　　　B. 渠道业务　　　C. 生产业务　　　D. 业务流程
2. 产销率是指一定时间内(　　)数量之比。
   A. 已销售的产品与未销售的产品　　　B. 已销售的产品与已生产的产品
   C. 已生产的产品与已销售的产品　　　D. 已生产的产品与未销售的产品
3. 供应链产品出产循环期一般是指(　　)的出产间隔期。
   A. 核心企业生产线上不同产品　　　B. 核心企业生产线上同一种产品
   C. 节点企业混流生产线上同一种产品　　　D. 节点企业混流生产线上不同产品
4. 反映供应链上、下层节点企业之间关系的绩效评价指标最好用(　　)指标。
   A. 满意度　　　B. 运营成本　　　C. 产品成本　　　D. 供应链产销率
5. 在供应链绩效评价指标体系的建立中，最重要的就是(　　)的选取问题。
   A. 供应商　　　B. 评价方法　　　C. 评价指标　　　D. 指标权重

二、多选题

1. 供应链绩效评价体系主要有(　　)的绩效评价体系。
   A. 整个供应链业务流程　　　B. 供应链生产业务　　　C. 供应链供应业务
   D. 供应商　　　E. 供应链上、下游节点企业关系
2. 以下关于供应链产销率描述正确的是(　　)。
   A. 该指标反映了供应链在一段时间内的产销经营情况
   B. 该指标反映了供应链资源的有效利用程度
   C. 该指标反映了供应链库存水平与产品质量
   D. 产销率越接近1，说明资源利用程度越高
   E. 产销率越接近1，说明供应链成品库存量越大

3. 反映整个供应链业务流程的绩效评价指标包括(　　)。
   A. 产销率指标　　　　B. 产品质量指标　　　C. 平均产销绝对偏差指标
   D. 产需率指标　　　　E. 总运营成本指标
4. 供应链总运营成本包括(　　)。
   A. 供应链生产成本　　B. 供应链通信成本　　C. 供应链总库存费用
   D. 供应链销售成本　　E. 各节点企业外部运输总费用
5. 供应链产品质量主要包括(　　)等指标。
   A. 合格率　　　　　　B. 废品率　　　　　　C. 退货率
   D. 破损率　　　　　　E. 合作性

三、判断题

1. 相对于企业绩效评价体系而言，供应链的绩效评价体系更为复杂。（　）
2. 传统的供应链绩效评价指标体系已经能够完全适应供应链管理的需要。（　）
3. 供应链绩效评价指标体系不是孤立地评价某一个节点企业的运营情况。（　）
4. 如果现金流的净现值 NPV 较高，说明选择该方案会使供应链获得较高的资本回报。
（　）
5. 决策树可以用来评估因素不确定的情况下所做出的供应链决策。（　）

任 务 实 施

实训1：财务评价——贴现现金流

菲莺制衣公司非常注重库存管理，其所用仓库拟采用自有仓库或者从外面租赁，如果从外面租赁，最短期限为3年。这两种选择所涉及的收益和支出情况如下。

公司自有仓库每年每单位服务所需费用为12元，如果从外面租赁则每年需支付租金11 000元。公司每年每单位服务可以实现的仓储服务收入为15元。回报率为10%。该公司每年可以提供1 000单位的服务。

要求：

根据以上描述，运用贴现现金流的方法选择最优方案，并将相关信息填写在表5-12中。

表5-12　菲莺制衣公司供应链决策的财务评价

1. 分析采用自有仓库的净现值NPV。
答：公司每年每单位服务可以实现的仓储服务收入为_____元，自有仓库每年每单位服务所需费用为_____元，且该公司每年可以提供_____单位的服务。 则该方案的预期年利润为：_____(元)。 即采用自有仓库预期为公司每年带来的正现金流为_____元。 其NPV可由下式求出 NPV(自有仓库)=_____(元)。
2. 分析外面租赁仓库的净现值NPV。
为未来3年租赁同等面积的仓库，公司每年需支付租金_____元。 则该方案的预期年利润为：_____(元)。 签订3年期租赁合约预期为公司每年带来的正现金流为_____元。 其NPV计算如下 NPV(租赁)=_____(元)。
3. 做出决策。
可见，签订3年租赁合约的方案较每年用自有仓库方案的NPV高_____元。这样，公司就可以决定采取_____。 然而，在实际决策中还会有更多需要考虑的情况，决策中的其他一些因素会促使总经理重新考虑其决策。

实训2：财务评价——决策树

菲莺制衣公司欲从外地购买一批面料，根据经验，该面料强需求和弱需求的概率分别为0.7和0.3。现有三个产地甲、乙、丙可供选择，运费不同，赚取的利润也不同，该面料是否盈利取决于面料产地路线长短及与需求相关的可能性事件。具体数据如表5-13所示。

表 5-13　不同运输地点的利润

单位：万元

运输地点	强需求利润	弱需求利润
甲地	15	13
乙地	12	8
丙地	8	7

要求：根据以上资料，说说公司选择哪种方案较为合适，画出决策树，并将相关信息填写在表 5-14 中。

表 5-14　菲莺制衣公司供应链运输方案分析

1. 画出决策树。
2. 计算每个运输地点的期望值，做出决策。
解：

（资料来源：作者编写实训 1 和实训 2）

实训 3：财务评价——作业成本法

菲莺制衣公司 2021 年 9 月童装生产线只生产 A 款和 B 款童装，采用流水线进行加工，缝纫人员按加工件数计算工资，其他人员为固定工资，有关成本资料如表 5-15 所示。

表 5-15　2021 年 9 月生产成本汇总

单位：元

成本项目	A 款童装(3 000 件)	B 款童装(2 000 件)	合计
直接材料	162 000	67 000	229 000
样板制作人员工资	20 000		20 000
裁剪人员工资	10 000		10 000
缝纫人员工资	74 000		74 000
钉扣、锁眼人员工资	12 000		12 000
检验、包装人员工资	32 000		32 000
车间管理人员工资	22 800		22 800
车间办公费	12 000		12 000
车间折旧	22 000		22 000

续表

成本项目	A 款童装(3 000 件)	B 款童装(2 000 件)		合计
机器能量		机器折旧	50 000	62 000
		机器维修	8 400	
		动力电	3 600	
热和照明		12 000		12 000
其他		9 000		9 000
合计				516 800

要求:
(1) 分别用作业成本法与传统成本法核算 A 款和 B 款童装的总成本。
(2) 比较两种成本核算方法的核算结果有无差异,并说明原因。
完成以上任务,并完成表 5-16~表 5-18 的填写。

解:
1. 按作业成本法,可以确定如下作业,并制作作业成本分配表,如表 5-16 所示。
(1) 作业 1,即生产准备作业。生产准备作业主要由样板制作和裁剪两项工作组成。该车间生产的 A 款童装有 3 个型号,B 款童装有 2 个型号,每种型号的产品平均每月需消耗一套样板,而且每种样板的制作费大致相同,裁剪工作一般按制作的样板由机器下料。因此,生产准备作业每月两款童装耗用该项作业的比例为 3∶2。
(2) 作业 2,即缝纫作业。因为采用流水线进行加工,每个工人只制作服装的一部分,按生产件数发放工资(A 款 12 元/件,B 款 19 元/件)。因此,缝纫作业成本按生产两款童装工人的工资进行作业分配。
(3) 作业 3,即钉扣、锁眼作业。由于 B 款童装不需要此项作业,全部成本分配给 A 款童装。
(4) 作业 4,即检验、包装作业。检验、包装作业采用计时工资,该作业根据本月检验、包装两款童装的使用时间(人工工时:A 款 2 700,B 款 1 300)分配。
(5) 作业 5,即车间管理作业。车间管理是一项维持性作业,难以界定为哪款童装所消耗。因此,可以按照承受能力原则,以各款童装预计的销售量乘以预计单价(共计 A 款 600 000 元,B 款 400 000 元)作为分配基础,来分配该项作业。

表 5-16 作业成本分配

单位:元

项目		作业 1	作业 2	作业 3	作业 4	作业 5	合计
作业成本发生额							
业务动因	产品型号						
	计件工资						
	作业专享						
	人工工时						
	产量×单价						
分配率							
A 款消耗的作业动因							
B 款消耗的作业动因							

续表

项目	作业1	作业2	作业3	作业4	作业5	合计
A款消耗的作业成本						
B款消耗的作业成本						

根据表5-16的计算结果,加上直接材料成本可以得到

A款童装的总成本=_____

B款童装的总成本=_____

以上是作业成本法计算成本的过程。

2. 如果采用传统成本法分配制造费用,企业通常把缝纫人员的工资作为直接人工,其他成本均作为制造费用,按统一标准进行分配,再计入直接成本。

将不包括缝纫人员工资的其他费用作为制造费用,共计_____元。在分配生产部门费用时,通常采用直接人工或机器工时作为分配基础。本案例中采用直接人工作为分配基础。得到分配率=_____≈_____

A款童装的制造费用=_____

B款童装的制造费用=_____

由此得到传统成本核算表,如表5-17所示。

表5-17 传统成本核算

单位:元

成本项目	A款童装(3 000件)	B款童装(2 000件)	合计
直接材料			
直接人工			
制造费用			
合计			

从上述计算结果可知,用作业成本法与传统成本法核算的两款童装总成本明显不同,如表5-18所示。

表5-18 作业成本法与传统成本法比较

单位:元

成本核算方法	A款童装(3 000件)	B款童装(2 000件)
作业成本法		
传统成本法		
差异		
差异原因	造成这个差异的原因主要是传统成本核算方法在分配制造费用时,通常采用_____或_____作为分配基础,分配标准_____,没有考虑_____。而作业成本法采用不同层面的、众多的_____进行成本分配,更符合企业的实际情况。往往越是制作复杂的服装如A款童装,按照_____法核算的结果就越符合企业成本发生的真实情况。	

随着企业的制造费用在总生产成本中所占比例不断提高,所生产的产品有更大差异,采用作业成本法根据_____分配制造费用,核算结果会更为真实可靠,有利于企业调整产品结构,进行成本控制,实现企业效益最大化。

(资料来源:田淑华,闵德明. 服装加工型企业的作业成本法[J].
辽东学院学报(社会科学版),2010. 12(4): 44-46. 有改动)

能力提升

案例：M 餐厅的供应链绩效评价

M 餐厅是大型的连锁快餐集团，在全球拥有大约 3 万家分店，主要是售卖汉堡包、薯条、炸鸡、饮品、冰品、沙拉、水果等。M 餐厅遍布全世界六大洲百余个国家。M 餐厅的供应链管理模式是公司—专营店—供应商模式。

M 餐厅采购方面的特点是：独特而专业的设施；握手协议和信任；长期双赢的合作关系，风险共担；严格的产品和服务规范；注重质量、产品规格和环境设计；供应商整体比较分散，同时具备区域整合能力的跨国供应商；分销商是餐厅批发商。

M 餐厅物流方面有以下特点：平均每个餐厅有 100 个销售项目；平均每个仓库有 400 个库存量单位(SKU)；全球平均有 180 个配送中心，每个配送中心有 200 个餐厅；送货频率是每周三次，在城市地区更高；每条配送路线有 2~3 个中途站；采用第三方物流；通过货运代理集运；与供应链保持长期合作关系，实行风险共担；高品质集聚(包括冷链、HACCP 认证、速效项目)。

M 餐厅供应链面临的挑战：更多地关注新鲜度和质量；持续进行产品创新；基于促销的强势客户需求波动；订单—存货管理；餐厅—直流—供应商—原材料供应商；"牛鞭效应"；变革管理中的分散结构。

要求：

(1) 自由结合小组，每组 4~6 人；

(2) 进行职责分工，并制订分析计划，查阅其他与麦当劳供应链相关的资料，确定 M 餐厅的供应链绩效评价指标；

(3) 建立 M 餐厅的供应链绩效评价指标体系，并进行供应链绩效评价。

提示：表 5-19 仅供参考，请各组根据具体情况，自行制定绩效评价表。

表 5-19　M 餐厅的供应链绩效评价

组别		组长		小组得分	
组长		组员			
M 餐厅的供应链绩效评价指标体系					
一级指标及权重		二级指标及权重		指标含义	评价得分

(资料来源：马莹，姚长佳. 供应链管理实务[M]. 北京：中国石油大学出版社，2016: 201-202.)

随 堂 笔 记

任务 5.2		供应链绩效评价		
姓名		班级	学号	
课程环节	学习关键点	完成情况	备注	
知识准备	重点与难点	总结学习重点与难点	是否掌握	
	学习重点：			
	学习难点：			
基础检测	题型	错题原因分析(每种题型各有 5 小题)	得分	小计
	单选题(1 分/题)			
	多选题(2 分/题)			
	判断题(1 分/题)			
任务实施	实训任务	掌握了何种知识或技能	难易程度	
	1. 财务评价——贴现现金流			
	2. 财务评价——决策树			
	3. 财务评价——作业成本法			
能力提升	案例分析	掌握了何种知识或技能	难易程度	
	M 餐厅的供应链绩效评价			

项 目 评 价

项目 5		供应链风险管控和绩效评价		
姓名		班级	学号	
评价内容及标准			学生自评	教师评价
序号	知识点评价(40 分)	评价标准	得分	得分
1	任务一 基础检测	全部正确,满分 20 分		
2	任务二 基础检测	全部正确,满分 20 分		
序号	技能点评价(50 分)	评价标准	得分	得分
1	供应链风险来源分析	能够分析企业供应链风险的类型来源和具体表现。满分 5 分		
2	供应链风险识别与评估	能够运用合理的工具或方法进行企业供应链风险识别与评估。满分 5 分		
3	供应链风险防控	能够就企业供应链防范提出合理化措施和建议。满分 5 分		
4	财务评价——贴现现金流	能够用贴现现金流进行供应链决策评价。满分 10 分		
5	财务评价——决策树	能够用决策树进行供应链决策评价。满分 10 分		
6	财务评价——作业成本法	能够用作业成本法进行供应链成本核算。满分 15 分		
序号	素质点评价(10 分)	评价标准	得分	得分
1	创新与积极进取意识	能够不固守旧的经营模式,对企业的供应链管理给出积极建议。满分 5 分		
2	精益求精、严谨态度	能够用心分析问题,规范绘制供应链结构图。满分 5 分		
合计(100 分)				
项目评价成绩=学生自评×40%+教师评价×60%				

行而知之

华为的供应链风险防范

众所周知，经过美国的重重封锁和打压，民族品牌华为集团在最近两年的时间里遇到前所未有的困难，但是其也在不断成长。对于华为来说，重要的问题就是彻底摆脱对美国产业链的依赖，虽然这是一件特别难的事情，但已是迫在眉睫。最近华为 P40 系列发布，到底华为在"去美国化"这件事情上做得怎么样，我们可以看一下华为最新的 P40 到底用到了哪些供应链的组件。把华为 P40 核心供应商分析一下，就可以得到华为在"去美国化"上所做的成绩单。

华为 P40 标准版本的摄像头部分，基本上依赖日本索尼和国内硬件供应商。在指纹识别方面，整个华为 P40 系列主要依赖国内的汇顶科技，除此之外，还有欧菲光、丘钛科技两家供应商供货。屏幕供应链主要是国内的京东方 BOE 屏幕和 LG 屏幕，华为扶持国产屏幕京东方已经有三年的时间。在其他一些供应链上，几乎都是采用国产供应链。在软件层面，谷歌已对华为在海外限制了谷歌 GMS 使用，但是华为自己打造了 HMS 和鸿蒙操作系统。华为下定决心"去美国化"，彻底摆脱对美国技术和供应链的依赖。压力越大动力越大，华为用自己的行动向全世界证明自己的研发实力。

现在，我们来分析华为集团的供应链风险问题及其防范对策。

华为的供应链风险主要来自芯片的供应。由于美国政府的干预，使用美国技术的供应商已不能再为华为供应芯片。除此之外，华为集团的供应链在重整之前，其管理水平与业内其他公司相比还存在一些差距。

华为聘请 IBM 公司为其量身定做了集成化供应链(integrated supply chain, ISC)流程。ISC 要求把公司运作的每个环节都看成供应链上的一部分，不管是公司内部，还是公司以外的合作伙伴那里，都需要对每个环节进行有效管理，以提高供应链运作效率和经济效益。ISC 华为供应链管理的原则是通过对供应链中的信息流、物流和资金流进行设计、规划和控制，保障实现供应链的两个关键目标：一是提高客户的满意度，二是降低供应链的总成本。ISC 不仅是一种物质的供应链，还集财务、信息和管理模式于一体。

华为 ISC 变革采取先完成采购和库存、运输、订单履行等内部环节，再建设和优化 ERP 系统，最后再发展电子商务的顺序。从变革的难度来说，ISC 重整对华为的挑战要大于集成产品开发(IPD)等其他变革，主要有以下三个方面的原因。

(1) ISC 变革的覆盖范围更广，它既包括公司内部的销售、采购、制造、物流和客户服务等多个业务系统，还包括企业外部的客户和供应商。因此，任何一个环节出现问题，都会影响整个 ISC 链条运作绩效的改进。

(2) 华为供应链管理在相当大的程度上要依赖企业 ERP、MRPⅡ的实施和改进水平。

(3) 不同市场环境下的供应链管理模型差别很大，特别是 IBM 正在实施自己的 ISC 项目。华为没有直接可以学习的模板，只能在供应链理念的指导下，以自己和客户的现实为起点来摸索开展项目。

想一想：华为是如何规避供应链风险的？

(资料来源：根据"花粉俱乐部"的内容改编)

参 考 文 献

[1] 马士华，林勇. 供应链管理[M]. 4 版. 北京：机械工业出版社，2014.
[2] 汪欣. 供应链管理[M]. 北京：北京出版社，2016.
[3] 刘建清. 供应链管理[M]. 北京：中国铁道出版社，2013.
[4] 万志坚. 供应链管理实务[M]. 北京：北京师范大学出版社，2018.
[5] 王珊珊. 供应链管理实务[M]. 北京：中国财富出版社，2013.
[6] 马莹，姚长佳. 供应链管理实务[M]. 北京：中国石油大学出版社，2016.
[7] 张艳. 供应链管理[M]. 北京：清华大学出版社，2012.
[8] 种美香，雷婷婷. 采购与供应管理实务[M]. 3 版.北京：清华大学出版社，2021.
[9] 万志坚，王爱晶，王涛. 供应链管理[M]. 3 版. 北京：高等教育出版社，2014.
[10] 史忠健，杨明. 物流采购与供应管理[M]. 北京：中国人民大学出版社，2010.
[11] 徐杰. 供应链管理[M]. 上海：上海交通大学出版社，2015.
[12] 北京中物联物流采购培训中心. 物流管理职业技能等级认证教材(中级)[M]. 南京：江苏凤凰教育出版社，2019.
[13] 张晓芹，黄金万. 采购管理实务[M]. 北京：人民邮电出版社，2015.
[14] 苏尼尔·乔普拉，彼得·迈因德尔. 供应链管理[M]. 5 版. 陈荣秋等，译. 北京：中国人民大学出版社，2008.
[15] 谢家平. 供应链管理[M]. 上海：上海财经大学出版社，2008.
[16] 吴登丰. 供应链管理[M]. 北京：电子工业出版社，2007.
[17] 田淑华，闵德明. 服装加工型企业的作业成本法[J]. 辽东学院学报(社会科学版)，2010，12(4)：44-46.